CISEF

EXIN
Cyber & IT Security

FOUNDATION

Certified by
EXIN

Segurança Cibernética

Uma Questão de Sobrevivência

Um guia preparatório para certificação
EXIN Cyber & IT Security Foundation

academy

"Este conteúdo foi preparado pela PMG Academy (parceiro oficial) e segue os guidelines do EXIN,auxiliando o profissional na preparação para o exame EXIN Cyber & IT Security Foundation.

O EXIN não se responsabiliza pelo conteúdo e/ou qualquer ideia que venha a ser expressada pelo autor, sendo o mesmo responsável pela obra". (EXIN)

ISBN nº 9798507138753

CISEF

Segurança Cibernética – Uma Questão de Sobrevivência

Um guia preparatório para certificação Cyber & IT Security Foundation EXIN.

Produção da PMG Academy.

Segurança Cibernética – Uma Questão de Sobrevivência

@PMG Academy.

Brasil/SP/2021 (Edição 01)

Conteúdo:

12. Literatura

Apresentação

Este livro é mais que um guia preparatório para certificação EXIN Cyber & IT Security Foundation; é um conteúdo que pode também ser aproveitado para enriquecer seu conhecimento e somar capacitação à sua bagagem profissional.

Trata-se de uma abordagem sobre os fundamentos da Segurança Cibernética, identificando na infraestrutura básica dos sistemas de informação e em sua funcionalidade, os cenários de vulnerabilidades, ameaças, riscos e as devidas estratégias de mitigação relacionadas.

Sobre a certificação EXIN

O EXIN Cyber & IT Security Foundation é um certificado de excelência em Programação Segura! É o diferencial para quem é visionário e sabe que precisa se qualificar no mercado para atender essa demanda, pois aborda justamente tópicos relacionados à segurança cibernética, como:
- Sistemas de computador;
- Aplicações e bancos de dados;
- Redes TCP/IP;
- Criptografia;
- Gerenciamento de identidade e acesso;
- Computação em nuvem;
- Exploração de vulnerabilidades.

Por isso, este livro é a oportunidade perfeita para você se preparar e conquistar o certificado EXIN Cyber & IT Security Foundation e dar esse upgrade na sua vida profissional!

Lembrando que a certificação EXIN Cyber & IT Security Foundation testa candidatos no Bloom Nível 1 e Nível 2, seguindo a Taxonomia de Bloom Revisada, que é um instrumento de estudo que identifica o nível de desenvolvimento cognitivo educacional do indivíduo. Dessa forma, podemos definir:

- O BLOOM NÍVEL 1 como "remembering", que quer dizer "lembrança", e se refere à recuperação de informações. Ou seja, os candidatos precisam absorver, lembrar, reconhecer e recordar. Para quem está neste nível, a lembrança é o elemento foco na aprendizagem para que se possa avançar para os níveis mais elevados.

- BLOOM NÍVEL 2, que se refere à "compreensão", "understanding". Considerado um nível acima da "lembrança". O "entendimento" aqui, no nível dois, mostra que é possível os candidatos compreenderem o conteúdo e avaliarem como utilizar o material de aprendizagem em seus próprios ambientes.

Introdução

Cada vez mais a sociedade tem precisado se manter conectada virtualmente, aumentando também, como consequência, a quantidade de crimes cibernéticos, com ataques gradativamente mais agressivos e extremos.

A economia global vem sofrendo prejuízo anual de bilhões de dólares com esse aumento de cibercrimes, e a tendência é piorar! Por isso, investir em medidas de proteção é uma solução de emergência!

Portanto, se você é:
- Administrador de rede;
- Desenvolvedor de aplicativos;
- Profissional de segurança;

- Auditor;
- Gerente de qualidade;
- Gerente operacional;

E quer se preparar para ser aprovado no Exame EXIN Cyber & IT Security Foundation, ESTE LIVRO É PARA VOCÊ!

Capítulo 1 - Introdução à Segurança Cibernética / Sistemas De Computador

Arquitetura dos Computadores e Sistemas Operacionais

Para falar sobre a arquitetura dos computadores e sistemas operacionais, precisamos entender o contexto em que foram sendo desenvolvidos e atualizados para atender a constante evolução de necessidades do processo de comunicação cibernético.

Componentes de Um Sistema de Computação

São considerados componentes de um sistema de computação todas as partes necessárias para seu funcionamento, tanto físicas como lógicas, desde um cabeamento a um aplicativo que possibilite o acesso às redes. Por exemplo:
- Hardwares: CPU, chips de memória, dispositivos de armazenamento, dispositivos de entrada e saída, circuito lógico, componentes de segurança, barramentos e componentes de rede;
- Softwares: Sistema Operacional, aplicativos;
- Firmwares: Softwares gravados em hardwares (placa de computador, placas de vídeo, etc.);
- Periféricos: Teclados, mouse, impressora, entre outros.

E o controle ou "os controles" de inter-relacionamento entre todas essas partes, podendo usar: multitarefa, multiprocessamento e multithreading.

Uma grande evolução e de bastante utilidade são os dispositivos dedicados, como o Secure Payment para

Internet of Things (IoT), o pagamento seguro para Internet das Coisas (IoT). É a mágica de com apenas um toque de botão, os consumidores pagarem pelo gás, comida ou pelo estacionamento, sem sair do carro conectado! Uma forma de incorporar pagamentos seguros em dispositivos conectados, permitindo que qualquer coisa, de um relógio a um carro, inicie os pagamentos... Esse é o conceito Secure Payment para Internet of Things (IoT)! Lembrando que, assim como outros, por mais maravilhoso que seja, é um sistema que precisa de recursos especiais de segurança!

Na verdade, a internet tem ampliado um cenário de recursos cada vez maior para as comunicações, inclusive as pessoais, lançando novas formas de interação para os usuários e evoluindo as já existentes, com atualizações de versões que atendem às necessidades desse progresso, incluindo as soluções de segurança, que sabemos serem necessárias e emergenciais. Podemos citar como exemplos desses recursos em constante expansão: mensagens de texto, mensagens instantâneas (IM), chats, conferências de áudio, de vídeo e a tecnologia revolucionária de voz sobre IP (VoIP), que chegou para facilitar ainda mais a forma de se comunicar, reduzindo custos, possibilitando ligações através das redes IP da internet.

Por isso, precisamos entender melhor os elementos e seus papeis dentro da arquitetura da computação e dos sistemas operacionais que proporcionam todos esses recursos cibernéticos.

A Evolução dos Sistemas Operacionais

Os componentes que constituem o ciberespaço na evolução da internet mudou a forma das pessoas se comunicarem e fazerem negócios, trazendo muitas oportunidades e benefícios. E continua a crescer de maneiras inovadoras e variadas, propiciando e otimizando produtos e serviços. Mas essa evolução traz desafios e comportamentos questionáveis que resultam em vulnerabilidades, riscos e ameaças.

A origem da internet está enraizada na ARPANET; sigla de AdvancedResearchProjectsAgency Network, uma rede de computadores que o departamento de defesa dos Estados Unidos criou no ano de 1969. Mas, de lá para cá, a forma como as pessoas usam a internet mudou, descentralizou, não é mais controlada por um governo e nem por nenhuma autoridade cibernética. É uma terra sem dono, em que todos são usuários e cada um que cuide de proteger o seu território e seus pertences! As ameaças estão em constante evolução. Ataques cada vez mais agressivos são praticados por cibercriminosos que conectam seus computadores ou dispositivos à internet para acessar, sequestrar, roubar dados e informações valiosas. Esse cenário agrava ainda mais no âmbito do comércio eletrônico, sendo uma ameaça para a economia nacional. E é por isso que estamos aqui, nos capacitando para fazer a diferença! O mundo precisa de pessoas que entendam de sistemas operacionais para ter como protegê-los.

Mas a internet não teria essa expansão com base apenas em seus bilhões de usuários. É preciso que existam mecanismos para vincular documentos e recursos em computadores. Ou seja, um usuário de um computador "A" precisa de uma forma para abrir um documento do computador "B". Essa necessidade é que deu origem ao sistema WWW, sigla de World Wide Web, que define como os documentos e recursos se relacionam nas máquinas da rede; é a nossa popular WEB! Também conhecida como ciberespaço. A WEB, portanto, é responsável por conectar os computadores da rede a sites, páginas e conteúdos digitais. Podemos afirmar que a WEB é composta por todos os usuários, redes, páginas e aplicativos interconectados neste mundo eletrônico não são automaticamente seguros. Os usuários não são todos confiáveis. Então podemos pensar: Se a internet é tão insegura, por que se tornou essa revolução extraordinária de forma tão rápida? É que o crescimento da WEB, desde a década de 1990 até os dias atuais, além de impulsionar recursos e otimizar demandas, possibilitou uma incrível redução de custos nas comunicações de alta velocidade. Portanto, comprovados os benefícios do ciberespaço para as comunicações e negócios, o que nos resta é buscar soluções para os gargalos que assombram essas conexões.

Como Funciona um Sistema Operacional?

Precisamos ter em mente que os sistemas operacionais gerenciam:

- Componentes de hardware;
- Memória;
- Operações de I / O;
- Sistema de arquivos;
- Serviços do sistema;
- Processos (Lembrando que um processo é uma coleção de instruções e recursos atribuídos que estão realmente em execução, ou seja, carregados na memória e ativados pelo sistema operacional).

Principais Sistemas Operacionais

Entre as principais famílias de sistemas operacionais, podemos citar:

- Unix / Linux;
- Windows;
- iOS / OS X;
- Android;
- z / OS ez / VM.

E entre os principais tipos de arquitetura de um sistema operacional, temos:

- A monolítica, em que todas as funções do negócio são implementadas em um único processo;
- A arquitetura em camadas, ou multicamadas, que é um sistema cliente/servidor (C/S), que trata de forma separada, dividindo o processo em camadas ou domínios de apresentação, processamento de aplicativos e gerenciamento de dados.

Para proteger algo precisamos conhecer o que estamos protegendo e de que estamos protegendo. Para cuidar da segurança da arquitetura dos computadores e dos sistemas operacionais, precisamos conhecer a composição de uma infraestrutura típica de TI, com suas vulnerabilidades, ameaças e riscos, para, assim, termos como adotar estratégias adequadas de mitigação.

Riscos, Ameaças e Vulnerabilidades

- Quando um ativo está exposto a alguma probabilidade de uma ação ruim, temos um **RISCO**!

Lembrando que o termo "ativo", em segurança da informação, é algo de valor para o negócio e para a organização, como por exemplo: um computador, um banco de dados, uma informação, entre outros. E, nesse contexto, podemos exemplificar como riscos: uma perda de dados, uma perda do negócio devido a um desastre físico tipo a destruição do prédio em que era alocado, o descumprimento de leis e regulamentos, entre outros.

- Quando um ativo pode ser danificado por alguma ação, temos uma **AMEAÇA**!

As ameaças podem ser naturais ou conduzidas por humanos. São exemplos de ameaças naturais: terremotos, tempestades, incêndios. E as organizações precisam ter planos para garantir que a operação comercial não seja interrompida a fim de que a organização tenha como se recuperar dos danos sofridos.

- Um PLANO DE CONTINUIDADE DE NEGÓCIOS (BCP) objetiva a continuidade das funções da organização.
- Já um PLANO DE RECUPERAÇÃO DE DESASTRES (DRP), é o que define como a organização pode se recuperar após um desastre.

As ameaças causadas por humanos geralmente possuem como alvo os sistemas de computador, e incluem vírus, malwares e acessos não autorizados.

Vamos aproveitar para alinhar o contexto desses termos, velhos conhecidos nossos e que iremos ver bastante daqui por diante:

- VÍRUS – Programa de computador criado para danificar um sistema, um aplicativo, ou dados.
- MALWARE, ou Código Malicioso – Programa de computador criado para produzir alguma ação maliciosa específica, por exemplo: apagar um disco rígido.

Tanto os vírus quanto os malwares, como bem sabemos, são ameaças que podem prejudicar desde

um usuário a um negócio e também uma organização.

- Quando uma falha nos permite perceber uma ameaça, temos uma **VULNERABILIDADE**!

Ressaltando que uma vulnerabilidade por si só também pode causar efeitos em um ativo. Pense em quando acendemos uma boca de fogão, uma tocha, uma vela, enfim. A iluminação ou o fogo não é algo ruim. Precisamos do fogão aceso para cozinhar, afinal é para isso que os fogões existem! Porém, um fogão com sistema de gás mal instalado dentro de uma copa de uma empresa de TI pode causar um acidente que comprometa as infraestruturas e ativos da organização, ainda mais se a copa for alocada ao lado de um data center! Ou seja, se uma ameaça é percebida é porque deve haver uma vulnerabilidade, que nesse exemplo do fogão seria o sistema de gás mal instalado, transformando o fogão em uma ameaça de risco. Entre os tipos mais comuns de vulnerabilidades, podemos citar:

- Em hardwares:
  Exemplos: emanações, vírus do setor de inicialização, canais secretos.
- E em sistemas operacionais:
  Exemplos:

vírus, worm, Trojan, cryptoware.

Os dispositivos de computador dedicados – usados para pagamento seguro, gerenciamento de chaves, gateways de segurança e "Internet das Coisas", frequentemente são projetados com pouca segurança e precisam de recursos especiais de segurança.

Exemplos de Medidas de Segurança de Sistemas de Computador

Entre as principais medidas de segurança relacionadas aos sistemas de computador, podemos exemplificar:
- Acesso à memória com recursos de criptografar e descriptografar em tempo real;
- Suporte para uso de smartcard;
- Sensores de detecção de violação;
- Recursos de inicialização segura, ou secure boot;
- Lógica alimentada por bateria com malha física. Tipo de proteções construídas em uma arquitetura de chip Seguro que pode ser encontrado no coprocessador criptográfico C29x da Freescale.

Exemplos de Medidas de Segurança de Sistemas Informáticos

E como exemplo dessas medidas de segurança relacionadas com sistemas informáticos, podemos citar:
- Para hardwares: smartcards, inicialização segura, redundância (RAID), backup, consciência de segurança;
- Para sistemas operacionais: antimalware, firewall, gerenciamento de patch, monitoramento, conscientização de segurança;
- Para redes: zonas desmilitarizadas (DMZs), que são sub-redes que ficam entre a rede interna e a Internet, um servidor proxy, firewalls - sem estado, com estado, proxy, e outros -, Bastion Host, e também detecção e prevenção de intrusão.

Princípios da Tríade A-I-C nas Infraestruturas de TI

Seja em uma empresa de pequeno porte ou em algum órgão governamental de grande proporção, em qualquer tipo de organização, uma infraestrutura de TI geralmente é composta por sete domínios, que são:

1. Domínio do Usuário;
2. Domínio da Estação de Trabalho;
3. Domínio LAN;
4. Domínio LAN-para-WAN;
5. Domínio WAN;
6. Domínio de Acesso Remoto;
7. Domínio Sistema/Aplicativo.

Importante saber que cada domínio tem suas composições e seus controles de segurança específicos, porém, todos devem atender aos requisitos da Tríade A-I-C, o tripé dos princípios básicos da segurança da informação.

A Tríade A-I-C defende que atendendo aos princípios de integridade, confidencialidade e disponibilidade é possível garantir que os dados e informações sejam confiáveis.

E quando a organização projeta e utiliza os controles de segurança nos sete domínios de sua infraestrutura de TI atendendo a um ou mais dos princípios da Tríade A-I-C, encontra soluções mais assertivas para mitigar os riscos, ameaças e vulnerabilidades, conseguindo assim um controle mais eficiente de proteção de dados e informações.

Vale saber que você poderá encontrar em algumas literaturas a referência à Tríade A-I-C como "Tríade C-I-A", mas como remete à "CIA" da Agência Central de Inteligência dos Estados Unidos, preferimos seguir a maioria e adotar a nomenclatura de "Tríade A-I-C".

E vamos a esses três princípios que formam o tripé desse triângulo base da segurança da informação que propicia a integridade dos sistemas de TI:

INTEGRIDADE

O princípio da integridade trata da validade e precisão dos dados; visa proteger com exatidão os dados e informações em sua forma íntegra, para que não ocorram modificações não autorizadas; nem por pessoas ou processos não autorizados e nem por pessoas ou processos autorizados! O dado precisa ser mantido em exata consistência. Qualquer modificação de dados não autorizada, por mais que tenha sido de forma acidental e não proposital, é considerada uma violação da integridade dos dados! E dados que não são precisos ou não são válidos, são considerados dados inúteis.

Lembrando que para algumas organizações, dados e informações são considerados ativos de propriedade intelectual, como: patentes, direitos autorais, fórmulas secretas, bancos de dados de clientes, entre outros que podem representar grande valor para a empresa. É por isso, que não podem ser modificados sem a devida autorização de seus proprietários; sabotagens na integridade dos dados podem causar danos irreparáveis para o negócio!

⬚ Portanto, não esqueça:
Os dados são considerados íntegros se:
⬚ Não forem alterados;
⬚ Forem válidos;
⬚ Forem precisos.

CONFIDENCIALIDADE

O princípio da confidencialidade trata a informação de modo que não seja repassada para processos, pessoas ou entidades não autorizadas. É a exclusividade que limita quem pode ter acesso a um determinado dado ou informação, incluindo dados privados de pessoas físicas, propriedades intelectuais de empresas, segurança nacional entre países e governos.

Com a expansão do e-commerce, cada vez mais usuários fazem compras online, e, para isso, fornecem dados privados para os cadastros e pagamentos. Entre os principais elementos que constituem a identidade de uma pessoa, podemos citar:

- Nome completo;
- Endereço de chegada;
- Data de nascimento;
- Número da Segurança Social;
- Nome do banco;
- Número da conta de banco;
- Número da conta do cartão de crédito;
- Número da conta da concessionária;
- Número da conta da hipoteca;
- Número da apólice de seguro;
- Números de contas de títulos e investimentos, entre outras informações que, se um cracker tiver acesso resultará em uma ameaça que se estende a riscos de, além de perdas financeiras, roubo de identidade, e danos ao CPF da vítima, podendo prejudicar ainda a sua classificação de crédito, impossibilitando a obtenção de empréstimos bancários, cartões de crédito, quem sabe até levar anos para limpar o histórico de crédito pessoal.

Controles de Segurança que Garantem a Confidencialidade

As leis obrigam as organizações a usarem controles de segurança para proteger os dados privados dos clientes. Lembrando que controles de segurança são ações que mitigam riscos. Como por exemplo:

- Treinamentos de segurança para conscientizar os funcionários;
- Política de Segurança de TI bem estruturada, tipo um manual de instruções de controles de segurança;
- Adotar soluções de segurança para as infraestruturas de TI com projeção em camadas, afinal, sabemos que quanto maior o número de camadas, ou de compartimentos, maior a possibilidade de bloqueio e proteção de dados e de propriedades intelectuais, mitigando assim os riscos de ataques e roubos;
- Avaliações periódicas de segurança, realizando testes de invasão (pentest) em sites e nas infraestruturas de TI. É a

forma que os profissionais de segurança checam se os controles estão instalados de forma correta;

- Monitorar pontos de entrada e de saída das redes de internet;
- Antivírus nas estações de trabalho e nos servidores;
- Controles de acesso rigorosos, com ID de logon e senhas, para os aplicativos, sistemas e dados. Lembrando que IDs de logon e senhas são apenas verificação de usuário e que é preciso validar os acessos fazendo uma segunda verificação da identidade dos usuários.

Reduzindo os pontos fracos dos softwares nos computadores e nos servidores, fazendo a atualização com patches e com correções de segurança, temos como manter seguros e atualizados nossos sistemas operacionais e nossos aplicativos.

É protegendo os dados que podemos garantir a confidencialidade deles! Para isso, as organizações devem usar controles específicos, do tipo:

- Definição de políticas, procedimentos, padrões e diretrizes de proteção, que indiquem como toda a organização deve lidar com os dados privados;
- Adotar padrões de classificação dos dados para que se possa definir como devem ser tratados, pois assim é possível saber que tipos de controle precisamos para mantê-los seguros;
- Aplicar limites de acesso a dados confidenciais armazenados nos sistemas e aplicativos, permitindo acessar apenas quem for autorizado;
- Criptografar os dados confidenciais e mantê-los ocultos para os usuários não autorizados, principalmente os dados que navegam na internet, mas também os que ficam armazenados nos bancos de dados e dispositivos de armazenamento.

E, para encerrar essa abordagem sobre confidencialidade, vale reforçar uma orientação que todo mundo deve saber e que não pode deixar de ser seguida:

Nunca inserir dados privados em texto simples, sem criptografia, em e-mails e sites não confiáveis; e nunca inserir dados privados em sites ou aplicativos que não usam criptografia!

DISPONIBILIDADE

O princípio da disponibilidade é a propriedade que trata de fazer com que os dados ou as informações estejam disponíveis, acessíveis e utilizáveis para uso e manuseio em uma demanda devidamente autorizada.

As características do princípio de disponibilidade são:
Pontualidade. Os sistemas de informação estão disponíveis quando   necessários;
Continuidade. O pessoal pode continuar trabalhando em casos   de   falhas   ou   indisponibilidade;
Robustez. Capacidade suficiente para permitir que todos os funcionários trabalhem nos sistemas de informação.

Métricas da Disponibilidade

Se pararmos para refletir, perceberemos que a disponibilidade é um termo bem comum em nosso dia a dia. Por exemplo: quando você liga para um amigo e o convida para assistir um filme na TV na sua casa. O serviço do telefone, da TV, e até o seu amigo precisam estar disponíveis para que o encontro aconteça como esperado; desde a ligação para o convite até o final do filme. No contexto da segurança da informação não é diferente; o termo disponibilidade também se refere à quantidade de tempo que os usuários podem utilizar um sistema, um aplicativo e dados. Com essa referência que relaciona a disponibilidade ao tempo de uso, temos medidas ou fatores comuns que incluem:
- ⬚ TEMPO DE ATIVIDADE, que é a quantidade total de tempo acessível de um sistema, aplicativo e dados, geralmente medido em unidades de segundos, minutos e horas dentro de um mês determinado;

- TEMPO DE INATIVIDADE, que é justamente o oposto, ou seja, é a quantidade total de tempo inacessível. Com medição também feita em unidades de segundos, minutos e horas em um mês;
- TEMPO MÉDIO DE FALHA (MTTF), que é a média do intervalo de tempo entre falhas de um sistema específico. Podemos exemplificar essa medição com semicondutores e eletrônicos, que não quebram e, por isso, possuem um MTTF de 25 anos ou mais. Já algumas peças físicas como: conectores, ventiladores, cabos, fontes de alimentação e outras, por sofrerem mais desgastes, possuem uma MTTF bem menor, por volta de uns cinco anos ou menos;
- TEMPO MÉDIO DE REPARO (MTTR), que é a quantidade média de tempo que se gasta para reparar um componente, um aplicativo, ou um sistema. Essa
- medida existe para ajudar na agilidade de recuperação do sistema;
- OBJETIVO DE TEMPO DE RECUPERAÇÃO (RTO), que é a quantidade de tempo gasta para recuperar e disponibilizar dados, aplicativos e sistemas após sofrerem alguma interrupção. Planos de continuidade de negócios geralmente definem RTO para acesso a dados, a aplicativos e sistemas de missão crítica;
- DISPONIBILIDADE, que é o cálculo matemático feito em fração:

D = (Tempo total de atividade) / (Tempo total de atividade + Tempo total de inatividade).

Graças a essas métricas é que empresas de telecomunicações podem oferecer aos clientes os famosos SLAs, que bem sabemos ser os queridos acordos de nível de serviço. Na prática, um SLA acontece em forma de um contrato, garantindo a disponibilidade mensal mínima de serviços para redes de longa distância (WAN) e para links de acesso à internet. Na verdade, os SLAs são verdadeiros parceiros dos serviços WAN e dos links de acesso dedicado à internet! E o fator disponibilidade mede exatamente esse nível de serviço de tempo das atividades mensais. Geralmente, provedores de serviços oferecem SLAs com disponibilidade entre 99,5% a 99,999%.

Estrutura da Política de Segurança de TI

Sabendo que a segurança de TI é fundamental para a capacidade de sobrevivência de qualquer organização, surge a necessidade de uma estrutura da política de segurança de TI, que consiste nas políticas, padrões, procedimentos e diretrizes que reduzem os riscos e as ameaças.

O objetivo da estrutura da política de segurança de TI da organização é reduzir a exposição a riscos, ameaças e vulnerabilidades.

Na prática, uma estrutura de política de segurança de TI tem quatro componentes. São eles:

• POLÍTICA - Uma política é uma breve declaração escrita, registrando que as pessoas responsáveis por uma organização definiram um curso de ação ou direção. Uma política é determinada pela alta administração para ser aplicada a toda organização;
• PADRÃO - Um padrão é uma definição escrita detalhada de como devem ser utilizados os hardwares e softwares da organização. Os padrões garantem que os controles de segurança adotados sejam usados em todo o sistema de TI;
• PROCEDIMENTOS - São instruções escritas sobre como usar as políticas e os padrões, incluindo: plano de ação, instalação, teste e auditoria dos controles de segurança;
• DIRETRIZES - Uma diretriz é um curso de ação sugerido para usar a política, padrões ou procedimentos. As diretrizes podem ser específicas ou flexíveis quanto ao uso.

É importante saber diferenciar e relacionar a definição de política e de padrão para os requisitos práticos de design; requisitos esses que devem ser aplicados de forma adequada aos controles de segurança e contramedidas. As declarações de política devem definir limites e também se referir aos padrões, procedimentos e diretrizes. As políticas definem como os controles de segurança e as contramedidas devem ser usadas para cumprir as leis e os regulamentos.

- CONTRAMEDIDA, ou "salvaguarda" - É uma medida de segurança que se coloca em prática para mitigar um risco potencial. Como por exemplo: gerenciamento de senha forte; controles de acesso em sistemas operacionais, implementação de senhas do BIOS (sistema básico de entrada e saída), treinamentos sobre segurança, entre outras.

Normalmente, após realizada uma avaliação de segurança no sistema de TI de uma organização, as definições de política são alinhadas às lacunas e exposições.
As políticas devem exigir revisão e aprovação da gerência executiva e do conselho jurídico geral.

A estrutura da política de segurança de TI deve começar a ser definida a partir de uma política de classificação de ativos, que, por sua vez, deve ser alinhada a um padrão de classificação de dados.

Padrões de Classificação de Dados

O padrão de classificação de dados define como a organização deve proteger seus dados.

É a partir do padrão de classificação de dados que se deve avaliar se há tráfego de dados privados ou confidenciais em qualquer um dos sete domínios de uma infraestrutura típica de TI. E, dependendo de como os dados são classificados é que são determinados os devidos controles de segurança.
Portanto, o objetivo/meta de um padrão de classificação de dados é: definir, de forma consistente, como a organização deve tratar e proteger seus diferentes tipos de dados.

Os controles de segurança variam de acordo com as necessidades de proteção dos diferentes dados. Por isso, cada domínio da infraestrutura de TI deve ter seus controles de segurança com procedimentos e diretrizes específicos, para lidar com os dados dentro de cada um deles.

De acordo com as regulamentações recentes dos padrões de classificação de dados, podemos diferenciá-los em quatro principais categorias:
• Dados privados, que são os dados sobre pessoas, e que devem ser mantidos em sigilo;
• Confidencial, que são informações ou dados de propriedade da organização. Como por exemplo: propriedade intelectual, listas de clientes, informações sobre preços e patentes;
• Apenas para uso interno, que são as informações ou dados armazenados internamente por uma organização;
• Dados de domínio público, que são Informações ou dados compartilhados com o público, como: conteúdos de sites, White papers, entre outros.

O padrão de classificação de dados da organização vai definir se é necessário ou não usar a criptografia, que geralmente é usada nos dados mais sensíveis, mesmo em dispositivos de armazenamento e discos rígidos. Quando usamos acesso remoto em internet pública é preciso usar criptografia e tecnologia VPN. Já nos acessos via LAN e nos acessos internos, apenas nos sistemas, aplicativos, pode não ser necessário o uso de criptografia.

Usuário – O ponto mais fraco na segurança de uma infraestrutura de TI!

Sim... o usuário é o elo mais fraco na segurança de ativos de uma organização. E não só os usuários comuns, mas até mesmo os profissionais de segurança de sistemas de informação cometem erros!

O erro humano é o maior risco e a maior ameaça para qualquer organização, porque nenhuma organização pode controlar totalmente o comportamento dos seus funcionários. Por isso, toda organização, por melhor que seja o departamento de Recursos Humanos em seus cuidados na contratação e gestão de pessoas, precisa estar preparada para usuários mal-intencionados, usuários não treinados e usuários descuidados.

Nem sempre o erro será intencional, mas causará danos do mesmo jeito! Por isso, estratégias precisam ser elaboradas e utilizadas para ajudar a reduzir os riscos, como por exemplo:
• Verificar cuidadosamente o histórico de cada candidato, antes que seja contratado;
• Efetuar avaliações regulares com todos os membros da equipe;
• Alternar o acesso a sistemas, aplicativos e dados confidenciais com diferentes cargos da equipe, usando uma escala de confidencialidade;
• Aplicar testes e análise de qualidade nos softwares, aplicativos e sistemas;
• Revisar regularmente os planos de segurança em toda infraestrutura de TI.

Lembrando que uma política de segurança bem elaborada e devidamente aplicada é a melhor forma de prevenção de riscos!

Pratique o que Aprendeu

Que tal colocar em prática o que você aprendeu até aqui? Para isso, aproveite esses exercícios de fixação:

1. São componentes de um sistema de computação, exceto:
A) Software
B) Firmware

C) Hardware
D) Malware

2. Sobre o funcionamento de um sistema operacional, podemos afirmar que:
A) Os sistemas operacionais gerenciam componentes de hardware, memória, operações de I / O, sistema de arquivos, serviços do sistema e processos.
B) Os sistemas operacionais apenas desenvolvem componentes de hardware, memória, operações de I / O, sistema de arquivos, serviços do sistema e processos.
C) Os sistemas operacionais gerenciam apenas redes e protocolos.
D) Os sistemas operacionais funcionam apenas com componentes lógicos.

3. Entre os principais sistemas operacionais, podemos citar:
A) TCP/IP, Windows, iOS / OS X, Android, z / OS ez / VM.
B) Unix / Linux, Windows, iOS / OS X, Android, IPSec.
C) Unix / Linux, Windows, IPv4/IPv6, Android, z / OS ez / VM.
D) Unix / Linux, Windows, iOS / OS X, Android, z / OS ez / VM.

4. Assinale a alternativa que não representa um tipo de vulnerabilidade de sistemas de computador:
A) Emanações em hardware.
B) Vírus em sistemas operacionais.
C) IPSec.
D) Pouca segurança em dispositivos dedicados.

5. São medidas de segurança relacionadas a sistemas de computador, exceto:
A) Acesso à memória com recursos de criptografar e descriptografar em tempo real.
B) Suporte para uso de smartcard.
C) Sensores de detecção de violação.

D) Canais secretos.

6. Se a internet é tão insegura, por que se tornou um meio de comunicação extraordinário de forma tão rápida ?

A) Porque além de impulsionar recursos e otimizar demandas, possibilitou uma incrível redução de custos nas comunicações de alta velocidade.

B) Porque viralizou e acabou expandindo para o público geral.

C) Porque houve uma manipulação governamental política com objetivos de controle social.

D) Porque foi parte de um planejamento de organizações privadas destinadas a comandar e manipular a massa midiática.

7. Por que o usuário é considerado o ponto mais fraco na segurança de uma infraestrutura básica de TI de uma organização?

A) Porque os erros em uma infraestrutura de TI em uma organização não são intencionais, e errar é uma vulnerabilidade inerente a todo ser humano.

B) Porque sempre são vítimas de acusações por parte da administração.

C) Porque nenhuma organização pode controlar totalmente o comportamento dos seus funcionários.

D) Porque a maioria dos usuários de uma organização não possui conhecimentos específicos que a torne mais ativa em relação às programações tecnológicas de medidas de segurança.

8. Quando um ativo está exposto a alguma probabilidade de uma ação ruim, temos (...):

A) Uma ameaça.

B) Uma vulnerabilidade.

C) Um dano.

D) Um risco.

9. Plano que objetiva a continuidade das funções da organização:

A) Plano de Recuperação de Desastres (DRP)
B) Plano de Continuidade de Negócios (BCP)
C) Plano de Segurança Organizacional (PSO)
D) Plano de Correção de Danos (PCD)

10. Os dados são considerados íntegros se:
I.   Não forem alterados;
II.   Forem válidos;
III.   Forem precisos;
IV.   Não forem compartilhados.

A) Apenas as alternativas I e II são verdadeiras.
B) Apenas as alternativas I, II e III são verdadeiras.
C) Todas as alternativas são verdadeiras.
D) Somente a alternativa IV é verdadeira.

Gabarito de respostas

Confirme suas respostas e aprenda com seus erros e acertos.

1. São componentes de um sistema de computação, exceto:
A) Software
B) Firmware
C) Hardware
D) Malware

A) Incorreto. Software é um componente de um sistema de computação.
B) Incorreto. Firmware é um componente de um sistema de computação.
C) Incorreto. Hardware é um componente de um sistema de computação.
D) **Correto. Malware é um código malicioso, não é um componente de um sistema de computação.**

2. Sobre o funcionamento de um sistema operacional, podemos afirmar que:

A) Os sistemas operacionais gerenciam componentes de hardware, memória, operações de I / O, sistema de arquivos, serviços do sistema e processos.

B) Os sistemas operacionais apenas desenvolvem componentes de hardware, memória, operações de I / O, sistema de arquivos, serviços do sistema e processos.

C) Os sistemas operacionais gerenciam apenas redes e protocolos.

D) Os sistemas operacionais funcionam apenas com componentes lógicos.

A) Correto. Os sistemas operacionais gerenciam componentes de hardware, memória, operações de I / O, sistema de arquivos, serviços do sistema e processos.

B) Incorreto. Os sistemas operacionais (~~apenas desenvolvem~~) gerenciam componentes de hardware, memória, operações de I / O, sistema de arquivos, serviços do sistema e processos.

C) Incorreto. Os sistemas operacionais gerenciam (~~apenas redes e protocolos~~) componentes de hardware, memória, operações de I / O, sistema de arquivos, serviços do sistema e processos.

D) Incorreto. Os sistemas operacionais (~~funcionam apenas com componentes lógicos~~) gerenciam componentes de hardware, memória, operações de I / O, sistema de arquivos, serviços do sistema e processos.

3. Entre os principais sistemas operacionais, podemos citar:

A) TCP/IP, Windows, iOS / OS X, Android, z / OS ez / VM.

B) Unix / Linux, Windows, iOS / OS X, Android, IPSec.

C) Unix / Linux, Windows, IPv4/IPv6, Android, z / OS ez / VM.

D) Unix / Linux, Windows, iOS / OS X, Android, z / OS ez / VM.

A) Incorreto. (~~TCP/IP~~), Windows, iOS / OS X, Android, z / OS ez / VM.

B) Incorreto. Unix / Linux, Windows, iOS / OS X, Android, (~~IPSec~~).

C) Incorreto. Unix / Linux, Windows, (~~IPv4/IPv6~~), Android, z / OS ez / VM.

D) Correto. Unix / Linux, Windows, iOS / OS X, Android, z / OS ez / VM.

4. Assinale a alternativa que não representa um tipo de vulnerabilidade de sistemas de computador:

A) Emanações em hardware.
B) Vírus em sistemas operacionais.
C) IPSec.
D) Pouca segurança em dispositivos dedicados.

A) Incorreto. Emanações em hardware é um tipo de vulnerabilidade sistêmica.

B) Incorreto. Vírus em sistemas operacionais é um tipo de vulnerabilidade sistêmica.

C) Correto. IPSec é um protocolo de segurança, não é uma vulnerabilidade.

D) Incorreto. Pouca segurança em dispositivos dedicados é uma vulnerabilidade sistêmica.

5. São medidas de segurança relacionadas a sistemas de computador, exceto:

A) Acesso à memória com recursos de criptografar e descriptografar em tempo real.
B) Suporte para uso de smartcard.
C) Sensores de detecção de violação.
D) Canais secretos.

A) Incorreto. Acesso à memória com recursos de criptografar e descriptografar em tempo real é uma medida de segurança sistêmica.

B) Incorreto. Suporte para uso de smartcard é uma medida de segurança sistêmica.

C) Incorreto. Sensores de detecção de violação é uma medida de segurança sistêmica.

D) **Correto. Canais secretos são vulnerabilidades em hardwares.**

6. Se a internet é tão insegura, por que se tornou um meio de comunicação extraordinário de forma tão rápida ?

A) Porque além de impulsionar recursos e otimizar demandas, possibilitou uma incrível redução de custos nas comunicações de alta velocidade.

B) Porque viralizou e acabou expandindo para o público geral.

C) Porque houve uma manipulação governamental política com objetivos de controle social.

D) Porque foi parte de um planejamento de organizações privadas destinadas a comandar e manipular a massa midiática.

A) **Correto. Porque além de impulsionar recursos e otimizar demandas, possibilitou uma incrível redução de custos nas comunicações de alta velocidade.**

B) Incorreto. "Porque viralizou e acabou expandindo para o público geral" não é a causa do sucesso da internet, foi uma consequência.

C) Incorreto. "Porque houve uma manipulação governamental política com objetivos de controle social" não é uma causa fundamentada que justifique o sucesso da internet.

D) Incorreto. "Porque foi parte de um planejamento de organizações privadas destinadas a comandar e manipular a massa midiática" não é uma causa fundamentada que justifique o sucesso da internet.

7. Por que o usuário é considerado o ponto mais fraco na segurança de uma infraestrutura básica de TI de uma organização?

A) Porque os erros em uma infraestrutura de TI em uma organização não são intencionais, e errar é uma vulnerabilidade inerente a todo ser humano.

B) Porque sempre são vítimas de acusações por parte da administração.

C) Porque nenhuma organização pode controlar totalmente o comportamento dos seus funcionários.

D) Porque a maioria dos usuários de uma organização não possui conhecimentos específicos que a torne mais ativa em relação às programações tecnológicas de medidas de segurança.

A) Incorreto. "Porque os erros em uma infraestrutura de TI em uma organização (~~não são intencionais~~), (~~e errar é uma vulnerabilidade inerente a todo ser humano~~)". (Os erros podem ser intencionais ou não. E o "errar é humano" não representa e não justifica a falta de controle por parte das organizações em relação aos seus funcionários).

B) Incorreto. (~~Porque sempre são vítimas de acusações por parte da administração~~). (Afirmação inverídica e que não caracteriza o real motivo).

C) Correto. Porque nenhuma organização pode controlar totalmente o comportamento dos seus funcionários.

D) Incorreto. Porque (~~a maioria dos usuários de uma organização não possui conhecimentos específicos que a torne mais ativa em relação às programações tecnológicas de medidas de segurança~~). (Não justifica, pois até funcionários com conhecimentos específicos em programação podem errar, intencionalmente ou não).

8. Quando um ativo está exposto a alguma probabilidade de uma ação ruim, temos (...):

A) Uma ameaça.

B) Uma vulnerabilidade.

C) Um dano.

D) Um risco.

A) Incorreto. Uma ameaça existe quando há uma possibilidade de um ativo ser danificado por alguma ação.

B) Incorreto. Uma vulnerabilidade é uma falha que permite perceber uma ameaça.

C) Incorreto. Um dano é a consequência de um evento negativo.

D) Correto. Um risco.

9. Plano que objetiva a continuidade das funções da organização:

A) Plano de Recuperação de Desastres (DRP)

B) Plano de Continuidade de Negócios (BCP)

C) Plano de Segurança Organizacional (PSO)

D) Plano de Correção de Danos (PCD)

A) Incorreto. Um Plano de Recuperação de Desastres (DRP) é o que define como a organização pode se recuperar após um desastre.

B) Correto. Plano de Continuidade de Negócios (BCP)

C) Incorreto. Plano de Segurança Organizacional (PSO) não existe.

D) Incorreto. Plano de Correção de Danos (PCD) não existe.

10. Os dados são considerados íntegros se:

I.   Não forem alterados;

II.   Forem válidos;

III.   Forem precisos;

IV.   Não forem compartilhados.

A) Apenas as alternativas I e II são verdadeiras.

B) Apenas as alternativas I, II e III são verdadeiras.
C) Todas as alternativas são verdadeiras.
D) Somente a alternativa IV é verdadeira.

A) Incorreto. As alternativas III também é verdadeira.
B) Correto. Apenas as alternativas I, II e III são verdadeiras.
C) Incorreto. A alternativa IV não é verdadeira. Compartilhar um dado não fere a integridade de um dado, desde que não seja alterado, seja válido e preciso.
D) Incorreto. Somente as alternativas I, II e III são as verdadeiras.

Capítulo 2 - Segurança nas Infraestruturas de TI / Os 7 Domínios

Os 7 Domínios De Uma Infraestrutura Típica De TI:
1. Domínio do Usuário;
2. Domínio da Estação de Trabalho;
3. Domínio LAN;
4. Domínio LAN-para-WAN;
5. Domínio WAN;
6. Domínio de Acesso Remoto;

7. Domínio Sistema/Aplicativo.

1. Domínio do Usuário

O primeiro domínio é o do usuário. Como a própria nomenclatura sugere, o 'Domínio do Usuário' é o que define quem acessa o sistema de informação de uma organização.

Como Funciona o Domínio do Usuário?

Quando nos referimos a funções e tarefas dentro de uma empresa, sabemos que seus colaboradores são usuários que podem acessar sistemas, aplicativos e dados de acordo com a escala de autorização. Por isso, todos os funcionários precisam seguir um manual de política organizacional para saber exatamente o que lhe é permitido ou não.

É no domínio do usuário que devemos encontrar uma Política de Uso Aceitável (AUP) para definir o que os usuários estão autorizados a fazer com os ativos de TI da organização; na verdade, essa prática de introdução de uma AUP é uma recomendação legal para a maioria das organizações. É literalmente instalar o manual de regras! E todos os funcionários devem estar cientes de que violar uma dessas regras pode ser motivo até para demissão! E é exatamente assim que se instala a primeira camada de defesa de uma estratégia de segurança em camadas.

Então, não esqueça:

☐ A POLÍTICA DE USO ACEITÁVEL (AUP) define quais ações são ou não são permitidas em relação ao uso de ativos de TI de avaliação de ameaça da organização. Lembrando também que trata-se de uma política específica do Domínio do Usuário, usada para reduzir os riscos entre a organização e seus funcionários.

Outra política que também é específica deste domínio é a POLÍTICA DE CONSCIENTIZAÇÃO DE SEGURANÇA, usada quando é preciso alterar o comportamento de conscientização da segurança organizacional. Essa política define como garantir que todos os funcionários da organização estejam cientes da importância da segurança e das expectativas comportamentais de acordo com a política de segurança organizacional.

Responsabilidades no Domínio do Usuário

Cientes de suas funções, tarefas e permissões, os funcionários podem se responsabilizar pelo uso dos ativos da TI da organização. Por exemplo: A empresa pode exigir que os funcionários, tanto os contratados como os terceirizados, assinem um acordo de compromisso com a manutenção das informações confidenciais. Como também pode incluir a exigência de antecedentes criminais para verificar se há histórico suspeito que possa se transformar em uma ameaça para segurança dos ativos da TI.

Normalmente, é o gerente de departamento ou dos recursos humanos (RH) que fica responsável por garantir que todos os funcionários assinem e cumpram as regras da AUP.

E é o RH que deve checar o perfil e o histórico dos candidatos a funcionários antes que sejam contratados e liberados para acessar e usar os sistemas de TI da organização. O elo mais vulnerável de uma infraestrutura de TI é o Domínio do Usuário, por isso todos da organização precisam entender o porquê da necessidade do comprometimento com a segurança dos ativos. Para isso existem as:

- ⬚ POLÍTICA DE CLASSIFICAÇÃO DE ATIVOS, que define o padrão de classificação de dados de uma organização, determina quais ativos de TI são essenciais para a missão organizacional, definindo os sistemas, usos e prioridades de dados, identificando assim os ativos nos sete domínios de uma infraestrutura típica de TI;

- POLÍTICA DE GESTÃO DE ATIVOS, que inclui as operações de segurança e o gerenciamento de todos os ativos de TI nos sete domínios de uma infraestrutura de TI típica.

Relação: Riscos, Ameaças, Vulnerabilidades X Estratégias de Mitigação no Domínio do Usuário

Vejamos alguns dos riscos, ameaças e vulnerabilidades mais frequentes no domínio do usuário e estratégias de mitigação relacionadas:

DOMÍNIO DO USUÁRIO	
RISCOS, AMEAÇAS E VULNERABILIDADES	ESTRATÉGIAS DE MITIGAÇÃO
Falta de consciência do usuário.	Realizar treinamentos de conscientização sobre a importância e como cumprir as medidas de segurança estabelecidas. Podem ser feitas também ações do tipo: cartazes, banners, lembretes, saudações, e-mails, entre outras formas de comunicação interna.

Apatia dos usuários quanto às políticas da empresa.	Investir em treinamentos anuais de conscientização. Além de implementar política de uso aceitável, e atualizar sempre que necessário o manual das regras, fazendo avaliações de desempenho periódicas com conversação e feedbacks pontuais.
Violações da política de segurança.	Colocar os funcionários em sistema de liberdade condicional, passando por avaliações de desempenho abertas a conversação. E também revisar a AUP e o manual das regras periodicamente.
Usuário inserir dispositivos do tipo CDs e drivers USB contendo fotos pessoais, músicas, vídeos, enfim, invadindo o ambiente de TI com componentes pessoais.	Desativar unidades de CD internas, portas USB e qualquer ponto de vulnerabilidade que possibilite esse tipo de evento. Habilitar um antivírus automático nas unidades de mídia relacionadas, checando inclusive e-mails e arquivos anexos. Geralmente, um sistema de varredura antivírus é suficiente para examinar todos os novos arquivos no disco rígido do computador.
Usuário baixar algum arquivo como música, foto ou vídeo.	Habilitar a filtragem de conteúdo, aplicar antivírus, verificando arquivos, anexos em e-mails e mídias relacionadas. Configurar dispositivos de rede de filtragem de conteúdo de acordo com a definição da AUP para negar ou permitir nomes de domínio específico.

A organização sofrer ataques ou sabotagens feitos por funcionários descontentes	Rastrear e monitorar comportamentos suspeitos dos funcionários, performances de trabalho irregulares e uso da infraestrutura de TI fora do expediente. E, de acordo com esse monitoramento e com base na AUP, dar início aos procedimentos de bloqueio em relação ao controle de acesso de TI.
Romance quando acaba entre funcionários da empresa.	Monitorar e rastrear comportamentos fora do padrão, inclusive o uso da infraestrutura de TI fora do horário de trabalho. E, dar início aos procedimentos de bloqueio em relação ao controle de acesso de TI, de acordo com o monitoramento e com base na AUP.
Chantagem ou extorsão por parte de funcionários da empresa.	Monitorar e rastrear comportamentos fora do padrão e o uso da infraestrutura de TI fora do horário de trabalho. Habilitar o sistema de detecção de intrusão (IDS) e o sistema de prevenção de intrusão (IPS) para monitorar acessos e ações pessoais dos funcionários dentro da infraestrutura de TI da empresa. Lembrando que o IDS e o IPS são dispositivos de segurança que monitoram os fluxos de dados IP no tráfego de entrada e de saída, e que podem ter alertas e alarmes programados para ajudar a detectar e bloquear tráfegos considerados suspeitos de acordo com a definição da AUP.

2. Domínio da Estação de Trabalho

O segundo domínio é o da estação de trabalho. É onde a maioria dos usuários de uma organização se conecta à infraestrutura de TI.

Podemos entender como estação de trabalho:
- Computador;
- Laptop;
- Assistente de Dados Pessoais (PDA);
- Smartphone;
- Qualquer dispositivo que possibilite acesso à rede.

Como funciona o Domínio da Estação de Trabalho?

Para que haja produtividade em uma organização é preciso que a equipe tenha o acesso necessário à infraestrutura de TI.

Entre as tarefas relacionadas ao Domínio da Estação de Trabalho, podemos citar:
- Configuração de hardware;
- Sistemas de proteção;
- Checagem de arquivos de antivírus.

- ENDURECIMENTO DE SISTEMA OPERACIONAL (SO) - Definimos um processo de endurecer um sistema quando é possível garantir que os controles estejam disponíveis para tratar qualquer ameaça. Esse endurecimento requer que todos os computadores passem por revisões de software, tenham sistema de configurações e patches de segurança.

Para um bom funcionamento, o Domínio da Estação de Trabalho precisa ter camadas adicionais de defesa, inclusive uma camada que implemente IDs de logon e senhas para proteção das estações de trabalho e acesso à infraestrutura de TI.

Vale ressaltar a importância da POLÍTICA DE AVALIAÇÃO E GERENCIAMENTO DE VULNERABILIDADE, que define uma janela de vulnerabilidade em toda a organização para o sistema operacional de produção e software de aplicativo. É a partir desta política que são desenvolvidos os padrões, procedimentos e diretrizes de avaliação e gerenciamento de vulnerabilidades em toda a organização.

Responsabilidades no Domínio da Estação de Trabalho

Aplicar padrões definidos é fundamental para garantir a integridade das estações de trabalho e dos dados do usuário.

A responsabilidade pelo Domínio da Estação de Trabalho é da equipe de suporte de desktop, cujo gerente é quem deve garantir que os funcionários possam usufruir da melhor forma possível suas estações de trabalho.

O controle de proteção deste domínio deve ser feito pela área de Segurança de TI. E a definição do controle de acesso, de acordo com a função e trabalho de cada funcionário, cabe ao RH, porém é a equipe de Segurança de TI que deve atribuir os direitos de acesso a sistemas, aplicativos e dados, respeitando as definições do RH. E, quem tem a responsabilidade de garantir que essas definições de política feitas pelo RH estejam sendo respeitadas é o diretor de Segurança de TI.

Relação: Riscos, Ameaças, Vulnerabilidades X Estratégias de Mitigação no Domínio da Estação de Trabalho

É nesse domínio que os usuários fazem seus primeiros acessos a sistemas, aplicativos e dados, por isso necessita de um rígido controle de acesso e segurança, com ID de logon e senha de acesso.

Vejamos alguns dos riscos, ameaças e vulnerabilidades mais frequentes no Domínio da Estação de Trabalho e estratégias de mitigação relacionadas:

DOMÍNIO DO USUÁRIO

RISCOS, AMEAÇAS E VULNERABILIDADES	ESTRATÉGIAS DE MITIGAÇÃO
Acessos não autorizados à estação de trabalho.	Habilitar proteção com senhas de acesso e bloqueio automático de tela após períodos em inatividade.
Acessos não autorizados aos sistemas, aplicativos, dados.	Definição de políticas, padrões, diretrizes e controles de acesso. Além de: Testes de segundo nível que chequem se o usuário está autorizado para acesso.

Vulnerabilidades de softwares de sistemas operacionais de laptops e desktops.	Definição de política da janela de vulnerabilidades do sistema operacional da estação de trabalho. E testes periódicos de checagem de vulnerabilidades. Lembrando que janela de vulnerabilidade é um período crítico em que o computador fica sem atualizar as correções do sistema de segurança.
Vulnerabilidades de softwares de aplicativos de desktop, laptops, e de atualizações de softwares de patch.	Definição de política da janela de vulnerabilidades de softwares de aplicativos da estação de trabalho. Atualização de softwares de aplicativos e de patches de segurança de acordo com a definição da política, diretrizes, padrões e procedimentos.
Estação de trabalho, laptop ou usuário infectado por vírus, malware ou código malicioso.	Uso de política, diretrizes, padrões e procedimentos antivírus e anti códigos maliciosos em estações de trabalho. Uso de solução de proteção antivírus automatizada, verificando e atualizando cada estação de trabalho com a devida proteção.

Um usuário inserir CDs, DVDs ou pen drivers na estação de trabalho.	Desativação de portas relacionadas (CD, DVD, USB). E varreduras de antivírus automáticas para scanear as mídias envolvidas. Lembrando que: -CDs = Discos compactos -DVDs = Discos de vídeo digital -USB = Barramento serial universal.
Usuário baixar músicas, fotos, vídeos da internet.	Filtragem de conteúdo e varredura de antivírus na entrada e saída da rede. Varreduras automáticas na estação de trabalho para scanear arquivos novos, com uso de quarentena automática para os que forem desconhecidos.
Violação da AUP com geração de risco de segurança para infraestrutura de TI.	Treinamento anual de conscientização de segurança, obrigatório para toda equipe. Além de campanhas e programas anuais de conscientização.

3. Domínio LAN

O Domínio LAN é o terceiro componente de uma infraestrutura de TI.

- CONCEITO DE LAN - Rede local de computadores, conectados diretamente uns aos outros ou por meio de uma conexão comum.

Quando nos referimos a uma conexão de rede local, estamos incluindo nesse cenário:
- Fios;
- Cabos de fibra ótica ou ondas de rádio.

As redes LANs normalmente são organizadas por departamento ou função.

Quando um computador se conecta a uma rede LAN, é possível: acessar dados, aplicativos, sistemas e até mesmo a internet.

Os Componentes Físicos do Domínio LAN

Entre os componentes físicos do Domínio LAN podemos citar:

- ⬚ PLACA DE INTERFACE que fica entre o computador e a LAN física, chamada de NIC, que é a sigla de **Network Interface Card, em português:** Placa de Interface de Rede. Essa placa tem um endereço de controle de acesso à mídia (um endereço MAC) de 6 bytes, e que serve como identificador único na NIC;

- ⬚ ETHERNET LAN, uma solução LAN com base no padrão IEEE 802.3 CSMA/CD para Rede Ethernet de 10/100/1000 Mpbs e 10 Gbps.Ressaltando que a Ethernet é o padrão mais popular de LAN!
- ⬚ (IEEE = sigla de Instituto de Engenheiros Elétricos e Eletrônicos. CSMA/CD = sigla de Carrier Sense Multiple Access / Collision Detection);

- ⬚ CABEAMENTO de par trançado sem blindagem. É o cabeamento que liga a estação de trabalho a um switch LAN Ethernet de 100mbps/de 1Gbps/ e de 10 Gbps, usando conectores e tomadas RJ-45. Lembrando que os cabeamentos seguem os padrões EIA/TIA, que é a norma de padronização dos cabeamentos da telecomunicação;

- ⬚ SWITCH. Um switch de LAN é um dispositivo usado para conectar as estações de trabalho na LAN Ethernet. Portanto, sua função é fornecer conexão dedicada da LAN Ethernet com alto desempenho para as estações e servidores. Existem dois tipos de switches de LAN: um switch da camada 2 examina o endereço de camada MAC e decide encaminhamentos baseados nas tabelas de endereço MAC. O outro switch é o da Camada 3, que funciona como roteador, examinando o endereço da camada de rede, e roteando os pacotes, com base nas determinações de encaminhamento do protocolo de roteamento;

⊡ SERVIDORES DE ARQUIVO - Computadores de alta potência, componentes do Domínio LAN que fornecem o compartilhamento dos arquivos e o armazenamento dos dados para os usuários;

⊡ SERVIDORES DE IMPRESSÃO - Computadores de alta potência que oferecem suporte para uso de impressora compartilhada dentro de um departamento;

⊡ PONTO DE ACESSO SEM FIO (WAP) – Mais um componente usado em LANs sem fio (WLANs). Os pontos de acesso sem fio são receptores dos pacotes IP de uma NIC WLAN que chegam através dos transceptores de rádio. Essa transmissão acontece da seguinte forma: O WAP transmite os sinais WLAN para os dispositivos móveis se conectarem. Daí, o WAP conecta de volta para o switch LAN através do cabeamento de par trançado (não blindado). Normalmente, nas transmissões por ondas de rádio, os switches Ethernet fornecem para as estações conectividade de 100Mbps, ou de 1 Gbps, sendo que os switches Ethernet são equipados por módulos para suportar conexões de backboneEthernet de 1 até 10 Gbps, usando, para isso, geralmente, cabeamento de fibra ótica.

Vimos, então, os componentes físicos de um Domínio LAN, que são: NIC, Ethernet LAN, cabeamento de par trançado sem blindagem, switch de LAN, servidor de arquivo, servidor de impressão e WAP.

Elementos Lógicos do Domínio LAN

São elementos lógicos do Domínio LAN:

- SISTEMA ADMINISTRATIVO, com as configurações de contas dos usuários LAN, com ID de logon e senha para acesso, que são as informações de logon do usuário;

- DESIGN DO DIRETÓRIO E SERVIÇOS DE ARQUIVO; servidores, diretórios e as pastas que os usuários podem acessar;

- CONFIGURAÇÕES DAS ESTAÇÕES DE TRABALHO E DOS SOFTWARES TCP/IP DOS SERVIDORES E OS PROTOCOLOS DE COMUNICAÇÃO. Estamos falando aqui de: endereçamento IP, endereço da máscara sub-rede, IP dos gateways roteadores, entre outras configurações. Ressaltando que o IP do gateway roteador funciona como entrada e saída da LAN. E o endereço da máscara sub-rede é o que define o número da rede IP e também o número do host IP;

- DESIGN DE ARMAZENAMENTO EM DISCO DO SERVIDOR, BACKUP E RECUPERAÇÃO DE DADOS DO USUÁRIO. Ou seja, esse elemento da parte lógica do Domínio LAN diz respeito ao design que possibilita o usuário a ter como armazenar seus arquivos de dados ou espaços de armazenamento em disco LAN, onde os dados são copiados e devidamente arquivados, diariamente;

- DESIGN DAS LANS VIRTUAIS (VLANS) é mais um elemento lógico do Domínio LAN. Com os switches da camada 2 e da camada 3 da LAN, é possível configurar as portas Ethernet para que fiquem na mesma VLAN, mesmo que estejam fisicamente conectadas a LANs diferentes. É a mesma coisa que configurar as estações de trabalho e os servidores em uma mesma LAN Ethernet ou domínio broadcast.

Então, esses são os elementos lógicos de um Domínio LAN: Sistema administrativo, Design do diretório e serviços de arquivo, Configurações das estações de trabalho e dos softwares TCP/IP dos servidores e protocolos de comunicação, Design de armazenamento em disco do servidor e Design das LANs virtuais (VLANs).

Lembrando que os usuários devem ter acesso a LAN de seus respectivos departamentos e aplicativos de acordo com a necessidade de suas funções e cargos.

Como Funciona o Domínio LAN?

Já vimos que o Domínio LAN é composto por componentes de rede física e de configuração lógica.

A gestão dos componentes físicos inclui:
- Cabeamentos;
- NIC cards;
- Switches LAN;
- Pontos de acesso sem fio (WAPs).

A administração do Sistema LAN inclui:
- A manutenção de listas mestras de contas de usuários e direitos de acesso;
- A autenticação de segundo nível, quando necessária. Essa autenticação de segundo nível é como um portão, onde o usuário precisa confirmar novamente se de fato é quem disse ser lá na primeira autenticação de logon.

Responsabilidades no Domínio LAN

A equipe de suporte da LAN é a responsável por esse domínio, incluindo tanto os componentes físicos como os elementos lógicos.

E quem deve manter e oferecer suporte aos serviços de arquivo e de impressão dos departamentos, além de configurar os controles de acesso para os usuários, são os administradores do Sistema LAN.

É obrigação do gerente da LAN cuidar do uso e integridade dos dados dentro do Domínio. E cabe ao diretor de segurança de TI garantir a conformidade do domínio LAN com a política adotada e regulamentada.

Relação: Riscos, Ameaças, Vulnerabilidades X Estratégias de Mitigação no Domínio LAN

O Domínio LAN também precisa de um rígido controle de segurança e de acesso!

Afinal, os usuários da LAN tem acesso a sistemas, aplicativos e dados a organização. E é justamente onde entra a necessidade da terceira camada de proteção, para proteger a infraestrutura de TI e o Domínio LAN.

Vejamos alguns dos riscos, ameaças e vulnerabilidades mais frequentes no Domínio LAN e estratégias de mitigação relacionadas:

DOMÍNIO LAN

RISCOS, AMEAÇAS E VULNERABILIDADES	ESTRATÉGIAS DE MITIGAÇÃO
Acesso não autorizado à LAN.	Certificar-se de que os wiring closets, data centers e salas de computadores estejam seguros. Não permitir acessos de usuários se o ID não for adequado.
Vulnerabilidades do software do sistema operacional do servidor LAN.	Definir políticas, normas, diretrizes, e procedimentos mais rigorosos de controle de acesso. Implementar: autenticação de segundo nível para acesso a sistemas, aplicativos e dados confidenciais.
Vulnerabilidades de software do servidor LAN e atualizações de patch.	Definir política mais rigorosa de janela de vulnerabilidade de software que exija um patch rápido.
Usuários desonestos em WLANs conseguem acesso não autorizado.	Usar chaves de rede WLAN, com senha para acesso sem fio. Desativar a transmissão WAPs. Ativar autenticação de segundo nível para acesso à WLAN.
A confidencialidade das transmissões de dados por meio das conexões WLAN fica comprometida.	Implementar criptografia entre estação de trabalho e WAP para manter a confidencialidade.
Os servidores LAN têm diferentes hardwares, sistemas operacionais, e softwares, dificultando a gestão e a solução de problemas.	Implementar o servidor LAN e padrões de configuração, procedimentos e diretrizes.

Lembrando que:
- ⬚ AVALIAÇÃO DE VULNERABILIDADE é uma revisão para identificar bugs ou erros no software. Lembrando ainda que esses bugs e erros desaparecem ao fazer upload de patches e correções de software.

E, só garantindo a compreensão: Se você não lembra, apesar de ser um elemento bem conhecido na área de TI, "*PATCH*" é um programa de computador desenvolvido justamente para atualizar ou corrigir um software para um melhor uso e performance. E quando usamos patches para correção de bugs ou de vulnerabilidades, podemos chamar esse processo de "*bugfix*".

4. Domínio LAN-para-WAN

Chegamos ao quarto domínio de uma infraestrutura típica de TI: o Domínio LAN-to-WAN, ou em português: LAN-para-WAN!

É onde a infraestrutura de TI se conecta a uma rede de longa distância e à Internet. E, infelizmente, sabemos que se conectar à Internet é como estender o tapete vermelho para hackers maliciosos... A Internet é aberta, pública e facilmente acessível para qualquer pessoa. A maior parte do tráfego da Internet é feito com textos não criptografados; são textos visíveis e não privados. E é exatamente por isso que surge a necessidade dessa quarta camada de proteção em uma infraestrutura de TI, que é o Domínio LAN-para-WAN!

Para que essa proteção aconteça, os aplicativos de rede usam dois protocolos de transporte: TransmissionControl Protocol (TCP) e UserDatagram Protocol (UDP). Tanto o TCP quanto o UDP usam números de porta para identificar o aplicativo ou sua respectiva função; imagine que esses números de porta funcionam como canais em uma TV, que determinam a estação que você está assistindo. E quando um pacote é enviado via TCP ou UDP, o número de porta aparece no cabeçalho do pacote, especificando o tipo de pacote. É como anunciar ao mundo o que você está transmitindo.

Exemplos de Portas TCP e UDP

São exemplos comuns de números de porta TCP e UDP:

- ☐ PORTA 80: HyperTextTransfer Protocol (HTTP), em português: Protocolo de Transferência de Hipertexto, que é o protocolo de comunicação entre os navegadores da Web e sites da Web, com dados em texto não criptografado;

☐

  PORTA 20: File Transfer Protocol (FTP), em português: Protocolo de Transferência de Arquivos, que é o protocolo usado para realizar transferências de arquivos. O FTP usa o TCP como uma conexão orientada de transmissão de dados, sendo que em texto não criptografado. Lembrando que uma conexão orientada significa que os pacotes individuais são numerados e reconhecidos como recebidos, para otimizar a integridade dos arquivos transferidos;

- ☐ PORTA 69: Trivial File Transfer Protocol (TFTP), em português: Protocolo de Transferência de Arquivos Trivial, que é um protocolo de transferências de arquivos. O TPTP usa o UDP como uma transmissão de dados sem conexão, sendo que em texto não criptografado; esse tipo de processo é usado para transferências de arquivos pequenos e rápidos, já que não pode garantir entregas de pacotes individuais;

- ☐ PORTA 23: Terminal Network (Telnet), em português: Rede Terminal, que é um protocolo de rede que possibilita o acesso de um terminal remoto a outro dispositivo. O Telnet usa TCP e envia dados em texto não criptografado;

- ☐ PORTA 22: Secure Shell (SSH), em português: Cápsula Segura, que é um protocolo de rede que possibilita o logon remoto dos usuários. O SSH criptografa a transmissão de dados para manter a confidencialidade das comunicações.

Se você tiver interesse de conhecer a relação completa de portas, que vai do número 0 até o número 1023, é só acessar o site da IANA:
http://www.iana.org/assignments/port-numbers

☐ IANA é a sigla de: Internet AssignedNumbersAuthority, em português: Autoridade para Atribuição de Números de Internet, que é uma organização mundial responsável por supervisionar e atribuir de forma global os números na internet.

Como Funciona o Domínio LAN-para-WAN?

O Domínio LAN-para-WAN é considerado uma das áreas mais difíceis de proteger dentro de uma infraestrutura de TI. Afinal, é preciso oferecer aos usuários o máximo de acesso possível, sem abrir mão da segurança!
Os componentes físicos precisam ser gerenciados para facilitar o acesso ao serviço. E os dispositivos de segurança devem ser configurados para atender às definições da política adotada e regulamentada. Só assim é possível aproveitar ao máximo a disponibilidade, garantindo a integridade e confidencialidade dos dados.

É neste domínio, LAN-para-WAN, que a Política de Avaliação e Monitoramento de Ameaças precisa ser mais detalhada, com informações específicas, de acordo com a AUP. A Política de Avaliação e Monitoramento de Ameaças define uma autoridade de monitoramento e avaliação de ameaças em toda a organização.

Então, falando das funções e tarefas do Domínio LAN-para-WAN, incluindo as partes físicas e o design lógico dos dispositivos de segurança, devemos ter em mente a necessidade de gerenciar e configurar:

- ROTEADORES IP- Lembrando que roteador IP é um dispositivo de rede, usado para transportar pacotes IP, tanto os que vem da WAN, como os que são encaminhados para a WAN. As decisões que determinam o caminho endereçam os pacotes IP.

    Ah! E, dentro dessas tarefas de configuração, também estão inclusas as de roteamento de IP e as listas de controle de acesso (ACLs). Essas ACLs são usadas para o filtro do tráfego em relação às permissões de acesso; quem está autorizado ou não para acessar;

- Os FIREWALLS DE ESTADO (STATEFUL FIREWALLS) - Também precisam ser gerenciados e configurados! Firewall de estado é um dispositivo de segurança que é usado para filtrar os pacotes IP de entrada, com base nas definições das ACLs, que devem ser configuradas para IP, TCP e cabeçalhos de pacotes UDP. Um stateful firewall pode examinar e filtrar cabeçalhos de pacotes IP, TCP ou UDP;

- A ZONA DESMILITARIZADA (DMZ)- Segmento de LAN no Domínio LAN-para-WAN, atua como uma zona buffer para tráfego IP de entrada e saída, e precisa de servidores externos, como servidores Web, servidores proxy e servidores de e-mail para um maior isolamento e triagem do tráfego IP;

- SISTEMA DE DETECÇÃO DE INTRUSÃO (IDS) É outro dispositivo de segurança que precisa ser configurado para detectar fluxos de dados IP suspeitos de ataques comuns e padrões de intenção maliciosa. Os IDSs são passivos, projetados para monitoramento, não tomam decisões automáticas, e também podem ser configurados para acionar um alarme, os avisos de falso positivos, que alertam um potencial problema, e os falso negativos, que avisam se um evento malicioso ocorreu mas não foi detectado pela arquitetura de segurança;

- ☐ SISTEMA DE PREVENÇÃO DE INTRUSÃO (IPS) – Um IPS pode fazer a mesma coisa que um IDS, mas, por ser ativo, além de monitorar, pode ser configurado para tomar decisões automáticas, como bloquear fluxos de dados de IP identificados como maliciosos. Os IPSs também podem ser programados para: encerrar a sessão de comunicação real, filtrar pelos endereços IP de origem, e bloquear o acesso ao host de destino;

- ☐ SERVIDORES PROXY - São programados para atuar intermediando as estações de trabalho aos destinos externos. O servidor intermediário atua como proxy na recepção do tráfego. Dessa forma, é possível analisar e rastrear os dados antes que eles entrem na infraestrutura de TI;

- ☐ FILTRO DE CONTEÚDO DA WEB - Dispositivo de segurança que pode ser configurado com base na lista de nomes de domínio ou de palavras-chave para impedir que conteúdos suspeitos entrem na infraestrutura de TI;

- ☐ FILTRO DE CONTEÚDO DE E-MAIL E SISTEMA DE QUARENTENA - Dispositivo de segurança programado para bloquear conteúdos de e-mails e anexos desconhecidos, para que passem por uma verificação antivírus adequada e devida quarentena. Feita essa revisão, o e-mail e os anexos são liberados para encaminhamento ao usuário;

- ☐ MONITORAMENTO DE DESEMPENHO DE ENTRADA E SAÍDA DA INTERNET - Esse tipo de monitoramento precisa ser feito no ponto em que a infraestrutura de TI se conecta à Internet. Isso acontece através de um link de acesso dedicado à Internet, para que se possa otimizar a disponibilidade, monitorando o desempenho e o uso do link.

Responsabilidades no Domínio LAN-para-WAN

A responsabilidade pelo Domínio LAN-para-WAN é do grupo de segurança de rede, incluindo tanto os componentes físicos como os elementos lógicos. Inclusive, os membros do grupo de segurança de rede é que são os responsáveis por garantir o controle de segurança adotado. Na hierarquia da organização, é o gerente de rede WAN quem gerencia o Domínio LAN-para-WAN, enquanto o diretor de segurança de TI garante que o domínio pratique as políticas, os procedimentos, os padrões e diretrizes adotadas em relação à segurança da informação.

Relação: Riscos, Ameaças, Vulnerabilidades X Estratégias de Mitigação no Domínio LAN-para-WAN

A partir do momento que os dados cruzam a fronteira de uma rede externa, a necessidade de segurança é maior devido o aumento de ameaças, riscos e vulnerabilidades. Por isso se diz que a família dos protocolos TCP/IP é mais carente de atenção e precisa que sejam adotados controles mais rigorosos de proteção. É o que acontece a partir desse domínio, onde os dados (que até os domínios anteriores trafegavam apenas em ambientes internos e rede locais) trafegam para fora e para dentro da infraestrutura de TI, pois é o Domínio LAN-para-WAN que fornece acesso à internet para toda a organização, atuando como ponto de entrada e saída para a rede externa. Por isso, e para isso, precisa entrar em cena a quarta camada de defesa. Vejamos alguns dos riscos, ameaças e vulnerabilidades mais frequentes no Domínio LAN-para-WAN e as estratégias de mitigação relacionadas:

DOMÍNIO LAN-PARA-WAN

RISCOS, AMEAÇAS E VULNERABILIDADES	ESTRATÉGIAS DE MITIGAÇÃO
Escaneamento de rede não autorizada e digitalização de portas	Desativar ping, fazer sondagem e varredura de porta em todos os dispositivos IP externos dentro do domínio LAN-para-WAN. O ping usa o protocolo ICMP (Internet Control Message Protocol), echo-request e o protocolo echo-reply. Também é indicado: Não permitir números de porta IP usados para sondagem e varredura, e monitorar com IDS / IPS.
Acesso não autorizado ao Domínio LAN-para-WAN.	Aplicar controles de monitoramento de segurança rígidos para intrusão, detecção e prevenção. Monitorar anomalias na entrada do tráfego IP e tráfego malicioso. Bloquear o tráfego imediatamente se for malicioso.

Roteador IP, firewall e vulnerabilidade de software de sistema operacional de appliances (equipamentos) de rede	Definir janela de vulnerabilidade zero-day . Atualizar dispositivos com correções de segurança nos softwares e ativar patches.
Roteador IP, firewall, e erros ou fraquezas no arquivo de configuração do dispositivo.	Realizar testes de invasão pós-configuração como solução de segurança em camadas dentro do domínio LAN-para-WAN. Também é indicado testar o tráfego de entrada e saída e corrigir as lacunas.
Os usuários remotos podem acessar a infraestrutura da organização e baixar dados sensíveis.	Aplicar e impor a classificação de dados da organização padrão. Negar tráfego de saída usando endereços IP de origem em listas de controle de acesso. O download remoto é permitido, porém é preciso criptografar sempre que necessário.
Os usuários locais baixam anexos de tipo de arquivo desconhecido de fontes desconhecidas.	Aplicar monitoramento, verificação e alarmes de transferência de arquivos para tipos de arquivo desconhecidos de fontes desconhecidas.
Os usuários locais recebem anexos de e-mail desconhecidos e links de URL incorporados.	Aplicar filtragem de conteúdo de nome de domínio na entrada da Internet/ponto de acesso.

5. Domínio WAN

O Domínio WAN é o quinto componente de uma infraestrutura de TI.

WAN é a sigla de Wide Area Network, em português: Rede de Longa Distância. É o domínio que conecta os outros domínios.

Com a expansão e a popularização dos serviços de rede, a tendência é a diminuição de custos, e, com isso, cada vez mais as organizações conseguem pagar por conexões mais potentes de Internet e WAN.

- que os provedores de serviços de telecomunicações oferecem atualmente?

- NATIONWIDE OPTICAL BACKBONES - Troncos de backbone óptico para redes de backbone óptico privadas;

- TRANSPORTE IP PONTO A PONTO - Serviços de IP e conectividade, usando a infraestrutura de rede IP do provedor de serviços;

- SERVIÇOS EM NUVEM WAN (MULTI-SITE) - Serviços de IP e conectividade oferecidos para conexões multi-site, como serviços de WAN Multi-ProtocolLabelSwitching (MPLS), em português: Comutação de Rótulos Multiprotocolo. Lembrando que: o MPLS usa jabels ou tags para fazer conexões virtuais entre terminais em uma WAN;

- CONECTIVIDADE METROPOLITAN ETHERNET LAN- Conectividade Ethernet LAN oferecida dentro da rede de área de uma cidade;

- ACESSO DEDICADO À INTERNET - Um link de comunicação de banda larga com a internet, geralmente compartilhado com uma organização;

- SERVIÇOS GERENCIADOS - Gerenciamento de roteador e gerenciamento de dispositivo de segurança 24 X 7 X 365;

- ACORDOS DE NÍVEL DE SERVIÇO (SLAS) - Compromissos firmados em contrato, com ofertas de serviços mensais, do tipo: disponibilidade, perda de pacotes e tempo de resposta para corrigir problemas.

☐ Salientando que quando falamos de serviços WAN, estamos incluindo:

☐ Acesso dedicado à Internet;
☐ Serviços gerenciados para as rotas dos clientes e firewalls.

Bom saber:
☐ É comum negociar contratos de gerenciamento que definam a disponibilidade e o tempo de resposta a interrupções.

E também não podemos esquecer que:
☐ Redes, roteadores e equipamentos precisam de monitoramento contínuo e de
gerenciamento para que seja possível manter o serviço WAN disponível.

Como Funciona o Domínio WAN?

Funções e tarefas relacionadas ao Domínio WAN incluem tanto os componentes físicos quanto o design, o projeto lógico dos roteadores e equipamentos de comunicação.

Em relação à segurança da infraestrutura de TI, o Domínio WAN é considerado o segundo mais complexo, perdendo apenas para o Domínio LAN-para-WAN em riscos, ameaças e vulnerabilidades. Por isso, o objetivo das funções da organização é sempre possibilitar o máximo de acesso de usuários possível, com a devida segurança garantida.

Quanto aos papeis e tarefas relacionadas ao Domínio WAN, devemos logo lembrar do gerenciamento e da configuração de:

- LINKS DE COMUNICAÇÃO WAN – Ou seja, o link de comunicação físico, fornecido como um serviço digital ou óptico nas instalações;

- DESIGN DE REDE IP - O projeto lógico da rede IP e o esquema de endereçamento que precisa de engenharia de rede, design de caminhos alternativos e seleção de Protocolo de roteamento IP;

- ROTEADOR IP – Ou seja, tem que definir as informações reais de configuração do roteador necessárias para o backbone WAN e roteadores de borda usados para conexões IP a locais remotos. Lembrando que essa configuração deve ser baseada no esquema de design e endereçamento da rede IP;

- REDES PRIVADAS VIRTUAIS (VPNs) – Lembrando que rede privada virtual (VPN) é um túnel dedicado de um ponto de extremidade a outro. O túnel VPN pode ser criado entre uma estação de trabalho remota (usando a Internet pública e um roteador VPN ou um navegador seguro) e um site SSL-VPN. Em muitas aplicações, esse túnel VPN é criptografado;

- MULTI-PROTOCOLO DE COMUTAÇÃO DE RÓTULO (MPLS) - Recurso de software WAN que permite aos clientes maximizar o desempenho, rotulando pacotes IP para um transporte rápido através dos túneis virtuais entre terminais designados. Na verdade, é uma forma de comutação da Camada 2 para ignorar o processo que define o caminho de roteamento;

- PROTOCOLO DE MONITORAMENTO E GERENCIAMENTO DE REDE SIMPLES (SNMP)

- Usado para monitorar dispositivos de rede, alarmes e desempenho;

- MANUTENÇÃO DO ROTEADOR E DO EQUIPAMENTO - Um requisito para realizar atualizações de hardware e firmware, carregar um novo software de sistema operacional e configurar roteadores e ACLs.

- Importante: As velocidades de conexão de banda larga podem variar de:
- DSO (64Kbps) para DSl (1,544Mbps) para DS3 (45Mbps) por serviço digital;
- OC-3 (155 Mbps) a OC-12 (622 Mbps) para OC-48 (2.488 Mbps) por serviço óptico;
- Conectividade de LAN Ethernet Metro 10 / 100 / l000 Mbps dependendo da distância física.

Responsabilidades no Domínio WAN

O engenheiro de rede ou grupo WAN é quem fica responsável pelo Domínio WAN, incluindo os componentes físicos e os elementos lógicos.

São os engenheiros de rede e os profissionais de segurança que configuram os controles de segurança, que já sabemos que devem ser definidos de acordo com as políticas adotadas.

Se analisarmos o cenário atual do mercado de TI, podemos observar que devido às complexidades da engenharia de rede IP, muitos grupos estão terceirizando o gerenciamento de suas WANs, assim como os roteadores para provedores de serviço. E quando falamos nestes serviços, também incluímos as SLAs, fundamentais para garantir que o sistema esteja sempre disponível e que os problemas sejam rapidamente resolvidos. Em casos de queda de conexão WAN, por exemplo, os clientes ligam para o número de atendimento do Centro de Operações de Rede (o NOC) do provedor de serviços contratado.

Ainda falando de responsabilidades na hierarquia da organização, o gerente de rede de TI é quem tem o compromisso de manter, atualizar, e fornecer suporte técnico para o domínio WAN. Já o diretor de segurança de TI tem a obrigação de garantir que a organização atenda às políticas, aos padrões, aos procedimentos e diretrizes de segurança do Domínio WAN.

Relação: Riscos, Ameaças, Vulnerabilidades X Estratégias de Mitigação no Domínio WAN

Por ser mais barato, algumas organizações usam a Internet pública como sua infraestrutura WAN. O problema é que a Internet pública não é segura e apresenta ainda mais riscos, ameaças e vulnerabilidades.

Vejamos alguns desses riscos, ameaças e vulnerabilidades mais frequentes no Domínio WAN e suas respectivas estratégias de mitigação:

DOMÍNIO WAN

RISCOS, AMEAÇAS E VULNERABILIDADES	ESTRATÉGIAS DE MITIGAÇÃO
Ambiente aberto, público, facilmente acessível para qualquer pessoa que queira se conectar.	Aplicar políticas de uso aceitável, de acordo com o documento "RFC 1087: Ética e a Internet". Promulgar novas leis que coíbam o acesso não autorizado a sistemas, ataques mal-intencionados a infraestruturas de TI e perda financeira devido a interrupções maliciosas.
A maior parte do tráfego da Internet é enviada em texto não criptografado.	Proibir o uso da Internet para comunicações privadas sem criptografia e túneis VPN. Se houver um padrão de classificação de dados, é preciso seguir as políticas, procedimentos, e diretrizes.
Ambiente vulnerável a espionagens. Sabemos que a internet é um prato cheio de vulnerabilidades desse tipo!	Usar criptografia e túneis VPN para comunicações IP seguras de ponto-a-ponto. E, mais uma vez, se houver um padrão de classificação de dados, é preciso seguir as políticas, procedimentos, e diretrizes.
Vulnerável a ataques maliciosos.	Implementar contramedidas de segurança LAN-para-WAN em camadas, DMZ com firewalls IP stateful, IDS / IPS para monitoramento de segurança e quarentena para os anexos de arquivo de e-mail desconhecido.
Hackers conseguem enviar livremente: cavalos de Tróia, worms e softwares maliciosos por e-mail.	Analisar todos os anexos de e-mail por tipo, antivírus e softwares maliciosos do domínio LAN-para-WAN. Isolar e colocar em quarentena os anexos de arquivos desconhecidos até que uma nova análise de segurança seja realizada. Além de conscientizar todos os funcionários sobre os riscos de segurança nesse tipo de situação.

Vulnerável a ataques de negação de serviço (DoS), a ataques distribuídos de negação de serviço (DDoS), Inundação TCP SYN, e IP spoofing.	Aplicar filtros nos firewalls stateful IP externos e interfaces WAN do roteador IP, para bloquear TCP SYN e ICMP (ping). Também é preciso alertar o provedor de serviços de Internet (ISP) para colocar os filtros adequados nas interfaces WAN do roteador IP, de acordo com CERT Advisory CA-1996-21.
Vulnerável a roubos de informações e dados.	Criptografar as transmissões de dados IP com VPNs. Fazer backup e armazenar dados em cofres de dados fora do local (backup de dados físicos ou online) com procedimentos de recuperação testados.
Aplicativos TCP / IP são inerentemente inseguros (HTTP, FTP, TFTP, etc.).	Reter o padrão de classificação de dados para o devido tratamento de dados e uso de aplicações TCP / IP. Também: Nunca usar aplicativos TCP / IP para dados confidenciais sem criptografia adequada. E: Criar uma VLAN de gerenciamento de rede e isolar o tráfego TFTP e SNMP usado para gerenciamento de rede.

Questões de Segurança com os Provedores de Internet

Ainda sobre o Domínio WAN, não podemos deixar de abordar especificamente as questões de segurança com os provedores de Internet. Se o negócio dos provedores é fornecer internet segura para os clientes usuários, é óbvio e prudente que também precisem proteger a própria infraestrutura! Portanto, os clientes dos provedores também devem assinar contratos que incluam revisão de termos, condições e limites de responsabilidade. Afinal, as organizações precisam saber onde começam e terminam suas tarefas em relação ao gerenciamento do roteador e da segurança em si. A principal preocupação que é fundamental ser bem especificada entre provedor e cliente é como serão fornecidas as soluções para os problemas, os gerenciamentos de rede e os serviços de gerenciamento de segurança. Pois é bom lembrar que é no Domínio WAN onde a quinta camada de proteção se faz necessária. Por isso, e para isso, alguns provedores de serviços de telecomunicações, além de vender serviços de conectividade WAN, também fornecem serviços de gerenciamento de segurança.

Problemas de Segurança na Conectividade Fornecida pelo Provedor para o Domínio WAN

A construção e o transporte do tráfego IP do cliente é uma responsabilidade das empresas de telecomunicações, e, é comum esse tráfego IP ser agrupado com acesso dedicado à internet, abrindo para todos os usuários da organização o acesso compartilhado à banda larga. Logo, se as organizações optam por terceirizar a infraestrutura WAN e o gerenciamento, o cuidado com a segurança deve se estender também ao provedor de serviços, portanto, é preciso definir bem as políticas relacionadas às necessidades de segurança a fim de que seja implementada também pelo provedor. Vejamos alguns dos problemas mais comuns relacionados à conectividade fornecida pelo provedor para o Domínio WAN, e suas respectivas estratégias de mitigação:

PROBLEMAS RELACIONADOS À CONECTIVIDADE FORNECIDA PELO PROVEDOR PARA O DOMÍNIO WAN	
CENÁRIO	ESTRATÉGIAS DE MITIGAÇÃO
Mistura de tráfego IP WAN em um mesmo provedor de serviço, roteador e infraestrutura.	Criptografar as transmissões de dados confidenciais através do serviço provedor WAN, usando túneis VPN.

Necessidade de manter alta disponibilidade do serviço WAN.	Aplicar SLAs de disponibilidade de serviço WAN. E também implantar conexões redundantes de Internet e WAN sempre que for necessário 100 por cento de disponibilidade.
Necessidade de maximizar o desempenho e a taxa de transferência da WAN.	Aplicar soluções para otimizar a WAN, compactando os dados para acesso remoto aos sistemas e aplicativos. E também: Habilitar listas de controle de acesso (as ACLs) nas interfaces WAN do roteador de saída, de acordo com a política adotada.
Necessidade de maximizar o desempenho e o rendimento da WAN.	Aplicar soluções para otimizar a WAN, compactando os dados ao acessar remotamente os sistemas e aplicativos. Além de: Habilitar as ACLs nas interfaces WAN do roteador de saída, de acordo com a política adotada.
Uso de aplicativos de gerenciamento de rede SNMP e protocolos maliciosos (ICMP, Telnet, SNMP, DNS, etc.).	Criar uma VLAN de gerenciamento de rede WAN separada. Usar ACLs de firewall restritos, permitindo o gerenciador SNMP e os endereços IP do roteador através do Domínio LAN-para-WAN.
Alarmes SNMP e monitoramento de segurança 24 x 7 x 365.	Terceirizar operações de segurança e monitoramento. E expandir os serviços, acrescentando a segurança gerenciada.

6. Domínio de Acesso Remoto

O Domínio de Acesso Remoto é o que conecta os usuários remotos à infraestrutura de TI de uma organização, portanto, tem um escopo limitado ao acesso remoto via Internet e comunicações IP.

É um domínio importante, mas perigoso, devido aos riscos e ameaças que a internet oferece. Os usuários que trabalham em ambiente corporativo externo, como representantes de vendas, técnicos de suporte, profissionais de saúde ou os adeptos ao home office, precisam do acesso remoto; de qualquer lugar onde estejam, via Wireless Fidelity (Wi-Fi) ou dados móveis, é possível navegar na internet, usar e-mails, nuvens, acessar redes e aplicativos de negócios.

Para que usuários trabalhem usando o acesso remoto são necessários componentes como:

- Telefonia celular altamente disponível, já que os trabalhadores móveis precisam entrar em contato com clientes, com as equipes de escritório e suporte;

- Acesso em tempo real, principalmente para comunicações críticas, com uso de mensagens de texto ou bate-papo IM (IM chat) no celular, para respostas rápidas, sem precisar interromper completamente o que estão fazendo;

- Acesso à e-mail de um dispositivo móvel, como telefones celulares, smartphones, assistentes de dados pessoais (PDAs) ou dispositivos BlackBerry, que fornecem resposta rápidas a mensagens de e-mail importantes;

- Acesso à Internet de banda larga Wi-Fi. Lembrando que alguns provedores de serviços oferecem cartões de acesso de banda larga Wi-Fi, possibilitando o acesso sem fio em diversas áreas metropolitanas;

- Ponto de acesso Wi-Fi local, o que hoje em dia é bastante abundante e acessível, como nos aeroportos, restaurantes, bibliotecas, estabelecimentos comerciais, praças de alimentação nos shoppings, enfim, até na quitanda da esquina é fácil encontrar Wi-Fi disponível, e, na maioria dos lugares, de forma gratuita!;

- ☐ Acesso à Internet de banda larga para home office, geralmente por telefonia VoIP e serviço de TV digital;

- ☐ E, por fim, algo bem fundamental para que seja possível o acesso remoto seguro à infraestrutura de TI da organização, que são os túneis VPN, para criptografar as transmissões de dados IP na Internet.

A configuração lógica do Domínio de Acesso Remoto precisa dos recursos da engenharia de rede IP e soluções VPN. E, aqui, estamos nos referindo tanto ao acesso remoto individual como ao acesso remoto em grande escala, para muitos usuários remotos.

Então já sabemos que o Domínio de Acesso Remoto conecta os usuários móveis aos seus respectivos sistemas de TI, usando a Internet pública. Isso significa que o usuário móvel precisa ter um dispositivo IP remoto, com capacidade de conexão com a Internet. Esse dispositivo pode ser um smartphone, um PDA, um laptop, enfim. E, por conta desses dispositivos móveis é que é possível desfrutar dos serviços de telefonia, de correio de voz, de e-mail, de mensagens de texto e de navegação na Web. Lembrando que os telefones celulares e os PDAs funcionam como computadores portáteis que executam softwares móveis.

O Perigo que Ronda as *Backdoors* dos Modems Analógicos...

Os componentes do Domínio de Acesso Remoto podem apresentar várias vulnerabilidades e riscos, como os que comumente rondam as backdoors dos modems analógicos conectados a linhas telefônicas analógicas. E isso acontece porque alguns fornecedores de manutenção usam modems e linhas telefônicas analógicas para acessar o equipamento; o que significa que eles não usam protocolos IP ou SNMP. Não deixa de ser uma opção conveniente, mas, com isso, se instala uma porta dos fundos insegura para o sistema de TI. E os crackers usam ferramentas

que conseguem contornar a senha de um modem analógico. E aí...
O ataque ao sistema e à infraestrutura de TI fica fácil!

Portanto, melhor estar sempre alerta a estações de trabalho equipadas com modem analógico conectado a uma linha telefônica analógica, pois pode passar sem perceber a configuração dessas backdoors que se tornarão pontos vulneráveis para ataques maliciosos. É que nem sempre a organização sabe que a equipe de TI e os desenvolvedores de software configuram essas portas traseiras, o que é um grande risco, já que, geralmente, não existe muito controle de segurança em relação aos modems analógicos. Mas vamos conferir algumas estratégias para reduzir esses riscos:

- Não instalar linhas telefônicas analógicas simples sem passar por um sistema telefônico PBX ou VoIP;
- Trabalhar com empresas de serviço telefônico locais, pois é uma forma de garantir que não seja instalada nenhuma linha telefônica analógica isolada;
- Impedir entradas de chamadas não identificadas no sistema de telefonia (tipo aquelas chamadas que aparecem na tela do identificador de chamadas como "número desconhecido");
- Observar os relatórios de Registro de Detalhes de Chamadas (CDR) dos sistemas de telefone PBX e VoIP para checar números de telefone não autorizados e chamadas consideradas anormais, fora do padrão de registro.

Como Funciona o Domínio de Acesso Remoto?

Vejamos as funções e tarefas que precisam ser gerenciadas e projetadas no Domínio de Acesso Remoto:

- Dispositivos fornecidos pela empresa, como: Telefones celulares, smartphones, PDAs e unidades BlackBerry, devem ser carregados com firmware atualizado, software de sistema operacional e patches, de acordo com a política definida. Política essa que deve exigir o uso de senhas em todos os dispositivo fornecidos pela organização aos funcionários para uso de trabalho;

Chamamos de VPN (Virtual Private Network) as redes virtuais privadas, que funcionam como um canal secreto de comunicação privado entre dois pontos de conexão, formando uma espécie de túnel (os túneis VPN). No percurso do tráfego da conexão dentro dos domínios, a extensão entre a VPN do dispositivo remoto do usuário e a VPN do roteador ou do firewall é que acontece a criptografia dos dados, ou seja, todos os dados são criptografados dentro do túnel VPN que começa no acesso remoto VPN e termina no roteador ou firewall VPN (geralmente dentro do Domínio LAN-para-WAN). Com isso, estamos dizendo que a criptografia dos dados começa a acontecer no Domínio de Acesso Remoto e termina no Domínio LAN-para-WAN.

- Ao usar os túneis VPN entre os dispositivos dos usuários da organização e o Domínio LAN-para-WAN, é fundamental optar por um software VPN que atenda às necessidades específicas da organização e que também funcione bem com outro software.

- uso de software de navegador seguro também é indispensável! Pois sabemos que páginas da web que usam o Protocolo de Transferência de Hipertexto Seguro (HTTPS) precisam de navegadores seguros, já que é o HTTPS que criptografa a transferência de dados entre os navegadores seguros e as páginas seguras da Web.

- Secure Socket Layer (SSL) é outro protocolo de criptografia que atua como um excelente aliado na defesa dos dados! O túnel que ele cria é entre o servidor VPN (tipo uma página segura da Web, com HTTPS) e o navegador (o browser), usando criptografia de 128 bits. Este túnel VPN criptografado oferece privacidade de ponto-a-ponto para compartilhamento remoto seguro dos dados de páginas da web.

□ Para concluir as funções e tarefas que precisam ser gerenciadas e projetadas no Domínio de Acesso Remoto, temos o servidor de autenticação, um servidor que executa uma autenticação de segundo nível para checar a identificação dos usuários que usam o acesso remoto.

Responsabilidades no Domínio de Acesso Remoto

Geralmente, quem fica responsável pelo Domínio de Acesso Remoto é o engenheiro de rede ou o grupo WAN, incluindo os componentes de hardware e os elementos lógicos nessas responsabilidades. E são os engenheiros de rede também, junto com os profissionais de segurança, os responsáveis por aplicar os controles de segurança, de acordo com as políticas adotadas e regulamentadas; incluindo nesse controle: a manutenção, a atualização, e as soluções de problemas de hardware e de conexão de acesso remoto lógico dentro do Domínio de Acesso Remoto. Para isso, é preciso observar: os roteadores IP, os firewalls stateful IP, os túneis VPN, os dispositivos de monitoramento de segurança e os servidores de autenticação.

Na escala hierárquica da organização, quem tem a função específica de gerente de rede WAN é quem deve ficar como principal responsável pelo Domínio de Acesso Remoto. E, dentro da equipe de segurança, é o diretor de segurança de TI quem deve garantir que os planos, diretrizes, padrões, e métodos de segurança do Domínio de Acesso Remoto sejam devidamente aplicados.

Controles de Segurança no Domínio de Acesso Remoto

O Domínio de Acesso Remoto representa a sexta camada de defesa de uma infraestrutura de TI típica. Já sabemos o quanto o acesso remoto é perigoso, mas também necessário para quem precisa trabalhar com dispositivos móveis. E essa é uma tendência cada vez maior! Até mesmo porque, além de diversas circunstâncias que remetem ao trabalho em ambientes externos e fora da organização, o home office é uma opção mais econômica, e portanto vantajosa, para as organizações, que conseguem reduzir e até cortar custos com os funcionários trabalhando em casa. E, nesse cenário, a WAN é a internet pública que possibilita essas oportunidades e que, para isso, precisa proteger devidamente as conexões e tráfegos de dados. Por isso é preciso usar um padrão estrito de classificação de dados para criptografá-los e para validar os usuários.

Quando nos referimos aos controles de segurança dos acessos remotos, estamos falando do uso de:

- IDENTIFICAÇÃO, que é o fornecimento das informações que identificam o usuário, como: nome, ID de logon ou número de conta;

- AUTENTICAÇÃO, que é o processo usado para provar que um usuário remoto é quem ele afirma ser. O método de autenticação mais comum é o de fornecimento de senhas. A maioria das organizações usam a verificação de segundo nível, através de: tokens (que podem ser hardwares ou softwares), leitores biométricos de impressão digital, ou cartões inteligentes.

Lembrando que um token pode ser tipo um dispositivo, que envia um número aleatório; ou um token de software, que, por exemplo, envia mensagem de texto para o número de um usuário.

Já um leitor biométrico de impressão digital permite o acesso apenas quando a impressão digital do usuário é comparada a outra já armazenada no sistema.
E, um cartão inteligente funciona igual um cartão de crédito, agindo igual a um token, ou seja, tem um chip microprocessador que checa o usuário através de um leitor de cartão inteligente.

Outra forma de controle de segurança no Domínio de Acesso Remoto é a:
- AUTORIZAÇÃO, que é conceder o direito de uso para um usuário específico em relação a:

- Os ativos de TI;
- Os sistemas;
- Os aplicativos;
- Os dados da organização.

E, por fim, fechando a relação dos controles de segurança necessários no Domínio de Acesso Remoto, temos o:

- ACCOUNTABILITY, que é o processo de registro das ações do usuário. Ou seja, tipo uma prestação de contas, um relatório das atividades do usuário, o que é de extrema importância, já que as informações registradas são freqüentemente usadas para vincular usuários a eventos do sistema.

Relação: Riscos, Ameaças, Vulnerabilidades X Estratégias de Mitigação no Domínio de Acesso Remoto

Vejamos, alguns possíveis cenários de riscos, ameaças e vulnerabilidades mais frequentes no Domínio de Acesso Remoto, e suas respectivas estratégias para devida mitigação:

DOMÍNIO DE ACESSO REMOTO

RISCOS, AMEAÇAS E VULNERABILIDADES	ESTRATÉGIAS DE MITIGAÇÃO
Eventos de ataques de força bruta a IDs de usuários e senhas.	Estabelecer uma política de IDs e senhas de usuários mediante alterações periódicas obrigatórias (a cada 30 ou 60 dias). Essa política também deve estabelecer uma composição complexa em relação à criação das senhas, ou seja, as senhas precisam ter mais de oito caracteres, misturando números e letras.
Várias tentativas de logon e ataques de controle de acesso.	A definição de um bloqueio automático para tentativas de logon. Como o exemplo bem usual de bloquear o acesso do usuário após três tentativas sem sucesso.
Acesso remoto não autorizado a sistemas de TI, aplicativos, e dados.	Aplicar segurança de primeiro e segundo nível nos acessos remotos a sistemas, aplicativos e dados confidenciais (com ID e senha de usuário no primeiro nível; e com tokens, biometria e cartões inteligentes no segundo nível).
Os dados privados ou confidenciais são comprometidos remotamente.	Criptografar todos os dados privados do banco de dados ou do disco rígido, porque se os dados forem roubados e estiverem criptografados, não será possível usá-los ou vendê-los.
Os padrões de classificação de dados existentes são violados ocasionando um vazamento de dados.	Aplicar contramedidas de segurança no Domínio LAN-para-WAN, incluindo as ferramentas de monitoramento de segurança e rastreamento de vazamento de dados, de acordo com o padrão adotado pela organização para a classificação de dados.

Roubo do token do usuário ou outra autenticação de acesso aos dispositivos móveis de trabalho.	Aplicar procedimentos de bloqueio em tempo real para casos de tokens e autenticações perdidas, roubadas, e dispositivos comprometidos.

7. Domínio de Sistema/Aplicativo

O Domínio de Sistema / Aplicativo é o que contém todos os sistemas de missão crítica, aplicativos e dados da organização. Os usuários autorizados tem acesso a muitos componentes neste domínio, por isso, o acesso deve exigir verificações de segurança de segundo nível.

Entre as aplicações que precisam de autenticação de segundo nível, podemos citar:

- A equipe de RH e da Folha de Pagamento, que precisam acessar dados privados e informações confidenciais;
- A equipe da área Contábil e Financeira, como os gerentes executivos que precisam de acesso à contabilidade e dados financeiros para tomar decisões de negócios. E para proteger dados financeiros é preciso ter controles de segurança exclusivos, com acesso estritamente limitado a quem precisa. Lembrando que: As empresas de capital aberto estão sujeitas à lei de conformidade Sarbanes-Oxley (SOX), como exigência de segurança;
- Os Representantes de Atendimento ao Cliente (CRM) também precisam de autenticação de segundo nível, já que utilizam acesso em tempo real às informações de histórico de compras e dados privados dos clientes;
- Outra aplicação na área de atendimento ao cliente que precisa de autenticação de segundo nível são os profissionais de vendas, os vendedores que acessam o sistema de entrada e rastreamento dos pedidos de vendas, além também dos dados privados do cliente, ou seja, são informações que devem ser mantidas em constante segurança;
- Não podemos deixar de citar também, a exigência de autenticação em segundo nível em aplicações de

organizações governamentais militares, como, por exemplo, na Inteligência e Táticas dos Estados Unidos, onde os comandantes tomam decisões de campo usando informações que são altamente confidenciais. Por isso, o acesso a essas informações atendem obrigatoriamente aos padrões de classificação de dados DoD dos Estados Unidos (EUA).

Como Funciona o Domínio de Sistemas/Aplicativo?

Quando falamos do funcionamento do Domínio de Sistema/Aplicativo, nos referimos às funções dos hardwares, softwares do sistema operacional, aplicativos e dados, ou seja, incluímos tanto os hardwares quanto o design lógico.

Então, lembrando que o Domínio de Sistema e Aplicativos é composto pelos aplicativos de missão crítica e pelos ativos de propriedade intelectual da organização, é até óbvio ressaltar que deve ser protegido fisicamente e logicamente. É um ponto de atenção total em relação à segurança! Por isso, vale redobrar as ações no reforço de proteção! Vejamos, em uma visão compactada, o escopo do Domínio de Sistema e Aplicativo com ações de redução de riscos:

ESCOPO DO DOMÍNIO DE SISTEMA/APLICATIVO

ÁREA/AMBIENTE/PROCESSO	AÇÕES DE REDUÇÃO DE RISCOS
Salas de computadores, data centers, cabines de fiação.	Deve-se adotar procedimentos de acesso físico dos funcionários nessas áreas que precisam de maior segurança.
Arquitetura do servidor.	Aplicando um design de servidor convergente, que emprega servidores blades e racks, é possível combinar seus usos e ainda reduzir custos.
Sistemas operacionais de servidor e ambientes centrais.	É possível reduzir o tempo de abertura a ataques do software do sistema operacional através de patches e de atualizações de softwares.
Servidores de virtualização.	Vale lembrar que a virtualização, usando um servidor físico, possibilita carregar vários aplicativos e sistemas operacionais. Então, para mitigar riscos, o ideal é manter os ambientes virtuais (tanto os ambientes físicos quanto os lógicos) separados, estendendo para a nuvem as soluções de segurança em camadas.
Administração de sistemas.	A administração do sistema de servidores de aplicativos deve garantir um fornecimento contínuo de servidor e de sistemas para os usuários.

Padrão de classificação de dados.	Já sabemos da importância de definir e aplicar um padrão de classificação de dados. E, agora, em relação ao Domínio de Sistemas e Aplicativos, estamos ressaltando que esses padrões precisam ser avaliados e revisados, assim como os procedimentos, orientações e tratamento, de acordo com a necessidade, da maneira mais adequada para o uso e proteção dos dados, principalmente durante o tráfego e armazenamento.
Ciclo de vida de desenvolvimento de software (SDLC).	Aplicar táticas seguras de SDLC no projeto e no desenvolvimento do software faz toda diferença na redução de vulnerabilidades e prevenção de riscos.
Teste e garantia de qualidade.	Para garantir a segurança no Domínio de Sistema e Aplicativo, é recomendado aplicar testes de software, invasão e de garantia de qualidade
Armazenamento, backup e recuperação de dados.	É preciso seguir estritamente todos os procedimentos de armazenamento, de backup, e dos planos de recuperação de dados, de acordo com o padrão de classificação de dados adotado.
Arquivamento e retenção de dados.	A política, os padrões, as diretrizes e os procedimentos de uso e segurança precisam estar alinhados às necessidades de armazenamento e retenção digital.

Plano de Continuidade de Negócios (BCP).	Preparar um BCP com foco no que é mais importante para continuidade do negócio é uma etapa imprescindível para camada de proteção do Domínio de Sistema e Aplicativo. E isso inclui: realizar uma Análise de Impacto nos Negócios (BIA), decidir os usos de computação que são mais importantes, e, definir RTOs para cada sistema. Lembrando que: RTO é o tempo que o sistema leva para se recuperar de uma parada e voltar a funcionar. Estudamos RTO dentro do assunto sobre as métricas da disponibilidade quando falamos da tríade A-I-C no Capítulo 1, lembra? Se ficou alguma dúvida, você deve voltar lá e rever o conteúdo.

Plano de Recuperação de Desastres (DRP).	Para elaborar um DRP é preciso se basear na metodologia BCP. Portanto, um DRP deve incluir: - Decidir os elementos DRP mais importantes para os sistemas; - Organizar uma equipe de DRP; - Data center remoto.
Política de Proteção de Ativos	Ajuda a organização a definir uma prioridade para sistemas e dados de TI de missão crítica. Esta política está alinhada com a Análise de Impacto nos Negócios (BIA) da organização, e é usada para abordar riscos que podem ameaçar a capacidade da organização de continuar as operações após um desastre.

Responsabilidades no Domínio Sistema/Aplicativo

São responsáveis pelo Domínio de Sistemas e Aplicativos:
- O diretor de sistemas e aplicativos;
- O diretor de desenvolvimento de software.

E quando falamos nas responsabilidades do domínio, estamos incluindo:
- A administração dos sistemas de servidor;
- projeto e o gerenciamento do banco de dados;
- projeto de direitos de acesso a sistemas e aplicativos;
- O desenvolvimento de softwares;
- O gerenciamento de projetos de desenvolvimento de softwares;
- A codificação dos softwares;
- Testes de softwares;
- Garantia da Qualidade;
- Suporte de produção.

Portanto, podemos afirmar que na hierarquia organizacional, cabe ao diretor de sistemas e aplicativos, e também ao diretor de desenvolvimento de softwares, a responsabilidade por toda produção e uso dos sistemas. Já o diretor de segurança de TI, fica responsável por garantir a conformidade das políticas, diretrizes, normas e procedimentos de segurança do Domínio de Sistemas e Aplicativos.

Dados – O Tesouro Guardado no Domínio de Sistema/Aplicativo

Como já sabemos, o Domínio de Sistemas e Aplicativos é onde ficam os dados da organização. E esses dados possuem o valor de um tesouro.

Podemos considerar como parte desse "tesouro":
- Dados privados;
- Propriedades intelectuais, e, até mesmo:
- Informações de segurança nacional.

É tudo aquilo que os crackers procuram nas profundezas de um sistema de TI!

Portanto, proteger esse "tesouro" deve ser prioridade para a organização, porque a perda de dados é com certeza a maior ameaça no Domínio de Sistemas e Aplicativos. E é exatamente por isso que o Domínio de Sistemas e aplicativos representa a sétima camada de defesa de uma infraestrutura típica de TI. E, aqui, mais uma vez vamos falar do padrão de classificação de dados, porque dessa forma é possível isolar os dados em grupos semelhantes para escalonagem de valor, ou seja, quanto mais importantes os dados mais precisam ser ocultados e armazenados com segurança. Lembrando aqui também da necessidade da criptografia, principalmente para dados que serão armazenados por longo tempo.

Relação: Riscos, Ameaças, Vulnerabilidades X Estratégias de Mitigação no Domínio Sistema/Aplicativo

E vejamos os riscos, ameaças e vulnerabilidades mais frequentes, com suas respectivas estratégias de mitigação no Domínio de Sistemas e Aplicativos:

DOMÍNIO DE SISTEMA/APLICATIVO

RISCOS, AMEAÇAS E VULNERABILIDADES	ESTRATÉGIAS DE MITIGAÇÃO
Em situações de acesso não autorizado a centros de dados, salas de informática e armários de fiação.	Aplicar políticas, diretrizes, padrões e procedimentos para que os funcionários e os visitantes não violem a proteção das instalações.
Outra situação é quando os servidores precisam ser desligados para manutenção.	Criar um sistema que possa reunir tanto os servidores como o armazenamento e o networking.

Pensando em cenários de vulnerabilidades em softwares de sistemas operacionais do servidor.	A mitigação adequada é definir a janela de vulnerabilidade no ambiente de sistema operacional do servidor. Mantendo, assim, os sistemas operacionais do servidor de produção protegidos.
Sabemos que, por padrão: Ambientes virtuais de computação em nuvem não são seguros!	Implementar os firewalls virtuais e a segmentação do servidor em VLANs separadas. Lembrando que um firewall virtual é um firewall baseado em softwares de ambientes virtuais.
Os aplicativos cliente-servidor e os aplicativos da Web são suscetíveis a ataques.	Realizar testes rigorosos nos softwares dos aplicativos antes do lançamento, inclusive testes de invasão (pentest).
Acesso não autorizado aos sistemas.	Seguir os padrões de classificação de dados em relação ao uso rigoroso de autenticação de segundo nível.
Os dados privados são comprometidos.	Separar os elementos de dados privados em bancos de dados diferentes. E, para fins de arquivamento, criptografar os dados nos bancos de dados e também nos dispositivos de armazenamento.
Os dados são corrompidos ou perdidos.	Implementar backups diários de dados e armazená-los fora do local de arquivamento mensal. Também é fundamental definir os procedimentos de recuperação de dados com base nos RTOs adotados.
Os dados do backup são perdidos à medida que a mídia de backup é reutilizada.	Converter todos os dados em dados digitais para armazenamento de longo prazo. Além de reter backups de cofres de dados externos com base nos RTOs adotados.
A recuperação das funções críticas do negócio pode demorar muito até que se tornem úteis novamente.	Desenvolver um plano de continuidade de negócios para os aplicativos de missão crítica, fornecendo etapas táticas, mantendo assim a disponibilidade das operações.
Os sistemas de TI podem ficar inativos por um longo período depois de algum desastre.	Desenvolver um plano de recuperação de desastres específico para a recuperação de aplicativos e dados essenciais, a fim de que seja possível manter as operações.

A Importância dos Controles de Segurança

Sabemos que são os controles de segurança que mantêm os dados privados e a propriedade intelectual devidamente protegidos.

A criptografia dos dados é a principal aliada nessa defesa, já que detém o poder de parar usuários falsos!

Os hackers maliciosos, que procuram dados privados, sabem bem onde as pessoas os escondem e sabem também como encontrá-los!

É por isso que a solução de criptografar os dados dos bancos de dados e dos dispositivos de armazenamento oferece uma camada adicional de segurança mais que necessária para garantir a devida proteção!

Pratique o que Aprendeu

Que tal colocar em prática o que você aprendeu até aqui? Para isso, aproveite esses exercícios de fixação:

1. É no domínio do usuário que devemos encontrar uma AUP para definir o que os usuários estão autorizados a fazer com os ativos de TI da organização. O que quer dizer AUP?

A) Política de Uso e Autorização.

B) Política de Uso Aceitável.

C) Autorização de Uso Programada.

D) Autorização Universal Programada.

2. Definimos um processo de endurecer um sistema operacional (endurecimento de SO) quando é possível garantir que os controles estejam disponíveis para tratar qualquer ameaça. Esse endurecimento requer que todos os computadores passem por(...):

A) Reconfigurações periódicas de todo sistema.
B) Análises de risco, com elaboração de nova AUP.
C) Revisões de softwares, e tenham sistemas de configurações e patches de segurança.
D) Processos de criptografia em todos os dados do sistema.

3. O cabeamento de par trançado sem blindagem liga a estação de trabalho a um switch LAN Ethernet de 100Mpbs/de 1Gbps/ e de 10 Gbps, usando conectores e tomadas RJ-45. É um componente físico tipicamente do Domínio:

A) De Sistema/Aplicativo.
B) WAN.
C) LAN.
D) De Estação de Trabalho.

4. Considerando um cenário de vulnerabilidades, ameaças e riscos em uma infraestrutura de TI de uma organização, qual das alternativas abaixo apresenta uma estratégia de mitigação adequada para mistura de tráfego IP WAN em um mesmo provedor de serviço, roteador e infraestrutura?

A) Manter os dados sem importância limpos, sem criptografia, para não confundir com os dados confidenciais.
B) Não usar túneis VPN para não acontecer bloqueios indevidos no tráfego.
C) Selecionar e criptografar apenas os dados que serão arquivados.
D) Criptografar as transmissões de dados confidenciais através do serviço provedor WAN, usando túneis VPN.

5. Qual o domínio que fornece acesso à internet para toda a organização, atuando como ponto de entrada e saída para a rede externa?
A) Domínio WAN.
B) Domínio LAN-to-WAN.
C) Domínio de Sistema/Aplicativo.
D) Domínio de Estação de Trabalho.

6. Chamamos de VPN:
A) As redes virtuais privadas.
B) Os túneis de tráfego que se formam dentro do Domínio WAN.
C) As extensões de tráfego IP com dados não criptografados.
D) As Normas Privadas das VLANs.

7. Quando nos referimos aos controles de segurança dos acessos remotos, estamos falando do uso de:
A) Identificação, autenticação e verificação de segundo nível.
B) Nuvens.
C) Criptografia e patch.
D) Logon.

8. Os sete domínios de uma infraestrutura básica de TI:
A) Domínio do Usuário, Domínio da Estação de Trabalho, Domínio LAN, Domínio LAN-para-WAN, Domínio WAN, Domínio de Acesso Remoto, Domínio Sistema/Aplicativo.
B) Domínio do Usuário, Domínio da Estação de Trabalho, Domínio LAN, Domínio LAN-para-WAN, Domínio WAN, Domínio WEB, Domínio Sistema/Aplicativo.
C) Domínio do Usuário, Domínio da Estação de Trabalho, Domínio LAN, Domínio LAN-para-WAN, Domínio WAN, Domínio de Acesso Remoto, Domínio WEB.
D) Domínio do Usuário, Domínio da Estação de Trabalho, Domínio Lógico, Domínio LAN-para-WAN, Domínio WAN, Domínio de Acesso Remoto, Domínio Sistema/Aplicativo.

9. É onde ficam os dados da organização:

A) Domínio do Usuário.
B) Domínio de Acesso Remoto.
C) Domínio Sistema/Aplicativo.
D) Domínio Lógico.

10. Conecta os usuários remotos à infraestrutura de TI de uma organização, portanto, tem um escopo limitado ao acesso remoto via Internet e comunicações IP.
A) Domínio de Acesso Remoto.
B) Domínio do Usuário.
C) Domínio Sistema/Aplicativo.
D) Domínio LAN-para-WAN

Gabarito de respostas

1. É no domínio do usuário que devemos encontrar uma AUP para definir o que os usuários estão autorizados a fazer com os ativos de TI da organização. O que quer dizer AUP?
A) Política de Uso e Autorização.
B) Política de Uso Aceitável.
C) Autorização de Uso Programada.
D) Autorização Universal Programada.

A) Incorreto. (Política de Uso e Autorização).
B) Correto. Política de Uso Aceitável.
C) Incorreto. (Autorização de Uso Programada).
D) Incorreto. (Autorização Universal Programada).

2. Definimos um processo de endurecer um sistema operacional (endurecimento de SO) quando é possível garantir que os controles estejam disponíveis para tratar qualquer ameaça. Esse endurecimento requer que todos os computadores passem por(...):
A) Reconfigurações periódicas de todo sistema.
B) Análises de risco, com elaboração de nova AUP.

C) Revisões de softwares, e tenham sistemas de configurações e patches de segurança.
D) Processos de criptografia em todos os dados do sistema.

A) Incorreto. (~~Reconfigurações periódicas de todo sistema~~) Solução não necessária.
B) Incorreto. (~~Análises de risco, com elaboração de nova AUP~~) Solução inadequada e não necessária.
C) Correto. Revisões de softwares, e tenham sistemas de configurações e patches de segurança.
D) Incorreto. (~~Processos de criptografia em todos os dados do sistema~~) Solução inadequada.

3. O cabeamento de par trançado sem blindagem liga a estação de trabalho a um switch LAN Ethernet de 100Mpbs/de 1Gbps/ e de 10 Gbps, usando conectores e tomadas RJ-45. É um componente físico tipicamente do Domínio:
A) De Sistema/Aplicativo.
B) WAN.
C) LAN.
D) De Estação de Trabalho.

A) Incorreto. (~~De Sistema/Aplicativo~~).
B) Incorreto (~~WAN~~).
C) Correto. É um componente físico típico do Domínio LAN .
D) Incorreto (~~De Estação de Trabalho~~).

4. Considerando um cenário de vulnerabilidades, ameaças e riscos em uma infraestrutura de TI de uma organização, qual das alternativas abaixo apresenta uma estratégia de mitigação adequada para mistura de tráfego IP WAN em um mesmo provedor de serviço, roteador e infraestrutura?

A) Manter os dados sem importância limpos, sem criptografia, para não confundir com os dados confidenciais.

B) Não usar túneis VPN para não acontecer bloqueios indevidos no tráfego.

C) Selecionar e criptografar apenas os dados que serão arquivados.

D) Criptografar as transmissões de dados confidenciais através do serviço provedor WAN, usando túneis VPN.

A) Incorreto. (~~Manter os dados sem importância limpos, sem criptografia, para não confundir com os dados confidenciais~~) Solução inadequada.

B) Incorreto. (~~Não usar túneis VPN para não acontecer bloqueios indevidos no tráfego~~) Solução inadequada.

C) Incorreto. (~~Selecionar e criptografar apenas os dados que serão arquivados~~) Solução inadequada.

D) Correto. Criptografar as transmissões de dados confidenciais através do serviço provedor WAN, usando túneis VPN é a solução adequada!

5. Qual o domínio que fornece acesso à internet para toda a organização, atuando como ponto de entrada e saída para a rede externa?

A) Domínio WAN.

B) Domínio LAN-to-WAN.

C) Domínio de Sistema/Aplicativo.

D) Domínio de Estação de Trabalho.

A) Incorreto. Não é o Domínio WAN.

B) Correto. É o Domínio LAN-to-WAN!

C) Incorreto. Não é o Domínio de Sistema/Aplicativo.

D) Incorreto. Não é o Domínio de Estação de Trabalho.

6. Chamamos de VPN:

A) As redes virtuais privadas.

B) Os túneis de tráfego que se formam dentro do Domínio WAN.

C) As extensões de tráfego IP com dados não criptografados.

D) As Normas Privadas das VLANs.

A) Correto. São redes virtuais privadas.

B) Incorreto. Não são túneis de tráfego que se formam dentro do Domínio WAN.

C) Incorreto. Não são extensões de tráfego IP com dados não criptografados.

D) Incorreto. Não são normas privadas das VLANs.

7. Quando nos referimos aos controles de segurança dos acessos remotos, estamos falando do uso de:

A) Identificação, autenticação e verificação de segundo nível.

B) Nuvens.

C) Criptografia e patch.

D) Logon.

A) Correto. O controle de segurança dos acessos remotos se faz com identificação, autenticação e verificação de segundo nível.

B) Incorreto. O controle de segurança dos acessos remotos não se faz usando nuvens.

C) Incorreto. O controle de segurança dos acessos remotos não se faz usando criptografia e patch.

D) Incorreto. O controle de segurança dos acessos remotos não se faz usando logon apenas.

8. Os sete domínios de uma infraestrutura básica de TI:

A) Domínio do Usuário, Domínio da Estação de Trabalho, Domínio LAN, Domínio LAN-para-WAN, Domínio WAN, Domínio de Acesso Remoto, Domínio Sistema/Aplicativo.

B) Domínio do Usuário, Domínio da Estação de Trabalho, Domínio LAN, Domínio LAN-para-WAN, Domínio WAN, Domínio WEB, Domínio Sistema/Aplicativo.

C) Domínio do Usuário, Domínio da Estação de Trabalho, Domínio LAN, Domínio LAN-para-WAN, Domínio WAN, Domínio de Acesso Remoto, Domínio WEB.

D) Domínio do Usuário, Domínio da Estação de Trabalho, Domínio Lógico, Domínio LAN-para-WAN, Domínio WAN, Domínio de Acesso Remoto, Domínio Sistema/Aplicativo.

A) Correto. Domínio do Usuário, Domínio da Estação de Trabalho, Domínio LAN, Domínio LAN-para-WAN, Domínio WAN, Domínio de Acesso Remoto, Domínio Sistema/Aplicativo.

B) Incorreto. Domínio do Usuário, Domínio da Estação de Trabalho, Domínio LAN, Domínio LAN-para-WAN, Domínio WAN, (~~Domínio WEB~~), Domínio Sistema/Aplicativo.

C) Incorreto. Domínio do Usuário, Domínio da Estação de Trabalho, Domínio LAN, Domínio LAN-para-WAN, Domínio WAN, Domínio de Acesso Remoto, (~~Domínio WEB~~).

D) Domínio do Usuário, Domínio da Estação de Trabalho, (~~Domínio Lógico~~), Domínio LAN-para-WAN, Domínio WAN, Domínio de Acesso Remoto, Domínio Sistema/Aplicativo.

9. É onde ficam os dados da organização:
A) Domínio do Usuário.
B) Domínio de Acesso Remoto.
C) Domínio Sistema/Aplicativo.
D) Domínio Lógico.

A) Incorreto. (~~Domínio do Usuário~~) Os dados ficam no Domínio Sistema/Aplicativo.

B) Incorreto. (~~Domínio de Acesso Remoto~~) Os dados ficam no Domínio Sistema/Aplicativo.

C) Correto. Os dados ficam no Domínio Sistema/Aplicativo.

D) Incorreto. (~~Domínio Lógico~~) Os dados ficam no Domínio Sistema/Aplicativo..

10. Conecta os usuários remotos à infraestrutura de TI de uma organização, portanto, tem um escopo limitado ao acesso remoto via Internet e comunicações IP.

A) Domínio de Acesso Remoto.
B) Domínio do Usuário.
C) Domínio Sistema/Aplicativo.
D) Domínio LAN-para-WAN

A) Correto. É o Domínio de Acesso Remoto.
B) Incorreto. Não é o Domínio do Usuário.
C) Incorreto. Não é o Domínio Sistema/Aplicativo.
D) Incorreto. Não é o Domínio LAN-para-WAN.

Capítulo 3 - Aplicações e Bancos de Dados/Problemas de Segurança e Contramedidas

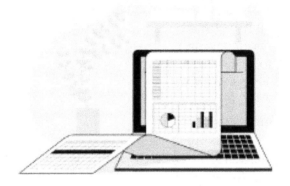

Sobre o desenvolvimento dos aplicativos...

Os aplicativos são a porta de entrada para as informações digitais. E a maioria dos problemas de segurança prevalece em aplicativos da web. Por isso, é fundamental para a implementação dos controles de segurança do aplicativo compreender as vulnerabilidades dele.

Os invasores sabem que o processo de desenvolvimento de um software é muito complexo, e, não raro, resulta em vulnerabilidades, por isso cada etapa do processo de desenvolvimento é de extrema importância e requer bastante atenção à segurança, pois quanto mais bem estruturado o processo menor o risco de vulnerabilidade do aplicativo. E existem vários métodos populares para descrever e controlar o processo de desenvolvimento. Daí a necessidade de estar familiarizado com os métodos de desenvolvimento, ao menos os mais populares, para entender a descrição de cada um deles e assim implementar o controle de segurança adequado.

Tipos de Aplicativos

Antes de explicar os diferentes métodos e fases do ciclo de vida de desenvolvimento de sistemas, vamos relembrar alguns tipos de aplicativos:

- Pacotes de escritório;
- Social, de comunicação e mensagens;
- Software empresarial;
- Software educacional;
- Simulação, Armazenamento / recuperação de informação;
- Engenharia de produto;
- Software de geografia;
- Entretenimento, jogos;
- Comando / controle;
- Desenvolvimento, entre tantos outros que vão sendo criados a todo tempo.

Falar de aplicativos e sistemas nos remete a pensar em suas finalidades, o "para quê" são desenvolvidos, como:
- Aplicativos nativos - Desenvolvidos para uso em uma plataforma específica, por exemplo: aplicativos do Windows, escritos em C# ou Visual Basic, .Net da Microsoft para linguagens como C#, VB.NET e F#;
- Aplicativos da web - Os do tipo cliente / servidor, executados em um navegador da web, podendo ser escritos em HTML, Javascript, Flash, ou outras tecnologias nativas da web;
- Interface de programação de aplicativos (API) – que tem a função de entregar um conjunto de rotinas para

o usuário, conectando sistemas, softwares, criando protocolos, ferramentas para novas aplicações ou aplicativos.

Enfim, onde existe uma necessidade, existe uma oportunidade de desenvolver um software, um aplicativo, um sistema que atenda a essa demanda!

Tipos de Arquitetura de Sistemas

⬚ Vale reforçar aqui, como já abordamos inicialmente no capítulo 1, que um sistema operacional pode ser desenvolvido usando tipos de arquitetura: Monolítica, em que todas as funções do negócio são implementadas em um único processo, centralizada no kernel, núcleo do sistema;

⬚ Em camadas, também conhecida como multicamadas ou N-camadas (N-tier), que é um sistema cliente/servidor (C/S) que trata de forma separada, dividindo o processo em camadas ou domínios de apresentação, processamento de aplicativos e gerenciamento de dados, em que os componentes do sistema operacional são construídos um no outro, como shells. A comunicação entre as camadas é feita através de interfaces, e as transições precisam ser limpas, sem pulos de um programa aplicativo direto para a estrutura de dados.

Vejamos os dois modelos em camadas mais populares:

⬚ 2 tier - Modelo de aplicação em 2 camadas (C/S): Cliente e banco de dados (alocado no servidor).

A aplicação cliente é responsável pelas funções de apresentação e lógica do negócio.

A apresentação é o código gerador da interface visível do programa, usada pelo usuário para acessar a aplicação, incluindo: formulários, menus e demais elementos visuais.

A lógica do negócio, que são as regras de como os dados serão acessados e processados, são instaladas no banco de dados, que é a segunda camada.

O programa é instalado no cliente, geralmente em ambiente de desenvolvimento: Visual Basic, Delphi ou Power Builder.

Como o mercado e a legislação vive em constante evolução, também são necessárias frequentes mudanças nas regras do negócio, o que torna o modelo duas camadas difícil de gerenciar e manter.

- 3 tier – O modelo em três camadas é uma evolução do modelo em duas camadas. Surgiu com a evolução da internet. Nesse modelo as regras são tiradas da aplicação do cliente e centralizadas na aplicação servidor. Dessa forma, o acesso ao banco de dados se baseia nas regras do negócio contidas no servidor. E assim, com a centralização no lado do servidor fica mais fácil executar as atualizações necessárias.

Essas evoluções dos modelos N-tier vão cada vez mais se adequando às necessidades tecnológicas. Vindo depois o modelo 4 tier (com as regras em um servidor web) e daí em diante, com versões sempre mais atualizadas e melhoradas.

Métodos do Ciclo de Vida de Desenvolvimento de Sistemas

Para todo desenvolvimento, existem as metodologias que transformam um desenho em uma conclusão, um produto, serviço, um ativo.

Em se tratando de softwares e sistemas, existem vários métodos para desenvolvimento e controle. E entender esse processo de desenvolvimento é fundamental, pois quanto mais o profissional de segurança estiver envolvido em cada etapa, é mais provável que a segurança necessária seja incorporada ao sistema desde o início.

Dos métodos mais populares, temos:

- Ciclo de Vida do Sistema (SLC);

☐ Ciclo de Vida de Desenvolvimento de Sistemas (SDLC).

Ciclo de Vida do Sistema (SLC)

SLC é a sigla de System Life Cycle, que em português, entendemos como: Ciclo de Vida do Sistema.

O objetivo principal que justifica o SLC, além da segurança desde o início da construção, é a redução de custos tanto para o consumidor como para o fornecedor comercial, pois na medida que precisa de menos patches e correções nos softwares, caem os custos do produto final para os consumidores, diminuindo as perdas, danos e riscos geralmente causados por falhas no software. E o fornecedor também sente a redução dos custos com o SLC, já que o método exige uma equipe de suporte menor, além de gastar menos com garantia e manutenção do produto que entrega.

Ciclo de Vida de Desenvolvimento de Sistemas (SDLC)

A sigla **SDLC** vem do seu termo em inglês: Systems Development Life Cycle, que, em português, chamamos de Ciclo de Vida de Desenvolvimento do Sistema (CVDS). Mas vamos adotar a sigla SDLC, em inglês mesmo, já que é a mais usada e reconhecida pelas entidades de certificação.

Podemos afirmar que o SDLC é um método bem eficiente para segurança da informação, pois quanto mais se descreve e controla as fases de desenvolvimento mais se pode criar uma segurança adequada. Por isso, cada vez mais está se usando o SDLC em todo o processo de mudança e manutenção de aplicativos e sistemas.

Em uma visão geral, para algumas organizações, o desenvolvimento e a manutenção são feitos por desenvolvedores, torn   ando-os parte do SDLC. Para outras organizações, equipes especializadas de manutenção cuidam da manutenção e do desenvolvimento, tornando-as parte do SLC.

O fato é que mais e mais organizações vem preferindo usar o método SDLC para descrever todo o processo de desenvolvimento e manutenção de softwares, aplicativos e sistemas. Lembrando da importância de construir a segurança desde o início do desenvolvimento!

Na prática, o tipo de método é adotado de acordo com a necessidade da organização. As fases do SLC e do SDLC são muito semelhantes; sendo que o SLC inclui operações e descarte, e já o SDLC, termina com a transição para a produção.

Fases dos Ciclos de Vida de Desenvolvimento de Sistemas

Vejamos cada fase dos ciclos de vida de desenvolvimento de softwares e sistemas.

Não existe um padrão que seja utilizado por toda a indústria. Porém,   todo processo passa pelas fases de planejar, criar, testar e implantar o sistema de informação.

Entre as fases mais comuns dos ciclos de vida de desenvolvimento de sistemas, podemos citar:

1. A iniciação e o planejamento do projeto. Nessa primeira fase, para que o projeto seja bem-sucedido, é imprescindível ter todos os recursos que serão necessários disponíveis. Ressaltando que os recursos necessários representam as áreas que devem ser consideradas e integradas ao projeto. É fundamental também, já a partir dessa etapa inicial, a sugestão de como incorporar a segurança; incluindo aí os orçamentos, o design do sistema, a manutenção e o cronograma do projeto. Então, é o momento de abordar as ameaças, as vulnerabilidades, os riscos e controles.

2. A segunda fase á de requisitos funcionais e definição. É a fase hipotética! Ou seja, é o momento de pensar a respeito do que o programa deverá fazer quando os dados não atenderem às especificações. Tipo: O que vai acontecer se o

software for atacado? Existirão muitos usuários? Faltarão campos? O que os usuários conseguirão ver nos tráfegos? Nas transmissões? Enfim, são considerações essenciais que, se forem ignoradas, podem gerar vários riscos de segurança. Então, o melhor é sempre definir todos os requisitos necessários, de forma preventiva e positiva, para que o programa trate os dados e realize suas funções com o menor número de vulnerabilidades possível.

3. A terceira fase é a de especificação do projeto do sistema. É o momento de dividir o projeto em funções e módulos. E para fazer essa divisão, é preciso considerar o tipo de hardware em que será executado. E, aqui, deve-se pensar nos problemas de segurança incluindo a parte física do hardware e da rede, levando em conta todas as plataformas possíveis! Por exemplo: não basta dizer que o projeto é limitado para o Windows ou para Linux, porque cada plataforma tem uma grande variedade de versões e funciona com combinações quase que infinitas de periféricos, drivers, chipsets, etc. Enfim... é preciso especificar detalhadamente todas as funções e módulos de acordo com o hardware.

4. A quarta fase é a de construir, desenvolver e documentar. Os padrões de codificação devem incluir bibliotecas padrão de chamadas de função, assim como soluções padrão da indústria para itens como: criptografia, hashing e controle de acesso. É preciso proteger o código em desenvolvimento para que somente os desenvolvedores possam ter acesso, e apenas quando houver necessidade. Sim, porque até mesmo os desenvolvedores só devem ter acesso apenas às partes que realmente precisam ver! Lembrando do cuidado que se deve ter para não deixar cópias espalhadas, nem impressas e nem digitalizadas, como em CDs ou cartões de memória USB.

5. O Teste de Aceitação é a quinta fase dos ciclos de vida de desenvolvimento de softwares e sistemas. Trata-se da criação de um plano de teste durante o estágio de design funcional. O plano deve incluir testes que garantam a segurança adequada, além de privacidade, quando for necessário. Os desenvolvedores não podem ser os responsáveis pelos testes, e, quando fizerem entregas fora do prazo, ou seja, quando as datas de entrega estiverem vencidas, o tempo previsto para o teste não deve ser afetado.

6. A sexta fase é a de implementação, de transição para a produção. Aqui, vale ressaltar que durante essa transição, os desenvolvedores devem estar trabalhando na entrega dos treinamentos e na assistência aos usuários e ao pessoal do helpdesk. Isso é muito importante, porque os recursos de segurança precisam ser muito bem explicados tanto para os usuários como para o pessoal do helpdesk. Inclusive, em algumas organizações, os desenvolvedores também ajudam no gerenciamento da transferência de código para a equipe de manutenção.

7. A sétima fase é a de operações e manutenção. Sempre que ocorre algum problema com o sistema, o pessoal da manutenção e do helpdesk provavelmente são os primeiros a ficar sabendo; e eles precisam mesmo rastrear os problemas e estar disponíveis para relatar os resultados para gestão. Essa fase é um procedimento que alimenta o processo de gerenciamento de mudanças. É por isso que esse pessoal precisa de treinamento para que possa entender a diferença entre o que é uma solicitação de mudança, um mau funcionamento do software e uma falha ou violação de segurança. Sem contar que, obviamente, precisam saber como tratar cada um desses casos!

8. O descarte é a oitava e última fase de um ciclo de vida de desenvolvimento de sistemas e softwares.

Sabemos que, ao longo do tempo, os componentes vão chegando inevitavelmente ao fim da vida útil. E é preciso atualizar o sistema de backup ou adquirir um disco maior para que possa substituir o menor existente. Também é necessário garantir a existência de procedimentos de higienização de mídia para que se possa, em seguida, descartar de maneira econômica.

Atualmente, não compensa o custo com limpezas de discos pequenos, com ferramentas seguras do tipo DBAN; já que a limpeza acaba saindo mais cara do que o valor do disco usado!

Lembrando que o DBAN (Dariks Boot andNuke) remove completamente e definitivamente dados armazenados em disco, sem possibilidades de restauração futura.

E, só concluindo a comparação entre os métodos SLC e SDLC: O método SDLC vai até a sexta fase, de transição para a produção. Enquanto que o SLC inclui a sétima e oitava fase, de operações e descarte. Portanto, vale reforçar que o método adotado, geralmente, irá corresponder às necessidades da organização e do projeto.

Um pouco mais sobre o Descarte dos Equipamentos

O descarte é a última fase do ciclo de vida de um equipamento. E, sempre que é necessário descartar algum equipamento, é imprescindível se certificar de estar descartando da forma mais segura possível, para que não haja exposição de nenhum dado confidencial. Para isso, existem algumas opções de descarte seguro que podem ser adotadas, como:

- ▢ A desmagnetização, que aplica uma forte carga magnética a uma mídia magnética, causando o efeito que geralmente inutiliza os elementos eletrônicos;
- ▢ Destruição física, destruindo mesmo fisicamente a mídia em que os dados estão armazenados, garantindo assim a eliminação de qualquer material confidencial;

- A remoção do estoque, para garantir o controle de segurança sobre os ativos no hardware, uma vez que o equipamento descartado é removido do estoque e do serviço;
- A recuperação de dados, que deve ser usada quando se quer que a mídia descartada esteja disponível em armazenamento alternativo para possível acesso ou leitura dos dados através de novos equipamentos. Nesse caso, é preciso tomar muito cuidado para garantir que o backup de todos os dados foi feito de forma adequada.

IMPORTANTE:
SANITIZAÇÃO é o processo de eliminação permanente de dados, seja em HDs, Pen Drives ou do dispositivo que tenha dados de informações, impedindo assim a recuperação dessas informações. E o profissional qualificado para sanitização de mídias é o Forense Digital, que limpa e apaga de forma irreversível todos os dados de um dispositivo de armazenamento, eliminando permanentemente as informações residuais.

Sobre os Testes de Sistemas

É comum os profissionais de segurança ajudarem a testar novos sistemas ou atualizações de sistemas já existentes.

Os testes devem ser completos o suficiente para garantir que sejam checadas todas as ações inesperadas, de forma que seja possível lidar com os erros corretamente. E também não se pode esquecer de testar a carga máxima do sistema, incluindo aí: volume de transações, alocação de memória, largura de banda de rede e tempos de resposta.

Outro cuidado fundamental é em relação ao uso de produção ou dados no teste; porque é preciso se certificar de que todas as medidas necessárias foram tomadas para manter esses ativos devidamente seguros.

Certificação e Credenciamento

É preciso garantir que os componentes de um ambiente de computação sejam suficientes para atender às necessidades do projeto, desde o momento de suas aquisições até os seus devidos descartes. E as formas de conseguir essa garantia é a certificação e o credenciamento.

- ☑ A CERTIFICAÇÃOé o processo que revisa um sistema durante o seu ciclo de vida a fim de garantir que esteja atendendo aos requisitos de segurança adotados.
- ☑ O CREDENCIAMENTO é uma aceitação formal do Autorizador Oficial (AO) em relação ao risco de implementação do sistema.

Personagens desses processos:

- ☑ AUTORIZADOR OFICIAL (AO) – Geralmente, é o gerente sênior que tem esse papel de revisar a certificação, relatar e decidir se o sistema está aprovado para implementação. O AO reconhece oficialmente a certificação, e aceita oficialmente o risco que o sistema pode representar para: missão, bens ou indivíduos da agência.

- ☑ CERTIFICADOR - É um membro ou uma equipe inteira responsável pela execução do teste e pela avaliação de segurança (Security Test + Evaluation) do sistema. Ressaltando que o certificador também elabora relatório para o AO a respeito do risco de operação do sistema.

- ☑ PROPRIETÁRIO DO SISTEMA – É a pessoa que fica responsável pelas operações diárias do sistema e pela garantia de continuidade operacional do sistema, conforme as definições do AO.

Mas, vamos entender melhor esses dois processos tão importantes em um projeto de desenvolvimento de sistema!

CERTIFICAÇÃO

Na prática, uma certificação é uma avaliação técnica de um sistema, garantindo que foi implementado corretamente pela organização. Essa forma correta de implementação precisa atender aos requisitos iniciais do projeto para assegurar que os controles de segurança funcionem com eficácia.

De um modo geral, executar uma certificação significa garantir que o sistema:
- Atenda aos requisitos técnicos, funcionais;
- Forneça garantia de operação adequada.

E cuidar dessa tarefa é papel do certificador, ou da equipe certificadora, que, por sua vez, deve ter a devida habilidade para execução do processo de análise, com as verificações e testes necessários para comprovação da conformidade. Ou seja, é preciso conhecer os requisitos técnicos, funcionais, e as capacidades do sistema que está recomendando para compra ou aprovação. Esses requisitos são válidos tanto para softwares como para hardwares, os quais podem ser avaliados em quantidade ou em qualidade, como por exemplo: a capacidade de autenticação em números, tipo 100 usuários por minuto, ou garantir um percentual de 99,99 por cento de tempo de atividade. Outra possibilidade é usar como base fatores não relacionados à área de TI, por exemplo: o peso ou o consumo de energia.

Lembrando que todos os requisitos da análise serão examinados pelos credenciadores durante o processo posterior de credenciamento.

E, geralmente, tanto a condução como o gerenciamento dos testes recaem sobre o profissional de segurança. Mas, vale reforçar que são os certificadores os responsáveis por corresponder a essas listas e garantir que o sistema avaliado atende ou excede cada um dos requisitos ou especificações. Com essa certeza então podem recomendar a aprovação para gerência. Deixando claro, porém, que essa recomendação não significa dizer que o sistema é a melhor opção para a organização; pois a certificação apenas atesta que o produto corresponde às especificações funcionais e técnicas prometidas.

CREDENCIAMENTO

Como já vimos, o credenciamento é o processo posterior à certificação. É uma espécie de "aceitação" oficial do sistema por parte da administração.

O credenciador, que é a autoridade designada, analisa os relatórios de certificação e, baseado no ambiente operacional, aprova o sistema.

De um modo geral, podemos definir um credenciamento de duas formas:
- A aceitação formal do risco por parte da administração;
- A permissão por parte da gerência para implementar o sistema.

Importante saber que:
Tanto a certificação quanto o credenciamento são processos que precisam garantir a conformidade não apenas atual, mas também durante as fases de operação e manutenção do ciclo de vida de desenvolvimento do sistema. Com isso, estamos afirmando que existe uma fase pós-credenciamento que lista as atividades que são necessárias para continuidade da operação e gerenciamento do sistema, mantendo um nível aceitável de riscos. Essa avaliação contínua de riscos é fundamental, já que mudam as necessidades com a chegada de novos produtos, processos, fusões, alienações, enfim. Exemplo: Um produto credenciado que passa a não atender mais às necessidades do negócio, ou, quando acontece de um fornecedor atualizar ou mesmo substituir um produto, sendo necessária uma recertificação e um recredenciamento.

Modelo Cascata

Muitos dos métodos de desenvolvimento de software, inclusive o SLC e o SDLC, adotam como base o modelo em cascata, que é um processo sequencial em que o progresso flui para baixo, como se fosse mesmo uma cachoeira.

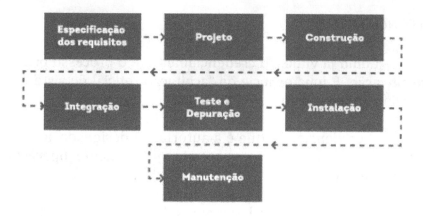

O modelo em cascata é fundamentado no processo de sequências, em que nenhuma fase começa até a fase anterior ter sido completada.

As fases do modelo clássico em cascata são:
Especificação dos requisites; Projeto; Construção;   Integração; Teste e Depuração; Instalação; Manutenção.

O modelo em cascata básico foi desenvolvido em 1970, por Winston W. Royce. Nessa época não existiam métodos formais de desenvolvimento de software. A princípio, foi originado nas indústrias de manufatura e construção, para suprir as necessidades dos ambientes físicos que eram altamente estruturados. Com o passar do tempo, este modelo orientado a hardwares foi adaptado ao desenvolvimento de softwares. Mas, devido a falhas que foram sendo percebidas no modelo, começaram a surgir modificações, novas atualizações. Porém, a maioria dos modelos de desenvolvimento de software continuam usando ao menos algumas fases semelhantes as do modelo em cascata. Entre outros modelos que foram surgindo, podemos citar a prototipagem rápida, o desenvolvimento ágil de software, entre outros.

Modelo Tradicional (Em Cascata) x Modelos Ágeis

Com a percepção das falhas do modelo em cascata, foram surgindo novas atualizações, como o Modelo em V, que é uma derivação do modelo em cascata. E também surgiram novos modelos, baseados em processos ágeis, como: Prototipagem, Desenvolvimento de Aplicação Rápida, Desenvolvimento ágil, etc.

Basicamente, o que é preciso saber sobre essas versões são as diferenças entre os métodos tradicionais do modelo em cascata e os métodos ágeis das novas versões.

Nos métodos tradicionais, existem vantagens como:
- Simplicidade no uso;
- A antecipação do planejamento dos testes;
- A identificação precoce dos defeitos;
- A eficiência adequada para pequenos projetos e com requisitos bem definidos.

Porém, esses métodos tradicionais possuem desvantagens por serem mais amarrados, com alta rigidez e baixa flexibilidade, o que aumenta o tempo de entrega e dificulta quando surge alguma necessidade de atualização. Sem contar que o cliente não tem como interagir e só vê as etapas já concluídas. Mas o que pode ser uma desvantagem também pode resultar na exigência de um foco maior nos processos, o que é bastante positivo. Portanto, tudo depende do tipo de projeto e suas necessidades.

Já os métodos ágeis, como a Prototipagem, Desenvolvimento de Aplicação Rápida e Desenvolvimento Ágil, dentre os mais usados, atendem às atuais necessidades do mercado de iniciar o projeto sem precisar ter tudo amarrado de forma inflexível, já que são metodologias que permitem mudanças nos requisitos sem precisar alterar todos os documentos de teste, possibilitando o trabalho em equipe de forma que um não precise aguardar a conclusão da tarefa anterior para iniciar outra, ganhando assim em tempo e produção. Porém, o gestor precisa ficar bem focado na equipe para evitar falhas de comunicação que resultem em descontrole de orçamento e tempo de entrega.

Problemas de Segurança no Ciclo de Vida de Desenvolvimento de Sistemas

Durante o ciclo de vida de desenvolvimento de sistemas existem alguns problemas de segurança que precisam ser checados, do tipo:
- A interface do usuário não ser altamente segura;
- Os dados de entrada serem mal analisados, gerando riscos de ataques de entrada malformados;
- tráfego de autenticação não ser criptografado;
- Os componentes serem usados com vulnerabilidades conhecidas;
- Uso de técnicas obscuras de criptografia;
- Credenciais de autenticação salvas no aplicativo;
- Tamanhos de buffer não verificados, o que leva a estouros de buffer.

Além, também, dos problemas de segurança específicos em aplicativos para Web, como:
- Cooperação e comunicação sem estado;
- A falta de controle na interface do usuário, o que alerta para que toda a segurança deva ser organizada no lado do servidor!

Identificar os problemas de segurança é a melhor forma de mitigar os riscos!

Banco de Dados

Um banco de dados é uma coleção organizada de dados, que fornece uma área de armazenamento comum para aplicativos.

Na prática, são sistemas (hardwares + softwares) que atuam capturando, retendo e compartilhando dados críticos, que ficam disponíveis para acessos por usuários, servidores e aplicativos.

Lembrando que:

- ARMAZENAMENTO PRIMÁRIO (RAM - Random Access Memory) - Conhecido como "memória RAM", que é o armazenamento principal de um computador; uma memória de acesso aleatório, por isso lê e grava com maior velocidade do que em um armazenamento secundário.

- ARMAZENAMENTO SECUNDÁRIO(HDD - Unidade de disco rígido e SSD - Unidade de estado sólido) - Armazenam dados que são menos acessados ou mesmo não mais acessados, em uma base de longo prazo. Qualquer arquivo criado ou baixado é salvo no armazenamento secundário do computador.

Os bancos de dados são muito desafiadores do ponto de vista da segurança, uma vez que vários usuários e aplicativos os acessam ao mesmo tempo.

Uma forma de tornar mais eficiente o armazenamento é com métodos de redundância, usando mais de um disco rígido para armazenar os dados. O striping, também chamado de RAID 0 é um desses tipos de arranjo que, ao ser adotado e definido, o sistema entende que a gravação e a leitura dos dados devem usar todos os discos rígidos disponíveis. Mas, o gargalo de segurança nesse arranjo é que uma falha em qualquer um dos discos compromete todos os dados armazenados.

Como os bancos de dados são os locais de armazenamento mais amplamente usados para informações digitais, entender os bancos de dados, suas vulnerabilidades e como mitigá-las é indispensável no contexto da segurança da informação.

Existem vários modelos de bancos de dados, porém, de uma forma geral, os mais comuns são os de modelo relacional (SQL), que classificam os dados de forma estruturada, em tabelas; e os outros modelos não relacionais (NoSQL), que organizam os atributos em listas de dados.

As tabelas do modelo relacional também são conhecidas como relações; e são dispostas em colunas e linhas; linhas essas chamadas de tuplas. Cada coluna apresenta um atributo, como por exemplo: o preço, ou a data de nascimento. Quando os atributos se juntam em uma relação, temos um domínio. A combinação de atributos ou um atributo específico é tido como uma chave primária que, ao ser consultada em outras tabelas, é chamada de chave estrangeira. Essas chaves são usadas para consultas em SQL (Structured Query Language), que em português significa: Linguagem de Consulta Estruturada, que é a linguagem padrão dos bancos de dados de modelo relacional.

Contudo, podemos afirmar que os pontos de impulso para o fortalecimento dos bancos de dados em sua evolução tecnológica se deram com os dois recursos oferecidos pelo modelo relacional: a estruturação de organização em tabelas e a linguagem de consulta SQL.

Apesar da linguagem SQL ser apenas uma, ela é dividida em subtipos, de acordo com a funcionalidade dos seus comandos.

Tipos de LINGUAGEM SQL:

- ▢ DDL – Sigla de Data DefinitionLanguage – Em português: Linguagem de Definição de Dados. São os comandos que interagem com os objetos do banco. São eles: CREATE, ALTER e DROP;
- ▢ DML - Data ManipulationLanguage – Em português: Linguagem de Manipulação de Dados. Que são os comandos que interagem com os dados dentro das tabelas, ou seja, o: INSERT, DELETE e UPDATE;
- ▢ DQL - Data Query Language – Em português: Linguagem de Consulta de dados. Que é o comando de consulta SELECT. Em algumas literaturas, o SELECT aparece no DML;
- ▢ DTL - Data TransactionLanguage – Em português: Linguagem de Transação de Dados. Que são os comandos para controle de transação: BEGIN TRANSACTION, COMMIT E ROLLBACK;
- ▢ DCL - Data ControlLanguage – Em português: Linguagem de Controle de Dados. Que são os comandos que controlam

a parte de segurança do banco de dados, ou seja: GRANT, REVOKE E DENY.

O MYSQL é um bom exemplo de banco de dados relacional, com modelo de cliente/servidor (c/s), propriedade da organização norte-americana Oracle (desde 2010). É compatível com plataformas como: Linux, MacOS, Microsoft Windows e Ubuntu. É usado para armazenar dados de aplicações importantes, como: Facebook, Twitter, YouTube, Google e Yahoo! O MySQL é uma das marcas de software RDBMS (*RelationalDatabase Management Systems)* mais populares do mundo! Lembrando que RDBMS são softwares de códigos abertos ou serviços usados na criação e gerenciamento de bancos de dados relacionais.

Não podemos deixar de citar componentes funcionais de um banco de dados como:
- Os METADADOS, que são informações agregadas aos dados para identificá-los com um algo mais específico, como por exemplo: para informar a que se refere o dado, facilitando assim a organização em grupos semelhantes. Geralmente, são informações inteligíveis por um computador;

- Os DICIONÁRIOS DE DADOS, que são grupos de tabelas que funcionam para leitura, consulta, e que, na prática, são bases de dados cuja função é manter a definição dos elementos dos metadados;

- DATA WAREHOUSE, que funciona como uma coleção de dados, orientados por assunto, integrando os dados corporativos de uma empresa em um único repositório;

- A MINERAÇÃO DE DADOS, que funciona dando a permissão para adicionar inteligência à memória da organização, possibilitando descobertas nos volumes de dados. E, finalizando as funcionalidades.

Ressaltando que qualquer modelo de banco de dados deve fornecer:

- Persistência de transação;
- Tolerância a falhas e recuperação;
- Compartilhamento por vários usuários e aplicativos;
- Controles de segurança.

Sobre a PERSISTÊNCIA DE TRANSAÇÃO:

"Significa que os resultados de uma transação são permanentes e podem ser desfeitos somente por uma transação subsequente. Por exemplo: todos os dados e status relativos a uma transação devem ser armazenados num repositório permanente, não sendo passíveis de falha por uma falha de hardware." (Wikipédia)

Sistema De Gerenciamento De Banco De Dados (SGDB)

O banco de dados guarda a integridade dos dados e os dispõem para consultas de usuários, introduções ou atualizações, sempre assegurados pelos direitos que lhes são atribuídos.

A principal função dos bancos de dados é, portanto, possibilitar o acesso simultâneo a vários usuários, mantendo a integridade dos dados.

Para garantir que a funcionalidade do banco de dados seja cumprida com eficácia, é que existe o:

- SISTEMA DE GERENCIAMENTO DE BANCO DE DADOS (SGBD), em inglês: RELATIONAL DATABASE MANAGEMENT SYSTEM (DBMS), que é uma coleção de software que possibilita a definição, armazenamento, modificação, administração e recuperação de informações de um banco de dados.

O SGBD permite:
- Criar a base de dados;
- Modificar a base de dados;
- Eliminar a base de dados;
- Inserir dados na base de dados;
- Eliminar dados da base de dados;

- ▢ Recuperar dados que foram eliminados da base de dados.

- ▢ DATA WAREHOUSE - Sistema de gerenciamento de dados que possibilita centralizar, de forma consolidada, grandes quantidades de dados de fontes variadas.

Problemas X Contramedidas no Desenvolvimento de Aplicativos e Bancos de Dados.

Vulnerabilidades Em Dispositivos Incorporados e Sistemas Ciberfísicos

Abordadas as funcionalidades dos bancos de dados e sistemas de gerenciamento de banco de dados, confira alguns dos principais problemas de segurança que podem acontecer no desenvolvimento de aplicativos e bancos de dados.
Afinal, as vulnerabilidades em dispositivos incorporados e sistemas ciberfísicos estão ao nosso redor, junto com nossos dispositivos smart; smartphones, TVs, carros, apartamentos, escritórios, tudo smart! Tudo conectado via internet e alvos de exploração e ataques! E é por isso e para isso que é tão fundamental a segurança e proteção cibernética!

OWASP TOP 10 DE VULNERABILIDADES:

O OWASP, ou Projeto Aberto de Segurança em Aplicações Web, é uma continuidade online que cria e disponibiliza de forma gratuita artigos, metodologias, documentação, ferramentas e tecnologias no campo da segurança de aplicações web. Para consultar, acesse: https://owasp.org/www-project-top-ten

TOP 10 VULNERABILIDADES
- ▢ Ataque de Injeção;
- ▢ Autenticação quebrada e gerenciamento de sessão;
- ▢ Cross-Site Scripting (XSS);
- ▢ Referências inseguras de objetos diretos;

- Configuração incorreta de segurança;
- Exposição de dados sensíveis;
- Controle de acesso de nível de função ausente;
- Cross-Site Request Forgery (CSRF);
- Uso de componentes vulneráveis conhecidos;
- Redirecionamentos e encaminhamentos não validados;
- Agregação;
- Ataque de desvio;
- Comprometimento das visualizações do banco de dados;
- Simultaneidade;
- Contaminação de dados;
- Deadlock - Quando um banco de dados detecta dois ou mais processos esperando um pelo outro para que possam continuar suas atividades. E se o banco de dados não consegue detectar o deadlock para eliminar um dos processos em espera, a situação permanece;
- Ataque de negação de serviço (DoS);
- Interceptação de dados;
- Ataque de consulta (SQL Injection) ;
- Acesso ao servidor;
- Inferência.

- CONTRAMEDIDAS PARA VULNERABILIDADES OWASP TOP 10:
- Restringir o acesso do aplicativo aos recursos do sistema;
- Executar código em um ambiente restrito, tipo: máquina virtual, sandbox (Camada de segurança usada para teste, execução e bloqueio de programas/códigos maliciosos de forma preventiva, antes que consigam afetar a aplicação/sistema/rede);
- Usar autenticação criptográfica;
- Checar políticas / comportamento;
- Fazer seleção cuidadosa de produtos;

perfeita, pois dessa forma, qualquer fornecedor pode ter seu produto avaliado de acordo com o padrão. Uma classificação EAL é a garantia de que as reivindicações do fornecedor correspondam ao padrão coletivo para um determinado nível de teste. A documentação, o desenvolvimento e o desempenho do produto, portanto, devem corresponder às afirmações da avaliação.

E o nome formal para os Critérios Comuns é: ISO 15408.

SQL Injection

SQL INJECTION ou Ataque de Injeção é um problema para os bancos de dados que precisa ser reforçado, pois é considerado o bicho papão dos programadores! Então vamos nos aprofundar um pouco mais para tentar desmistificar essa lenda cibernética!

🔲 que é?

SQL Injection ou Injeção de SQL é um tipo de ameaça que usa falhas existentes em sistemas para interagir com o banco de dados deles através de comandos SQL.

🔲 Para que serve?

Cada vez mais diversas informações são armazenadas em bancos de dados. E quando aplicações que são acessadas pela internet usam esses bancos de dados, elas se tornam alvo de ataques do tipo SQL Injection.

Este tipo de ataque serve para alterar e manipular informações do banco, comprometendo a integridade dos dados armazenados, podendo causar um grande transtorno.

Como funciona?

Ao acessar uma aplicação via web, se o sistema apresentar falhas de segurança, é possível ter acesso a algum formulário do site e passar instruções SQL, através do local destinado para o usuário digitar informações.

Com isso, a pessoa consegue alterar diversos dados na aplicação, sem possuir o devido acesso ou autorização. Isso se trata de um ataque que pode causar muitos danos ao banco, mas que pode ser evitado com o uso de boas práticas de programação, que possibilitam otimizar o processo de segurança da informação.

As boas práticas podem ser implementadas no próprio servidor de banco de dados, como também podem ser implementadas dentro do código fonte, independente da linguagem de programação utilizada.

Uma solução plausível é tratar a entrada de dados dos usuários para evitar os estouros de buffer (buffer overflows). Buffer Overflows acontece quando os dados podem ser escritos fora do intervalo de memória por um invasor, sendo capaz de manipular o estado interno do programa.

O estouro de buffer é uma condição na qual um programa em execução armazena dados em uma área fora do local da memória reservado para a data. Ao armazenar mais dados do que um programa espera, você pode inserir instruções em um programa que alteram seu comportamento em tempo de execução. Os estouros de buffer são numerosos e sempre resultam de uma negligência do programador em validar os dados de entrada. Em suma, é uma condição em uma interface sob a qual mais entradas podem ser colocadas em um buffer ou área de armazenamento de dados do que a capacidade alocada, sobrescrevendo outras informações.

Os hackers podem explorar estouros de buffer para obter acesso não autorizado ao computador.

EXEMPLOS DE SQL INJECTION:

Vamos analisar o funcionamento do SQL Injection nesse exemplo:

Considerando uma tela de login em que a autenticação desta tela é validada com a seguinte instrução SQL:

```
SELECT * FROM tb_usuarios WHERE user = 'campo_usuario' AND
pass = 'campo_senha'
```

Esta consulta busca no banco de dados um usuário que contenha as respectivas informações digitadas pelo usuário.

ÁREA DE LOGIN

Usuário: Ana

Senha: 123456

No caso, a consulta buscaria no banco, usuário com nome de acesso 'Ana' e senha '123456'.

Mas, se em outra situação, uma pessoa mal intencionada desejasse verificar a vulnerabilidade da aplicação. Digitando uma informação, como exemplificado na tela a seguir, essa pessoa obteria um acesso indevido, e poderia prosseguir com o ataque:

ÁREA DE LOGIN

Usuário: teste

Senha: ' Or '2'= '2

Neste caso, teria-se uma consulta:

```
SELECT * FROM tb_usuarios WHERE user = 'teste' AND pass = ' '
or '1' = '1'
```

O comando ' ' or '1' = '1' faz com que o usuário e senha informados sejam sempre verdadeiros, permitindo assim o acesso indevido ao sistema.

DICA 1: Para evitar este tipo de ataque, na linguagem de programação devem ser implementadas funções que validem os dados de entrada, visando impedir a execução de comandos indevidos.

Exemplo básico de um código PHP para tratar a execução de querys e evitar o SQL injection:

```php
<? php

        $usuario = $_POST['user'];

        $senha = $_POST['pass'];

        $user_escape =addslashes($usuario);

        $pass_escape = addslashes($senha);


        $query_string = "SELECT * FROM tb_usuarios WHERE user = '{$user_escape}' AND senha = '{$pass_escape}'";

?>
```

A função addslashes() adicionará uma barra invertida antes de cada aspa simples e aspa dupla encontrada. Com esse tratamento, a query resultante seria:

*SELECT * FROM usuarios WHERE codigo = '' AND senha = '\' or 1=\'1'*

Isso evitaria que o usuário conseguisse o acesso indevido.

DICA 2: Evitar exibir mensagens de erro em um servidor de aplicação que esteja em produção, pois nessas mensagens de erros e alertas podem ser exibidos caminhos de diretórios de arquivos ou outras informações importantes sobre o esquema do banco de dados, comprometendo a segurança da aplicação.

Aspectos Relevantes Sobre a Segurança no Ciclo de Vida de Desenvolvimento dos Softwares

Vale alertar sobre a importância de ter uma atenção especial no ponto de vista da segurança durante todo o ciclo de vida de desenvolvimento dos softwares. Afinal, bem sabemos que os aplicativos representam o caminho mais fácil para usuários, clientes, (e também invasores!) acessarem os dados que desejam!

Portanto, a construção de um software deve estar intrinsicamente ligada a uma política de segurança que garanta a conformidade com os regulamentos, incluindo a privacidade, integridade dos dados e processos do sistema. E, independe do modelo de desenvolvimento, é imprescindível se certificar de que o aplicativo deve executar adequadamente as tarefas de:

- ⬚ Verificar a autenticação do usuário para o aplicativo;
- ⬚ Verificar a autorização do usuário (o nível de privilégio);
- ⬚ Se possui verificações de edição, verificações de intervalo, verificações de validade e outros controles semelhantes para evitar a contaminação de bancos de dados ou dados de produção;
- ⬚ Se possui procedimentos para recuperar a integridade do banco de dados em caso de falha do sistema.

Outro detalhe que não podemos deixar de abordar é sobre a importância de gerenciar e proteger com políticas, padrões e procedimentos os códigos-fonte desenvolvidos internamente nos softwares, ou os códigos-objeto e executáveis em tempo de execução.
Por exemplo:

- ⬚ É preciso proteger o código-fonte do acesso de usuários não autorizados;
- ⬚ Deve-se rastrear as alterações no código-fonte por sistemas de controle de versão

para que a reversão para uma versão anterior não contenha erros;

- ⬜ Cuidar para que os programadores não consigam atualizar os sistemas de produção diretamente, ou seja, os programadores devem testar e, em seguida, atualizar a produção.

Outra atenção relevante em relação a controles de segurança deve acontecer nos casos de banco de dados usados para fins estatísticos; e, para isso, temos o controle de inferência, que é um mecanismo de segurança que atua protegendo as informações estatísticas individuais ou coletivas. Pois, sabemos que esses tipos de bancos de dados são usados para produzir informações estatísticas importantes, por vezes até de populações, contendo informações confidenciais que podem, ao serem acessadas por invasores mal intencionados, ocasionar deduções falsas. Por isso, o controle de inferência garante que os usuários tenham permissão apenas para recuperar informações estatísticas coletivas e não para recuperar dados individuais, como, por exemplo, a renda de uma pessoa específica.

A vulnerabilidade de inferência acontece porque bancos de dados dedutivos usam linguagens declarativas, com isso, o mecanismo de inferência possibilita que se possa inferir e deduzir novas regras a partir das regras especificadas. Lembrando que o modelo usado para implementar bancos de dados dedutivos geralmente é o modelo relacional.

O método de restrição de usuário nos acessos a bancos de dados é o VBAC (Controle de Acesso Baseado em Visualização). É uma abordagem geralmente usada em modelos relacionais. E como funciona? O sistema do banco de dados cria uma visão diferenciada para cada usuário, limitando os dados que ele pode ver. Ou seja, mesmo que haja mais dados no banco de dados, o usuário pode acessar apenas os dados definidos na visualização.

A padronização dos sistemas, com mesmo modelo e versões operacionais também facilita o controle e aplicação de medidas de segurança, pois otimiza o mapeamento das vulnerabilidades e a definição e execução de estratégias de mitigação, já que, sendo iguais, o problema de um pode ser o problema de todos, mais fácil assim de corrigir.

A necessidade da segurança dos dados tem crescido tanto que foi preciso instituir a Lei Geral de Proteção de dados (LGPD), baseada no Regulamento Geral sobre a Proteção de Dados (GDPR) da União Europeia, a qual todas as organizações precisam se alinhar para garantir a integridade dos dados de seus usuários. Para esse controle e supervisão organizacional em relação a LGPD surgiu a função do considerado "guardião dos dados", um Data Protection Officer (DPO), profissional responsável por garantir que a organização esteja devidamente alinhada às normas da LGPD.

E assim caminham os profissionais de Segurança da Informação, buscando cada vez mais capacitações e alternativas para garantir que a segurança cibernética seja o mais eficiente possível!

Pratique o que Aprendeu

Que tal colocar em prática o que você aprendeu até aqui? Para isso, aproveite esses exercícios de fixação:

1. Em se tratando de softwares e sistemas, existem vários métodos para desenvolvimento e controle. Dos métodos mais populares, temos os:

A) SLC e SDLC.

B) TECSEC e ITSEC.

C) BD e SoS.

D) IP e TCP.

2. São vantagens dos métodos tradicionais de desenvolvimento:

   I.   Simplicidade no uso.

   II.   A antecipação do planejamento dos testes.

   III.   A identificação precoce dos defeitos.

   IV.   A eficiência adequada para pequenos projetos e com requisitos bem definidos.

A) Só as alternativas I,II e III estão corretas.

B) Todas as alternativas são falsas.

C) Todas as alternativas são verdadeiras.

D) Apenas a alternativa IV está correta.

3. Durante o ciclo de vida de desenvolvimento de sistemas existem alguns problemas de segurança que precisam ser checados. Qual a alternativa abaixo que não apresenta um desses problemas?

A) A interface do usuário não ser altamente segura.

B) Os dados de entrada serem mal analisados, gerando riscos de ataques de entrada malformados.

C) O tráfego de autenticação ser criptografado.

D) Os componentes serem usados com vulnerabilidades conhecidas.

4. O modelo relacional (SQL) de bancos de dados classifica os dados de forma:

A) Estruturada.

B) Em listas de dados.

C) Em ordem alfabética.

D) De forma invertida.

5. Qual alternativa não apresenta um tipo de linguagem SQL?

A) DDL.

B) DML.

C) ITSEC.

D) DCL.

6. O Sistema de Gerenciamento de Banco de Dados (SGBD) permite:

    I.   Criar a base de dados;

    II.   Modificar a base de dados;

    III.   Eliminar a base de dados;

    IV.   Inserir dados na base de dados;

    V.   Eliminar dados da base de dados;

    VI.   Recuperar dados que foram eliminados da base de dados.

A) As alternativas I, III e V são verdadeiras.

B) Apenas a alternativa VI não é verdadeira.

C) Todas as alternativas são verdadeiras .

D) As alternativas II,III, IV e V são verdadeiras.

7. São contramedidas contra questões de segurança relacionadas a aplicativos e bancos de dados, exceto a alternativa:

A) Restringir o acesso do aplicativo aos recursos do sistema.

B) Executar código em um ambiente restrito, tipo: sandbox, máquina virtual.

C) Fazer seleção cuidadosa de produtos.

D) Usa apenas e-mails formatados em HTML.

8. Uma _____ é uma avaliação técnica de um sistema, garantindo que foi implementado corretamente pela organização.

A) Auditoria.

B) Certificação.

C) Autenticação.

D) Análise de Risco.

9. É a última fase do Ciclo de Vida (SLC) de um equipamento:

A) Produção.
B) Manutenção.
C) Documentação.
D) Descarte.

10. É um tipo de ameaça que usa falhas existentes em sistemas para interagir com o banco de dados deles através de comandos SQL.
A) SQL Injection.
B) SQL Relacional.
C) SQL Invertido.
D) Worm SQL.

Gabarito de respostas

1. Em se tratando de softwares e sistemas, existem vários métodos para desenvolvimento e controle. Dos métodos mais populares, temos os:
A) SLC e SDLC.
B) TECSEC e ITSEC.
C) BD e SoS.
D) IP e TCP.

A) Correto. Os métodos são SLC e SDLC.
B) Incorreto. (~~TECSEC e ITSEC~~). Os métodos são SLC e SDLC.
C) Incorreto. (~~BD e SoS~~). Os métodos são SLC e SDLC.
D) Incorreto (~~IP e TCP~~) Os métodos são SLC e SDLC.

2. São vantagens dos métodos tradicionais de desenvolvimento:
I. Simplicidade no uso.
II. A antecipação do planejamento dos testes.
III. A identificação precoce dos defeitos.
IV. A eficiência adequada para pequenos projetos e com requisitos bem definidos.

A) Só as alternativas I,II e III estão corretas.

B) Todas as alternativas são falsas.

C) Todas as alternativas são verdadeiras.

D) Apenas a alternativa IV está correta.

A) Incorreto. (~~Só as alternativas I,II e III estão corretas~~)Todas as alternativas são verdadeiras.

B) Incorreto. (~~Todas as alternativas são falsas~~) Todas as alternativas são verdadeiras.

C) Correto. Todas as alternativas são verdadeiras.

D) Incorreto. (~~Apenas a alternativa IV está correta~~). Todas as alternativas são verdadeiras

3. Durante o ciclo de vida de desenvolvimento de sistemas existem alguns problemas de segurança que precisam ser checados. Qual a alternativa abaixo que não apresenta um desses problemas?

    A) A interface do usuário não ser altamente segura.

    B) Os dados de entrada serem mal analisados, gerando riscos de ataques de entrada malformados.

    C) O tráfego de autenticação ser criptografado.

    D) Os componentes serem usados com vulnerabilidades conhecidas.

    A) Incorreto. A interface do usuário não ser altamente segura é um problema durante o ciclo de vida de desenvolvimento de sistemas.

    B) Incorreto. Os dados de entrada serem mal analisados, gerando riscos de ataques de entrada malformados é um problema de segurança durante o ciclo de vida de desenvolvimento de sistemas.

    C) **Correto. O tráfego de autenticação ser criptografado não é um problema de segurança**

durante o ciclo de vida de desenvolvimento de sistemas.

D) Incorreto. Os componentes serem usados com vulnerabilidades conhecidas é um problema de segurança durante o ciclo de vida de desenvolvimento de sistemas.

4. O modelo relacional (SQL) de bancos de dados classifica os dados de forma:

A) Estruturada.

B) Em listas de dados.

C) Em ordem alfabética.

D) De forma invertida.

A) Correto. Estruturada.

B) Incorreto. (~~Em listas de dados~~) É de forma estruturada.

C) Incorreto. (~~Em ordem alfabética~~) É de forma estruturada.

D) Incorreto. (~~De forma invertida~~) É de forma estruturada.

5. Qual alternativa não apresenta um tipo de linguagem SQL?

A) DDL.

B) DML.

C) ITSEC.

D) DCL.

A) Incorreto. DDL é uma linguagem SQL .

B) Incorreto DML é uma linguagem SQL.

C) Correto. ITSEC não é uma linguagem SQL.

D) Incorreto. DCL não é uma linguagem SQL.

6. O Sistema de Gerenciamento de Banco de Dados (SGBD) permite:

I. Criar a base de dados;

II. Modificar a base de dados;

III. Eliminar a base de dados;

IV. Inserir dados na base de dados;

V. Eliminar dados da base de dados;
VI. Recuperar dados que foram eliminados da base de dados.

A) As alternativas I, III e V são verdadeiras.
B) Apenas a alternativa VI não é verdadeira.
C) Todas as alternativas são verdadeiras .
D) As alternativas II,III, IV e V são verdadeiras.

A) Incorreto. (As alternativas I, III e V são verdadeiras) Todas as alternativas são verdadeiras.
B) Incorreto. (Apenas a alternativa VI não é verdadeira) Todas as alternativas são verdadeiras.
C) Correto. Todas as alternativas são verdadeiras
D) Incorreto. (As alternativas II,III, IV e V são verdadeiras) Todas as alternativas são verdadeiras.

7. São contramedidas contra questões de segurança relacionadas a aplicativos e bancos de dados, exceto a alternativa:
A) Restringir o acesso do aplicativo aos recursos do sistema.
B) Executar código em um ambiente restrito, tipo: sandbox, máquina virtual.
C) Fazer seleção cuidadosa de produtos.
D) Usa apenas e-mails formatados em HTML.

   A) Incorreto. (Restringir o acesso do aplicativo aos recursos do sistema) Usa apenas e-mails formatados em HTML.
   B) Incorreto. (Executar código em um ambiente restrito, tipo: sandbox, máquina virtual) Usa apenas e-mails formatados em HTML.
   C) Incorreto. (Fazer seleção cuidadosa de produtos) Usa apenas e-mails formatados em HTML.
   D) Correto. Usa apenas e-mails formatados em HTML.

8. Uma _____ é uma avaliação técnica de um sistema, garantindo que foi implementado corretamente pela organização.
A) Auditoria.
B) Certificação.
C) Autenticação.
D) Análise de Risco.

A) Incorreto. (~~Auditoria~~).
B) Correto. Uma Certificaçãoé uma avaliação técnica de um sistema, garantindo que foi implementado corretamente pela organização.
C) Incorreto (~~Autenticação~~).
D) Incorreto. (~~Análise de Risco~~).

9. É a última fase do Ciclo de Vida (SLC) de um equipamento:
A) Produção.
B) Manutenção.

C) Documentação.
D) Descarte.

A) Incorreto. Produção é a última fase de um SDLC, e não SLC.
B) Incorreto . Manutenção é a sétima fase.
C) Incorreto. Documentação faz parte da quarta fase.
D) Correto. A última fase de um equipamento do SLC é o Descarte.

10. É um tipo de ameaça que usa falhas existentes em sistemas para interagir com o banco de dados deles através de comandos SQL.
A) SQL Injection.
B) SQL Relacional.
C) SQL Invertido.
D) Worm SQL.

A) Correto. SQL Injection.
B) Incorreto. (~~SQL Relacional~~).
C) Incorreto. (~~SQL Invertido~~).
D) Incorreto (~~Worm SQL~~).

Capítulo 4 – Redes TCP/IP

A Evolução da Telecomunicação

E eis que a telecomunicação, que antes era em sua maior parte executada por meio de fiações telefônicas de cobre, evolui para era da fibra ótica, passando do analógico ao digital...

E assim, com o tempo, as linhas telefônicas analógicas e as linhas de fax foram diminuindo. Os sistemas de PBX digital começaram a substituir os sistemas de telefone analógico.

A comunicação digital permitiu que voz, vídeo e dados compartilhassem a mesma banda larga. A consolidação da WAN simplificou o gerenciamento e reduziu os custos operacionais, o que tornou as comunicações digitais avançadas acessíveis para muitas organizações.

A transição para um mundo eletrônico mudou o modo de vida da sociedade global. Pessoas, famílias, empresas, educadores e todos os governos se comunicam de maneira diferente de como era antes; quase todos tem acesso fácil à Internet.

Quem consegue lembrar da antiga escuta ou grampo telefônico, aquele dispositivo que conectamos a uma linha de telefone para interceptar e espionar tudo que se passa por ela, sabe que medidas de proteção não é uma necessidade atual, apenas do mundo cibernético. Mesmo na era da telecomunicação analógica já existiam problemas de segurança. Agora, com a voz enviada por pacote IP, os riscos, ameaças e vulnerabilidades que se aplicavam ao sistema analógico também se adaptaram ao mundo digital. E as medidas de proteção também precisaram se adaptar e continuam se adaptando sempre, acompanhando essa evolução cibernética.

Na **primeira** década após a virada do milênio, a aceitação global da Internet e o então necessário uso dos protocolos TCP / IP resultou em outra relevante mudança: as comunicações de voz foram trocadas de sistemas PBX digitais para voz sobre IP (VolP). E daí em diante, a voz começou a trafegar em LANs e WANs. Essa mudança radical nas comunicações de voz trouxe suas próprias implicações de segurança que, com certeza, afeta quase todas as organizações de TI. Principalmente no que diz respeito à segurança da informação. É por isso que a especialização em Segurança Cibernética é tão necessária! É preciso entender as necessidades dos protocolos, de suas atualizações e extensão de capacidade para atender toda essa demanda do mundo digital.

Protocolo

Conceito

Imagine um palestrante falando sobre um tema específico para uma plateia composta por pessoas de todas as partes do mundo; portugueses, ingleses, franceses, brasileiros, russos, entre outros...

O detalhe é que cada participante só fala a própria língua, então, como fazer para que todos entendam as mensagens transmitidas e interajam entre si?

Para resolver essa desconexão específica a solução seria um fone tradutor de idiomas, pois assim o palestrante poderia falar em sua língua nativa e cada participante teria a mensagem traduzida para o seu dialeto.

Porém, se não existisse o fone tradutor, o ideal seria uma espécie de linguagem universal que todos pudessem entender.

Agora, pense nessa situação em uma rede de computadores, com fabricantes, sistemas operacionais e programações diferentes. Como podem interagir uns com os outros?

Aqui, nesse contexto, não temos os fones tradutores de idiomas. Mas temos um tipo de LINGUAGEM UNIVERSAL chamada PROTOCOLO, que é um conjunto de normas que governam a sincronização da comunicação dos computadores em uma rede.

E, entre os vários tipos de protocolos de rede de internet, temos dois que, juntos, permitem o envio e o recebimento de dados, de forma instantânea, em toda a internet, que são os protocolos TCP e IP.

Protocolos TCP e IP

Então, sabemos que:

- ⍰ PROTOCOLO – É um conjunto de normas que governam a sincronização da comunicação dos computadores em uma rede. Ou seja, é uma lista de regras e métodos para guiar a comunicação entre computadores.
- ⍰ FALHAS DE PROTOCOLO são vulnerabilidades que se tornam alvos de ataques, sequestros, roubos de senhas e vários tipos de crimes cibernéticos!

- ⍰ TCP (*TransmissionControl Protocol*) é o Protocolo de Controle de Transmissão; uma camada de transporte, que serve para transportar arquivos recebidos da camada anterior. É onde acontece a organização e a transformação dos arquivos em pacotes menores para serem enviados à rede.

- IP (Internet Protocol) é o Protocolo de Internet. É um protocolo de camada de rede, onde os arquivos que chegam empacotados da camada anterior são recebidos e anexados ao IP da máquina, para então serem enviados pela rede através da camada seguinte. O cabeçalho IP opera na Camada da Internet, que é onde ocorre o encapsulamento. O cabeçalho TCP opera na Camada de Transporte. A Camada da Internet é correspondente à Camada de Rede da camada OSI.

- TCP / IP, na prática, é um conjunto de protocolos que opera tanto na rede quanto no transporte nas camadas do modelo de referência OSI. São os protocolos que governam as atividades de Internet nas redes corporativas e domésticas; cada um com responsabilidades específicas e distintas. Os TCP/IP foram desenvolvidos pelo Departamento de Defesa dos EUA para fornecer uma infraestrutura de rede altamente confiável e tolerante a falhas. Na verdade, o foco principal era a confiabilidade, e não a segurança.

O TCP/IP, portanto, é a linguagem que os computadores usam ao se comunicar pela Internet. Eles trabalham juntos, dividindo as mensagens em pedaços, ou pacotes, para enviar para outro computador na rede. O problema é que os dados podem ser lidos no pacote IP, e, por isso, precisam ser criptografados, ocultados dentro dos pacotes TCP/IP para que possam trafegar com segurança.

Outros Tipos de Protocolos

IPv4 e IPv6

Variações do protocolo IP em suas versões 4 e 6:

- IP versão 4, ou IPv4, tem um espaço de endereço de 32 bits, e tem mais de 4 bilhões de endereços. Por não ter segurança embutida, é preciso que o IPsec, que é o protocolo de segurança, seja adicionado.

☐ IP versão 6, ou IPv6 tem um espaço de endereço de 128 bits, e tem mais de 6 vezes 10 elevado a 23 endereços por metro quadrado de superfície terrestre! E o IPsec faz parte da especificação, portanto é uma versão além de mais potente, mais segura.

A tendência é que o IPv4 vá cada vez mais sendo substituído pelo IPv6.

HTTP

HTTP (Hypertext Transfer Protocol) é o Protocolo de Transferência de Hipertexto, que atua na camada de aplicação. E é a base por onde o usuário inicia requisições, normalmente em navegação web (WWW) para obter os recursos desejados, como por exemplo: documentos em HTML, ou páginas na internet.

IPSec

O IPSec é um protocolo de segurança que foi projetado para possibilitar a conexão de sites com a devida proteção. Ou seja, ele aumenta a privacidade e confiabilidade dos dados que um usuário fornece em áreas da internet.
Mesmo em VPNs (Virtual Private Network), que são redes privadas sobre uma rede pública, podem existir aplicações de terceiros, como por exemplo, softwares com fins de varejo, sendo, portanto, fundamental usar o IPSec para garantir a segurança nas conexões. A funcionalidade VPN IPSec, inclusive,está integrada em muitos roteadores e firewalls, permitindo assim uma configuração fácil. Lembrando que as VPNs IPSec também oferecem benefícios como o acesso seguro através de dispositivos remotos, aumentando assim a produtividade dos usuários.

Vale ressaltar que os protocolos de segurança atuam nas redes de conexão internas e externas. E usam a criptografia como mecanismo para garantir que dados sejam transportados pelas redes de forma segura, com integridade e confidencialidade.

SSH

Outro protocolo de segurança é o SSH (Secure Shell), ou Shell Seguro. Protocolo criptográfico que opera serviços de rede, na plataforma cliente-servidor, com segurança, em uma rede insegura. O login remoto é o exemplo mais característico da função do SSH.

O termo técnico SHELL , em computação, é considerado genericamente a camada externa entre o usuário e o kernel (núcleo) de um sistema operacional. O termo Shell é mais usualmente utilizado para se referir aos programas de sistemas do tipo Unix que podem ser utilizados como meio de interação entre interface de usuário para o acesso a serviços do kernel no sistema operacional.

SSL

SSL (Secure Socket Layer), ou Camada de Soquetes Seguros, que é mais um protocolo de segurança bem conhecido de quem é do ramo de Cyber Security! Opera fornecendo privacidade e integridade aos dados, através da autenticação dos envolvidos no processo de comunicação nas redes de internet. Quando uma URL inicia com 'https', esse 's' no final significa que o SSL está sendo usado e o site é seguro; mas se não tiver o 's', for só o 'http' é melhor ficar atento e checar a confiabilidade do site.

TLS

TLS (Transport Layer Security). O TLS é uma evolução do Secure Sockets Layer, portanto, também é um protocolo que opera fornecendo privacidade e integridade aos dados, através da autenticação dos envolvidos no processo de comunicação nas redes de internet.

DNS

DNS (Domain Name System), ou Sistema de Nomes de Domínios, responsável por localizar e traduzir para números IP os endereços dos sites digitados nos navegadores.

VNC

VNC (Virtual Network Computing) - Protocolo de internet que permite a visualização de interfaces gráficas remotas através de uma conexão segura.

S/MIME

S/MIME (Secure/Multipurpose Internet Mail Extensions). O S/MIME opera na camada de aplicação, criptografando de forma assimétrica as mensagens dos e-mails, possibilitando também a assinatura digital para atestar a legitimidade do remetente.

VOIP

VOIP (Voice Over Internet Protocol), ou Voz sobre IP. É o roteamento da transmissão de uma conversação em voz na internet ou em redes IP.

SNMP

SNMP (Simple Network Management Protocol), ou Protocolo Simples de Gerência de Rede. Protocolo da internet que gerencia dispositivos conectados em uma rede IP.

SMTP

SMTP (Simple Mail Transfer Protocol), ou Protocolo de transferência de Correio Simples, que é o protocolo para envio de e-mails de um computador para outro via internet.

POP3

POP3 (Post Office Protocol 3). É um protocolo TCP/IP usado especificamente para fazer o download de e-mails no servidor e ter como visualizá-los offline.

UDP

UDP (User Datagram Protocol). É um protocolo considerado não confiável, que atua na camada de transportes, possibilitando que a aplicação envie datagramas encapsulados, em pacotes IPv4 e IPv6. Mas o grande problema com esse protocolo é que ele não garante que o pacote seja entregue de forma correta.

FTP

FTP (File Transfer Protocol), em português: Protocolo de Transferência de Arquivos. Como o nome sugere, é a conexão que permite a transferência de arquivos entre computadores nas redes de internet.

ARP

ARP (Address Resolution Protocol), em português: Protocolo de Resolução de Endereços, usado para converter endereços da camada de rede em endereços para camada de enlace/link.

Desafio e Resposta

Desafio e Resposta é um protocolo de autenticação que lança uma pergunta para receber da outra parte uma resposta válida; pode ser usado para validar logins, por exemplo.

Ethernet

Ethernet é o protocolo de rede que gerencia o método de comunicação entre computadores e dispositivos. O Instituto de Engenheiros Elétricos e Eletrônicos (IEEE) o define como Protocolo 802.3. É usado na camada de enlace e de link de dados. A ethernet faz a conexão em redes locais, LANs, usando placas de rede sem fio ou com o cabo ligado diretamente no computador.

Falando em ethernet, não podemos deixar de lembrar como eram as antigas redes ethernets, há décadas atrás, em que os computadores eram conectados a um fio único, tendo que brigar um com o outro pelos turnos disponíveis para conexão e uso! Ainda bem que a tecnologia evoluiu e as redes ethernets modernas agora usam conexão dedicada para cada sistema, com um fio que conecta cada computador a um switch controlador da LAN. O protocolo ethernet é o padrão que governa as camadas física e de enlace de dados do modelo OSI, e define como os computadores usam os endereços MAC para se comunicarem uns com os outros na rede.

Endereçamento IP

Vimos que o protocolo IP é o que nos possibilita o acesso à internet, e como a tecnologia está sempre evoluindo, expande também o CIRCUITO VIRTUAL, ou conexão virtual, que é o mecanismo de transporte de dados nas redes com troca de pacotes entre os pontos de conexão. Com isso, cresce junto a necessidade de ir atualizando esses processos e mecanismos de conexão, por isso vão sendo revisadas e lançadas novas versões dos protocolos, para garantir que essas necessidades que vão surgindo em meio a essa evolução sejam atendidas.

O protocolo IP, tecnicamente falando, é uma combinação de números que estabelece a conexão de um computador com outro computador na rede, ou seja, cada usuário que fica online recebe uma numeração, que é um código único, como se fosse o CPF de um cidadão. Esse código é o endereço IP, pelo qual o usuário online consegue receber e enviar dados a outros usuários que também estejam conectados.

Uma das funções principais dos protocolos da camada de rede é fornecer o endereçamento. A camada IP faz esse endereçamento com TCP / IP.

Os endereços IP têm quatro bytes que identificam exclusivamente cada dispositivo na rede. Em cada endereço IP existe um endereço de rede e um endereço de host. Por exemplo: O endereço IP 192.168.10.1 indica o endereço de rede 192.168 e o endereço do host 10.1.

A linha divisória entre a rede e o endereço do host pode variar de acordo com a forma que o administrador configura a rede. Em redes particulares, o parâmetro de configuração de rede que define essa linha divisória é a máscara de sub-rede.

E, como cada computador precisa de seu próprio endereço IP, esse controle de atribuições de endereços pode ser demorado. Por isso, muitas organizações usam o Protocolo de Configuração Dinâmica de Host (DHCP) para simplificar a configuração do computador de cada usuário. Ou seja, o DHCP permite que o computador obtenha suas informações de configuração de rede de forma dinâmica, sem precisar do administrador de rede para esse fornecimento. O DHCP fornece ao computador um endereço IP, máscara de sub-rede e outras informações essenciais de comunicação. Essa praticidade acaba até mesmo otimizando o trabalho do administrador de rede, que fica com uma tarefa a menos para executar!

ICMP

Após a configuração de todos os componentes de rede, é preciso monitorar o desempenho e a "saúde" da rede.

O Internet ControlMessage Protocol (ICMP) é um protocolo que gerencia o controle da rede IP, entregando mensagens entre hosts com relatórios da rede. As mensagens ICMP carregam informações sobre os hosts que podem alcançar, informações sobre roteamento e atualizações.

PING E TRACEROUTE

O ICMP tem duas ferramentas para ajudar a executar suas atividades, que são: ping e traceroute.

PING

O comando ping envia um único pacote para um endereço IP de destino denominado: solicitação de eco ICMP.

Este pacote é equivalente a uma pergunta do tipo: "Você está aí? ''. E o computador do outro lado pode responder a essa solicitação com um "sim", com um pacote de resposta de eco ICMP, ou pode ignorar a solicitação.

O comando ping pode ser usado por invasores para identificar alvos para um ataque futuro. É por conta dessa vulnerabilidade que muitos administradores de sistema configuram os computadores para ignorar todas as solicitações de ping.

TRACEROUTE

Já o comando traceroute usa pacotes de solicitação de eco ICMP com outra finalidade: a de identificar o caminho que os pacotes percorrem na rede. Esses pacotes podem trafegar por rotas diversas, de ponto a ponto em uma rede.

Como o comando traceroute exibe o caminho que o pacote faz, é possível identificar a fonte dos problemas que surgem na rede.

> ▢ Ponto a Ponto (peer-to-peer) – Refere-se à arquitetura de redes em que cada ponto ou nó atua tanto como cliente como servidor, possibilitando compartilhar serviços e dados sem precisar de um servidor central; é um modelo de rede mais adequado para armazenar dados imutáveis, já que a atuação com objetos mutáveis é mais complexa, porém pode ser resolvida com uso de servidores confiáveis gerenciando a sequência de versões e identificando a versão corrente. Exemplo de uso: Para compartilhar dados, imagens, músicas, vídeos, ou qualquer outra coisa em formato digital.

ATAQUE *SMURF*

O ICMP também pode ser usado por invasores para um ataque de negação de serviço contra a rede. É o famoso ataque *smurf*! O nome é em homenagem a um dos primeiros programas que o implementou.

O ataque *smurf* envia pacotes de solicitação de eco ICMP falsificados para um endereço de host na rede, então espera a resposta. Se as respostas forem suficientes, o invasor consegue desativar a conexão *dial-up*. Mas é fácil se defender desse tipo de ataque! Basta configurar a rede para ignorar as solicitações de eco ICMP enviadas para endereços de *broadcast*.

Nós

E sabendo que o TCP/IP são protocolos de transmissão de dados na internet, somos remetidos à reflexão sobre como todo esse processo de conexão acontece. Por isso, vamos abordar os nós, que originam toda conexão.

Como o próprio nome sugere, um "nó" é um ponto de conexão, que pode ser de redistribuição ou de terminal de comunicação, dependendo da camada de protocolo e da rede.

Dessa forma, temos:
- NÓ DE DESTINO, pois, se temos um par de nós e temos um caminho disponível na rede para ligar um ao outro, temos uma conexão, portanto, um nó de destino é o que está no final do caminho de conexão. E, também temos o:
- NÓ DE ORIGEM, que, obviamente, é o que está no início do caminho da conexão, onde se origina a sessão de comunicação.

Então, considerando uma comunicação de dados, um nó é um ponto físico, um equipamento, um dispositivo eletrônico, por meio do qual é possível enviar, receber ou transmitir informações.

Exemplo de nó:
- DCE (de circuito de terminação de dados), do tipo modem, hub, bridge, switch;
- DTE (de terminal de dados), do tipo telefone digital, impressora, roteador, servidor, estação de trabalho ou um computador host.

Portanto, um nó é um ponto de interconexão direto com outra estrutura ou com várias estruturas dentro de uma rede, independentemente do tipo de equipamento que é, e da função que desempenha.

Hubs e Switches

Os hubs e switches são dispositivos que conectam os computadores em uma LAN.

HUBS

Os hubs são dispositivos simples de rede. É um equipamento do tipo concentrador, com várias portas para conectar cabos de computadores e possibilitar a comunicação em rede entre eles. Um hub representa o componente central, com o qual uma rede baseada em topologia em estrela pode ser construída. O principal motivo do hub ser cada vez menos usado é porque não é capaz de reconhecer nenhuma informação de endereço. Portanto, um hub envia tráfego de rede, que é destinado a um host específico, para todos os outros hosts na rede. Por esse motivo, a rede ficará sobrecarregada quando muitos hosts quiserem se comunicar, causando congestionamento e reduzindo a velocidade da rede para todos os usuários. Por isso se diz que a natureza simples de um hub também é sua principal desvantagem, já que cria muito congestionamento de rede ao retransmitir tudo o que ouve.

Os hubs contêm um número de plugs (ou portas), onde é possível conectar cabos ethernet para diferentes sistemas de rede. Porém, assim como as redes Ethernet danificam todos os sistemas quando conectados ao mesmo fio, com um hub acontece a mesma coisa.

SWITCHES

Switch é o equipamento central que conecta os outros computadores em uma rede.

Os switches realizam a mesma função básica de um hub, de conectar vários sistemas à rede. Porém, os switches têm um recurso adicional que faz toda diferença: conseguem fazer filtragem inteligente. Os switches reconhecem o endereço MAC do sistema conectado a cada porta. E quando recebem um pacote na rede, olham para o endereço MAC de destino e enviam o pacote apenas para a porta destinatária. É um recurso inteligente que otimiza o desempenho da LAN. Os switches, inclusive, são mais baratos e oferecem melhores resultados. É por isso que é muito mais usado que o hub para conectar sistemas em redes locais.

Roteadores

O roteador é outro equipamento que também pode atuar como um nó, como um ponto de conexão, independente de sua função como um terminal de dados (DTE).

Enquanto dispositivo, um roteador pode conectar duas ou mais redes, e trocar, de forma seletiva, pacotes de dados entre elas. Ou seja, pode conectar uma LAN a uma WAN, e ainda examinar os endereços de rede para decidir para onde enviar cada pacote de dados. É por isso que os roteadores devem ser colocados em locais estratégicos dentro da arquitetura de rede, para não afetar negativamente as configurações de escolhas. De acordo com esses locais e funções específicas é que os roteadores são classificados. As classificações mais básicas são os de fronteira e os internos. Os roteadores de fronteira ficam sujeitos a um ataque direto de uma fonte externa. Já os roteadores internos, podem fornecer:

- Recursos melhorados para suas redes internas;
- Tráfego de sub-rede separado. Por exemplo: um roteador interno que fica entre a rede de um departamento financeiro da organização e a rede geral de acesso a todos os funcionários de todas as áreas. Esse roteador interno consegue manter as duas redes separadas, mantendo o tráfego confidencial isolado, dentro apenas da rede do departamento financeiro. Ou, como também pode fazer o contrário, nesse mesmo

exemplo, impedindo que tráfegos da rede geral não referentes ao setor financeiro não invadam a rede da área financeira. Ou seja, pode isolar o tráfego dentro ou fora da sub-rede.

Além dos roteadores de fronteira e dos roteadores internos também temos os roteadores de borda, que são equipamentos responsáveis pelo tráfego de dados na internet, mais especificamente o encaminhamento de dados.

Configurando um Roteador...

Ao configurar qualquer roteador, é preciso determinar um único ponto de defesa ou várias camadas de defesa. Lembrando que, uma defesa multicamadas é muito melhor e mais segura, porque um roteador configurado com um ponto solitário de defesa pode até conseguir proteger os recursos, mas está sujeito a ataques.

Tudo depende da necessidade de funcionamento do roteador, ou seja, o roteador pode ser configurado apenas para permitir a passagem do tráfego ou para também proteger recursos internos. E, para garantir essa proteção, os roteadores convertem os endereços privados da rede interna em endereços públicos para a rede externa, usando:

  🔲 NAT (*Network Address Translation*), em português: Tradução de Endereço de Rede, que também é conhecido por "masquerading"; uma técnica que reescreve os endereços IP, por meio de uma tabela *hash*, ao passar o tráfego de um computador de rede interna para uma rede externa.

Ressaltando que um dos objetivos originais do NAT era compensar a falta de endereços IP. Hoje o NAT ajuda com a segurança, ocultando o verdadeiro endereço IP de um dispositivo. Dessa forma, um invasor tem mais dificuldade em identificar o layout das redes por trás de um roteador ou de um firewall que usa NAT.

Além da conversão do endereço IP com NAT, o roteador também pode filtrar os pacotes de dados para otimizar a segurança.

Quando configurado para atuar como um roteador de segurança, as medidas de proteção possíveis são:
- Conversão dos endereços IP com NAT;
- Filtragem dos pacotes de dados.

A filtragem de pacotes de dados, que também pode ser efetuada por um firewall, acontece a cada recepção de um pacote. Então, o dispositivo compara o pacote recebido com a lista de regras que foi configurada pelo administrador da rede. Essas regras dizem ao dispositivo (roteador ou firewall) se deve permitir o pacote na rede ou se deve negá-lo. Se não houver uma regra que permita especificamente o pacote, o dispositivo o bloqueia. Vale lembrar que, infelizmente, nenhuma tecnologia isolada é uma "bala de prata" na guerra contra os "vampiros" cibernéticos! Essas medidas de proteção dos roteadores fornecem alguma defesa contra ataques básicos, mas é preciso reforçar a segurança com o uso de outras tecnologias de proteção de dados, como os firewalls, por exemplo.

Ligação de Nós

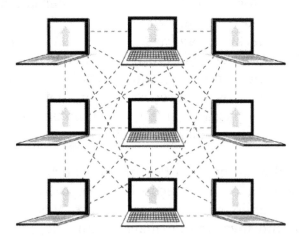

Os nós podem se ligar uns aos outros por link direto ou por topologia estrela.

- LINK DIRETO é uma forma de configuração mais cara, porém com alto grau de confiabilidade, pois trata-se de uma topologia de malha completa, com vários caminhos para dados, fornecidos pelos links redundantes em grande quantidade entre os nós. Dessa forma, torna-se mais difícil de escalar.

- TOPOLOGIA ESTRELA - A escalada é mais fácil. Os nós, por se ligarem ao switch, no centro, e terem todos seus dados transitando por ele, ficam mais suscetíveis. É um ponto único de falha, deixando um gargalo na rede para vulnerabilidades. Porém é uma configuração mais em conta e, por isso, bastante utilizada.

Elementos da Topologia Estrela

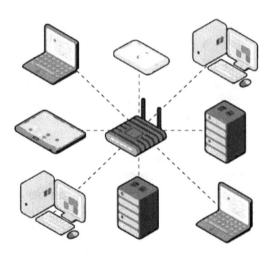

Para compor uma topologia estrela são necessários alguns elementos, como:

- ENDEREÇAMENTO FÍSICO: MAC, como um BSSID, por exemplo, que é um endereço MAC de um adaptador sem fio ou de um ponto de acesso;
- TABELA CAM, ou tabela de memória endereçável de conteúdo, para construir a

memória do sistema e armazenar os endereços MAC.

- As tabelas CAM ficam no switch (dispositivo central), facilitando a comunicação entre todos os dispositivos conectados;
- Um GATEWAY (roteador AKA), checando as rotas para quando houver a necessidade de troca de rota, como por exemplo quando a rota primária fica inoperante e é preciso usar o protocolo de roteamento alternativo, para definir a rota mais apropriada para o destino pré-definido e assim normalizar as conexões.

- ROTEAMENTO ALTERNATIVO é a busca por rotas alternativas na rede, quando a rota direta fica indisponível;

- ENDEREÇAMENTO LÓGICO: O endereço IP, que é a numeração que identifica um dispositivo conectado, podendo ser tipo público ou privado. Ressaltando aqui a necessidade do NAT para traduzir os endereços privados para públicos, garantindo a segurança e conservação deles. Lembrando que NAT é uma técnica que reescreve os endereços IP, usando uma tabela *hash* para converter um IP privado em público, ao passar por um roteador ou por um firewall, no acesso entre uma rede interna para uma rede externa. O NAT traduz um endereço privado em um endereço público, ou seja, usa um endereço IP público alternativo para ocultar o endereço IP real de um sistema.

- ENDEREÇO PRIVADO – Identifica um dispositivo dentro da rede interna, mas não é válido na internet. Por isso precisa do NAT para traduzir o endereço privado em um endereço público na conexão entre redes internas e externas.

- ☐ ENDEREÇO PÚBLICO – É a identificação IP na rede externa, na internet. Inclusive, um endereço IP privado, de uma rede interna, para acessar a internet, precisa ser traduzido para um endereço público.

Continuando com os elementos que compõem uma topologia estrela, temos:

- ☐ Um domínio (de transmissão) broadcast, para que um dispositivo possa se comunicar com o outro sem precisar de um roteador, já que os switches com suas tabelas CAM apesar de filtrar os endereços MAC, não filtram os endereços de broadcasts.

- ☐ *BROADCAST* é um endereço lógico através do qual todos os dispositivos conectados recebem as mensagens que são enviadas para ele;

- ☐ DOMÍNIO DE BROADCAST - É um segmento lógico com capacidade de conectar rede e computadores ou dispositivos sem necessidade de roteadores;

- ☐ PROTOCOLO DE RESOLUÇÃO DE ENDEREÇO – ARP (*Address Resolution Protocol*), em português: Protocolo de Resolução de Endereços, usado para converter endereços da camada de rede em endereços para camada de enlace/link. Isso quer dizer que o ARP gerencia o mapeamento dinâmico dos endereços IP em endereços MAC, da camada de rede com a camada de link de dados. Lembrando que o ARP funciona sendo enviado de um dispositivo para outro em forma de uma pergunta ARP, por exemplo: O computador "X" envia um ARP questionando o MAC para um computador "Y" de IP definido; todos os computadores conectados recebem a mensagem porque a pergunta é enviada em forma de broadcast, mas só o Y reconhece seu número de IP e responde. Quando o computador Y responde informando o MAC esse mapeamento com todos os endereços é armazenado na tabela ARP de cada um, para uso como cache em momentos posteriores. E como a pergunta vai em forma de ARP-broadcast, e todos recebem, existe risco de ser interceptada; é o famoso 'man-in-the-middle', que é um tipo de ataque em que o hacker intercepta os dados da vítima, acessa, recebe e envia dados sem que seja detectado até a transação ser completada. Geralmente, o alvo mais comum é onde tenha dinheiro. Por exemplo: Supondo que você já tem um "homem-no-meio" do seu roteador lhe espionando, e então você fecha um negócio e envia por e-mail seus dados bancários para o seu cliente fazer o depósito do seu pagamento. O hacker intercepta sua mensagem e altera os dados informando a conta bancária dele... E aí...o final você já sabe, não é?

Modelo OSI

O Modelo OSI (*Open Systems Interconnection*) éum modelo padrão de camadas, adotado e oficializado pela ISO/IEC. É o modelo vigente e usado até hoje na tecnologia da informação, referência para construções de redes, composto por 7 camadas, que atuam como em um intercâmbio, em que a camada de baixo se comunica com as camadas acima.
E essas 7 camadas são:
- Camada de Aplicação;
- Camada de Apresentação;
- Camada de Sessão;
- Camada de Transporte;

- Camada de Rede;
- Camada de Link de Dados, também conhecida como Camada de Enlace;
- Camada Física.

Para facilitar essa percepção, podemos fazer uma comparação lúdica com as camadas da pele do nosso corpo, sendo a epiderme a camada mais externa, que podemos tocar, assim como a camada de aplicação em uma rede, que é a mais externa e que faz a conexão dos dispositivos do usuário com a rede.

E, com base nesse Modelo OSI, temos o Modelo TCP/IP, que possui apenas 4 camadas:
- A primeira camada do Modelo TCP/IP é a de aplicação, que corresponde a 3 camadas do Modelo OSI (que são as de aplicação, apresentação e sessão);
- A segunda camada é a de transporte, em seguida vem;
- A camada de internet;
- A camada de link.

OSI model	TCP/IP model
Application layer Presentation layer Session layer	Application layer
Transport layer	Transport layer
Network layer	Internet layer
Data link layer	Link layer
Physical layer	

Tentando visualizar uma rede com essas divisões em camadas fica mais fácil entender como acontecem os processos de transmissão de dados e conexão na internet, já que cada camada desempenha uma função diferente, passando a "bola", ou melhor, os "dados" para a próxima camada, para, juntas, dar conta de todo o trabalho, como em um time de futebol, onde cada jogador faz a sua parte, do goleiro na defesa ao atacante no chute ao gol, trabalhando de forma individual, independente, porém em equipe, de forma sincronizada, para obter o mesmo resultado, que no caso das redes de computadores, o gol é a interconexão na rede de internet.

Essa compartimentalização de rede, que é a divisão da rede em camadas, otimiza não só o tráfego dos dados como também fortalece a segurança, já que fica mais difícil o acesso para os invasores, que precisam ir escalando camada por camada, sendo mais fácil também a aplicação de medidas de proteção para cada camada específica.

Camadas do Modelo OSI

As camadas do Modelo OSI e suas funções:

☐ CAMADA DE APLICAÇÃO - Gerencia a interface entre os aplicativos do usuário final e os serviços de rede (nessa camada se origina o nível de aplicação, por exemplo, o Proxy);

E aí você pode se perguntar: Um usuário jogando paciência no computador dele é um exemplo de operação na camada de aplicação? E a resposta é: Não, porque esse tipo de game não precisa de rede para funcionar, o usuário joga off-line mesmo. Apesar de estar sendo usado na plataforma de usuário final, esse tipo de game não é um serviço de rede. Então, cuidado com essa percepção! A função da camada de aplicação é fazer essa interface entre os aplicativos do usuário final com os serviços de rede. Lembrando que a unidade da camada de aplicação são os dados. Ressaltando que é nessa camada que se origina o chamado:

☐ NÍVEL DE APLICAÇÃO - É quando, por exemplo, um nível de aplicação proxy cria um firewall seguro e permeável para acesso de usuários autorizados sem criar brecha na segurança para hackers. Lembrando que o proxy nos permite essa solução tão prática, camuflando o endereço de onde estamos acessando a internet, funcionando como se fosse um representante do seu ID. Ou seja, usar um proxy é como se você assinasse uma procuração permitindo que ele lhe represente. Assim, você pode acessar sites na China fingindo que está no Brasil. A questão é que um servidor proxy pode ocasionar vulnerabilidades nesse trânsito de informação entre o seu computador e a internet. E aí a importância do firewall, que atua como uma verdadeira parede de fogo para impedir pacotes de redes não confiáveis, permitindo assim que o servidor proxy atue com mais segurança em seu tráfego de dados.

☐ CAMADA DE APRESENTAÇÃO - Onde ocorre a codificação dos dados, gerenciando os formatos dos arquivos e apresentação dos caracteres. A unidade dessa camada também são os dados.

- ▢ CAMADA DE SESSÃO - Gerencia as sessões de comunicação entre os computadores na rede. Ou seja, ela cria, mantém e desconecta as sessões de comunicação entre os processos. Sua unidade também são os dados.
- ▢ CAMADA DE TRANSPORTE - Quebra os dados em pacote e transmite-os pela rede. Também gerencia o controle dos fluxos e checagem dos erros. A unidade da camada de transporte é o segmento. Gerencia a comunicação entre processos e endereços no nível de processos.
- ▢ CAMADA DE REDE - Gerencia os links entre redes e endereços lógicos. A unidade da camada de rede é o datagrama.
- ▢ CAMADA DE LINK DE DADOS - Gerencia links entre dispositivos locais, acesso à mídia e endereços de hardware. É nessa camada que são usados os endereços MAC (lembrando que MAC é a sigla de *Media AcessControl;* endereços físicos e únicos, que os fabricantes atribuem a cada dispositivo). A unidade da camada de link de dados é o quadro.
- ▢ CAMADA FÍSICA - Gerencia o movimento de bits sobre o meio; faz a sinalização deles. Ou seja, é responsável pela operação física da rede, traduzindo os bits da linguagem do computador para a linguagem do meio de transporte. Em casos de cabos de rede de cobre, a tradução é feita em pulsos elétricos; e em casos de fibra ótica a tradução dos dados se faz em radiações eletromagnéticas, luz. A unidade da camada física são os bits.

OSI Layer	Main Functionality	Unit
Application Layer	Manages the interface between applications and networking seriuces	Data
Presentation Layer	Manages common presentation formats of data	Data
Session Layer	Manages session between process	Data
Transport Layer	Manages communication between process and process-leuel- addresses	Segment
Network Layer	Manages links between networks and logical addresses	Datagram
Data Link Layer	Manages links local deuices, media access and hardware addresses	Frame
Physical Layer	Manages the mouement of bits ouer the medium	Bit

Como os Protocolos Atuam nas Camadas

Confira alguns exemplos dos principais protocolos de rede, e como se encaixam nos modelos de referência OSI e TCP:

- HTTP, SSL / TLS, S / MIME, SSH, DNSsec. Camada de Aplicação. Exemplo: Protocolo de transferência de hipertexto (HTTP); Fundação para a World Wide Web (WWW).

- XDR, TLS. Camada de Apresentação. O TLS é um protocolo de segurança projetado para fornecer segurança nas comunicações sobre uma rede. O XDR permite que os dados sejam empacotados em uma arquitetura de maneira independente para que o dado seja transferido entre sistemas de computadores heterogêneos, ou seja, são portáveis entre diferentes sistemas operacionais.

- API-sockets e Sockets. Camada de Sessão.
  Exemplo: Interface de programação de aplicativos (API);
  permite que programas aplicativos controlem e usem
  sockets de rede.

- TCP, SSL /TLS . Camada de Transporte. Exemplo: Protocolo
  de Controle de Transmissão e Secure Sockets Layer; um
  protocolo que criptografa informações na Internet.

- IP, IPsec, IPv6, ARP . Camada de Internet e Rede. Exemplo:
  Protocolo de Controle de Transmissão e Protocolo de
  Internet. O Address Resolution Protocol (ARP), é um
  protocolo de resolução de endereços padrão da
  telecomunicação da camada de internet.

- Ethernet, IEEE 802.3, WEP, WPA2 . Camada de Link de
  Dados. Exemplo: Acesso Múltiplo Carrier Sense. Colisão.
  Detecção (CSMA / CD). Que define a camada física e o
  controle de acesso à mídia (MAC) da camada de link de
  dados da Ethernet com fio. (Equivalente a Wi-Fi: 802.11a, b
  / g, n)

- 1000BASE-T, entre outros. Camada Física. Exemplo: Linha
  fixa (como: cabo, LAN, WAN) ou conexão sem fio.

Categorias de Riscos de Segurança de Rede

Sabemos que qualquer tráfego de dados é alvo de ataque potencial. E é por isso que é tão fundamental a atenção focada em segurança de rede.

CATEGORIAS DE RISCO

De uma forma geral, classificamos os riscos de segurança de rede em três principais categorias. São elas:
- Reconhecimento;
- Espionagem;

🞏 Negação de serviço.

Cada uma dessas categorias de riscos tem impactos diferentes em relação à disponibilidade, integridade e confidencialidade dos dados que são transportados pela rede.
Esses riscos podem afetar não só a segurança dos dados trafegados, mas também coloca a própria rede em perigo!

Reconhecimento de Rede

Reconhecer uma rede significa coletar informações sobre uma rede para usá-las em um futuro ataque. Geralmente, é assim que fazem os hackers maliciosos chamados de blackhat; eles exploram as vulnerabilidades de segurança da rede antes de atacá-las.

Imagine um exército que deseja atacar um país. O exército de ataque precisa de muitas informações antecipadas para que possa ter sucesso em suas investidas, como por exemplo: terreno, localização de estradas, trilhas, cursos d'água, tipos de defesas e armas inimigas, fraquezas no perímetro do inimigo, procedimentos de permissão de acesso no perímetro, enfim. Da mesma forma, acontece com um invasor de redes, que precisa saber de muitas coisas antes para melhor planejar o seu ataque, como por exemplo:
🞏 Os endereços IP usados na rede;
🞏 Os tipos de firewalls e outros sistemas de segurança da rede;
🞏 Quais são os procedimentos de acesso remoto;
🞏 O sistema operacional dos computadores conectados à rede;
🞏 As vulnerabilidades nos sistemas da rede.

O "normal" é não disponibilizar essas informações para um invasor. Mas, infelizmente, os hackers têm várias ferramentas que os ajudam a obter as informações que precisam. Já vimos que é fundamental bloquear as solicitações de eco ICMP que chegam de fora da rede, pois, justamente, impede que invasores usem as ferramentas ping e traceroute de forma maliciosa para coletar informações. Por isso os sistemas precisam ser configurados de forma que forneçam o mínimo de informações possível para estranhos! É assim que é possível mitigar os ataques de reconhecimento de rede.

Essa técnica quando aplicada como fator de segurança, ou seja, pelo outro lado da lente, como por um administrador de rede ou profissional de segurança, é chamada de:

- PEGADA EXTERNA. Analisar a pegada externa de uma rede é escanear as informações que formam o seu perfil, como os nomes dos domínios, os intervalos IP, os sistemas operacionais, aplicativos, hosts, enfim, todos os elementos que compõem a rede e que por vezes podem passar despercebidos pelos administradores, deixando aí gargalos de vulnerabilidade.

Escuta de Rede

Já abordamos aqui os riscos nos sistemas analógicos e a facilidade de grampear um telefone, sendo preciso apenas conectar um cabo ao telefone comutador, conectando um fone para ouvir as chamadas. Era assim as espionagens de escuta antigamente, ações bem exploradas em filmes de ação... Embora utilize uma tecnologia mais complexa, a escuta de rede também é simples; basta que o invasor tenha acesso físico a um cabo para ver todos os dados que trafegam nele, violando assim a confidencialidade das informações da rede. Mas, sim, também é possível mitigar esses tipos de riscos e proteger a rede contra ataques de escuta! Para mitigar os riscos de escuta de rede, devemos:

• Limitar o acesso físico aos cabos de rede;
• Usar redes comutadas, para que o invasor veja apenas as informações enviadas de ou para o computador conectado ao cabo grampeado;
• Criptografar dados confidenciais, porque assim o invasor poderá até ser capaz de ver os códigos, mas não será capaz de decifrá-los.

Nem sempre um invasor quer invadir uma rede ou roubar seus dados; as vezes, o que ele quer é simplesmente impedir que a rede seja usada. Imagine uma organização que precisa de suas redes para continuidade das operações e negócios; o tamanho do problema que é ter os serviços de rede negados, não conseguir utilizá-los? É, sem dúvida, uma tática eficaz de crime cibernético. Para isso, os crackers tem dois métodos, que são os mais usados em ataques de negação de serviço:

- Inundar uma rede com tráfego;
- Desligar um único ponto de falha.

Pense em uma rede como um cano e os dados passando por dentro dele. Com essa comparação, fica mais fácil perceber a capacidade de volume de transporte dentro da rede. Ou seja, bastam poucos dados para ultrapassar o limite de tráfego. E, enviando mais dados que sua capacidade suporta, a rede fica obstruída e inutilizada. Por isso inundar uma rede é o método mais simples e queridinho dos crackers! É assim que eles criam facilmente ataques de negação de serviço, somente enviando mais dados por uma rede do que ela pode controlar.

- DoS (DenialOf Service), em português: Ataque de Negação de Serviço, em que o objetivo é, justamente, deixar o alvo inacessível. Mas o DoS acontece não apenas em redes; pode ser em um servidor, um sistema, um computador, enfim!
- DDoS é uma variação do DoS, acrescentando o "D" de "Distribuído", ou seja: "Ataque Distribuído de Negação de Serviço", que é uma evolução do DoS e acontece com o envio de várias fontes, com um alto volume de dados ao mesmo tempo, sendo mais potente e conseguindo deixar o alvo inacessível por mais tempo.

Existem muitos sistemas ao redor do mundo que possibilitam um hacker blackhat inundar uma rede usando DDoS. E assim, dificultando a distinção do tráfego legítimo do tráfego de ataque, ele consegue ganhar tempo, atrasar a defesa e paralisar a rede.

Temos exemplos que marcaram a história do e-commerce, como aconteceu no ano de 2009 com a Amazon.com, o Wal-Mart e a Expedia, que sofreram um ataque de negação de serviço e ficaram offline por cerca de uma hora, bem em meio a uma temporada de compras de um feriado. O prejuízo na receita foi enorme, porque os clientes migraram para outros sites de varejo.

Conseguir proteger a rede contra um ataque de negação de serviço não é fácil... A medida mais óbvia é garantir uma largura de banda de internet ideal para suportar o tráfego e possíveis extras indesejáveis. Tentar detectar os ataques o mais cedo possível também é uma forma de mitigar o estrago. Além também de bloquear o tráfego de entrada antes que a rede seja paralisada.

Entre as ferramentas básicas de defesa de segurança de rede, podemos citar hardwares e softwares como: firewalls, redes virtuais privadas (VPNs) e controle de acesso à rede.

Firewalls

Firewall é um equipamento que controla o fluxo de tráfego na rede, impedindo a entrada ou saída de um tráfego não autorizado. Assim como vimos com os roteadores, os *firewalls* também devem ser colocados em locais estratégicos de acordo com a funcionalidade desejada. Ou seja, um *firewall* colocado em uma rede interna pode ser usado também para controle de segurança, permitindo que somente usuários autorizados consigam acessar os ativos da organização. Lembrando também que não podemos esperar que os *firewalls* sozinhos resolvam todos os problemas de segurança, são apenas elementos na composição das estratégias de proteção. E embora não consigam solucionar tudo, adicionam um impedimento bem eficiente na guerra contra os hackers criminosos.

Firewall com Estado e *Firewall Sem Estado*, ou, como são mais conhecidos, *Firewall Stateful* e *Stateless*, são os tipos de filtragem que construíram a base de desenvolvimento e de evolução das soluções atuais de *firewall*. O filtro *stateless* não enxerga as conexões, por isso não sabe de onde saíram os pacotes e onde irão entrar, precisando, portanto, checar todos os pacotes que passam pelo firewall. Já o filtro *stateful*é uma evolução do *stateless*, e enxerga as conexões com suas saídas e entradas, diminuindo assim os riscos de *spoofing*, quando invasores conseguem forjar informações referentes à conexão; um dos mais populares ataques cibernéticos! Um *hacker* finge ser outra pessoa, no caso a vítima, para roubar os dados dela, invadir os sistemas e infiltrar *malwares*. Programar a retransmissão de e-mails pelo servidor é uma forma de prevenir *spoofing*, pois a técnica *blackhat*forja o cabeçalho do e-mail fingindo o remetente para fins maliciosos.

Voltando aos *firewalls*, eles também podem ser usados para separar redes privadas da internet, e também para separar diferentes redes privadas umas das outras.

REGRAS

Os *firewalls* possuem regras que definem que tipo de tráfego pode reunir e permitir passagem na rede, ou seja, são essas regras que definem que tipo de tráfego é permitido ou não na rede. As regras são predefinidas e não podem ser alteradas por quem não têm permissão, tanto para porta de entrada (da internet para o computador) quanto para porta de saída (do computador para internet).

Então, cada vez que um *firewall* recebe uma mensagem, faz a checagem com essas regras para detectar se está de acordo ou não, e se deve ser liberada ou bloqueada (caso não esteja de acordo com as regras).

Vamos entender melhor os tipos de *firewalls* e as funções que desempenham na topologia estrela:

- ☐ *Firewalls* de filtragem de pacotes – Atuam comparando o tráfego recebido com as regras que definem o que pode ou não passar pelo firewall. Lembrando que essa decisão é tomada em relação a cada pacote de dados que chega, e, como firewalls de filtragem são muito básicos, não possuem memória de pacotes passados;

- *Firewalls* de inspeção de estado – Já um firewall de inspeção de estado lembra das informações em relação ao status de uma comunicação de rede. Ou seja, o firewall recebe o primeiro pacote em uma comunicação e lembra dessa sessão de comunicação até que seja encerrada. Devido a esse atributo de memória, esse tipo de firewall não precisa verificar as regras cada vez que recebe um pacote; verifica apenas quando se trata de uma nova sessão iniciada.

- *Firewalls* de proxy de aplicativo - Vão ainda mais além dos firewalls de inspeção de estado! Porque abrem conexões separadas com cada um dos sistemas de comunicação e, em seguida, atua intermediando (como um proxy) entre os dois. Essa possibilidade é considerada um grau adicional de proteção, é uma inspeção profunda de pacotes de dados, já que o firewall consegue analisar até as informações do aplicativo e, com base nessas informações, decide se permite ou não o tráfego.

O tipo de *firewall* a ser usado, portanto, vai depender das funções necessárias. Por exemplo: Para proteger um data center que precisa ser altamente seguro e que hospeda aplicativos da web, um *firewall proxy* de aplicativo é o mais indicado. Porém, para demandas mais básicas, como o controle e proteção de uma rede interna, o *firewall* de filtragem já é suficiente. Lembrando que estes são os tipos mais básicos e comumente usados pela maioria das organizações, porém a tecnologia é dinâmica e para cada nova demanda uma nova solução é desenvolvida, como é o caso do:

- NGFW (Sigla de Next Generation Firewall), em português: Firewall da próxima geração. Um dispositivo que atua na segurança da rede, fornecendo recursos mais avançados que um tradicional firewall. Com o NGFW é possível: bloquear ameaças modernas, malwares avançados, ataques na camada de aplicação. E por aí vamos, com a TI sempre em desenvolvimento para atender às necessidades que vão surgindo no mundo cibernético.

Técnicas de Implantação de *Firewall*

Entre as técnicas mais comuns de implantação de *firewall*, podemos citar:

- ⬛ *Firewalls* de fronteira;
- ⬛ *Firewalls* de sub-rede filtrada (ou DMZ);
- ⬛ *Firewalls* de várias camadas.

São as necessidades de segurança que irão ditar qual dessas técnicas é a mais apropriada.

FIREWALLS DE FRONTEIRA

O *firewall* de fronteira é a abordagem técnica mais básica. Com ela, os *firewalls* só fazem separar a rede protegida da Internet. Ao usar essa técnica de implantação, o *firewall* geralmente fica por trás do roteador e recebe as comunicações que passam:

- ⬛ Do roteador para a rede privada;
- ⬛ Da rede privada para a internet.

Os *firewalls* de fronteira geralmente trabalham com filtragem de pacotes ou com inspeção de estado. São mais adotados por organizações que não hospedam serviços públicos.

FIREWALLS DE SUB-REDE FILTRADA (OU DMZ)

Há situações em que é preciso hospedar sites públicos ou servidor de e-mail pessoal. E então não é possível bloquear todo o tráfego da rede, é preciso permitir conexões de entrada em uma base limitada. Nesses cenários, a topologia de *firewall* de sub-rede filtrada é a melhor opção, porque o *firewall* possui três placas de rede; duas configuradas iguais a um *firewall* de fronteira, sendo uma delas conectada à Internet e outra conectada à rede privada. E a terceira placa se conecta a uma rede especial, conhecida como: sub-rede filtrada ou zona desmilitarizada (DMZ).

A DMZ, portanto, é uma rede semiprivada que é usada para hospedar serviços que o público pode acessar. Ou seja, o acesso dos usuários da internet é limitado aos sistemas na DMZ.

Reforçando que: Uma rede para ser segura não deve permitir acesso direto da Internet à rede privada.

Vale lembrar que essa técnica com DMZ reconhece que os sistemas acessados da Internet são alvos mais prováveis de ataques. Então, ao confinar essas máquinas na DMZ, o comprometimento é menor, apenas dos sistemas na DMZ. E um invasor que conseguir acessar um sistema DMZ não terá como usar esse sistema para acessar diretamente os sistemas na rede privada.

Na prática, uma DMZ é uma sub-rede que fica entre uma rede confiável de outra não confiável, para isolar uma da outra, por isso é chamada de sub-rede filtrada.

FIREWALLS DE VÁRIAS CAMADAS

Quando o ambiente é grande, altamente seguro, o mais apropriado é usar uma:

- Defesa em Camadas – Que é a estratégia para dificultar invasões, protegendo a rede de forma escalonada. Quando protegemos os dados mais valiosos com múltiplas camadas, fazemos uma defesa em profundidade, pois fica mais difícil para o invasor e também mais demorado ir ultrapassando camada a camada.

Por isso, o ideal é usar vários *firewalls* para segmentar a rede em partes.
Então, quando as redes têm níveis diferentes de segurança, os *firewalls* de várias camadas são a melhor opção!
Por exemplo: Usuários gerais de uma organização se conectam a uma sub-rede A. Já os usuários que trabalham em um projeto secreto, se conectam a uma sub-rede B. E os executivos da organização se conectam a uma sub-rede C. Com este cenário de segmentação de rede, tanto os usuários do projeto secreto quanto os executivos conseguem ter suas redes protegidas, sem acessos dos usuários gerais.

VPN

Outra ferramenta básica de defesa de segurança de rede é a VPN, que é uma rede privada virtual.

As VPNs aumentam o nível de segurança dos dados transmitidos pelas redes públicas. Geralmente, essa proteção é feita por meio da criptografia nos dados que são enviados por um usuário para a rede da organização.

A VPN é uma opção segura e econômica para acessos remotos, bem mais em conta que uma conexão dedicada entre dois sites. Mas, para implantar uma VPN é preciso um equipamento de alto processamento para lidar com os algoritmos de criptografia. É viável usar outro dispositivo com concentrador VPN dedicado para descarregar essa capacidade de processamento ao invés de impedir que o roteador ou o firewall encerre a VPN. É preciso também checar a segurança dos computadores dos usuários finais, porque quando eles se conectam à rede corporativa, podem abrir um portal com recursos para invasores maliciosos.

É por isso que, geralmente, as organizações exigem que seus funcionários instalem softwares de segurança em seus computadores domésticos.

Também é aconselhável limitar o acesso da VPN a laptops gerenciados ou de propriedade da organização.

Tecnologia VPN

Vejamos as três tecnologias VPN usadas atualmente:

- PROTOCOLO DE TÚNEL PONTO A PONTO (PTTP) - Por muito tempo, quase todas as VPNs usavam PPTP; era o protocolo VPN predominante, por sua facilidade de configuração nos computadores dos usuários e porque também a maioria dos sistemas operacionais incluem suporte PPTP.

- ☐ SECURE SOCKETS LAYER (SSL) - O Sockets Layer criptografa as comunicações da web, por isso é usado por muitas VPNs para fornecer comunicação criptografada. Funciona assim: Os usuários se conectam a uma página da web protegida por SSL, fazem login, então, o navegador da Web baixa o software que os conecta à VPN. É uma solução que, por não precisar de configuração prévia de sistema, está rapidamente se popularizando cada vez mais.
- ☐ IPSEC - Protocolo projetado para conectar sites com segurança! E,apesar de algumas VPNs IPSec já estarem disponíveis para usuários finais, normalmente exigem a instalação de software de terceiros no sistema do usuário e, por isso, nesse contexto, não vão bem com a popularidade.Porém, muitas organizações adotam o IPSec para conectar com segurança um site a outro pela Internet. A funcionalidade VPN IPSec necessária já vem integrada em muitos roteadores e firewalls, o que torna a sua configuração mais fácil.

Controle de Acesso à Rede (NAC)

A função básica dos sistemas de controle de acesso às redes (NAC) é possibilitar adicionar mais requisitos de segurança antes que um dispositivo se conecte à rede. Para isso, o NAC executa duas principais tarefas:

- ☐ Autenticação e verificação de postura.

Cada vez mais o NAC está se tornando popular! Muitas organizações implantam o NAC para usuários internos e convidados que usam a rede corporativa. Ressaltando que o NAC funciona tanto em redes com fio como em redes sem fio.

A tecnologia NAC mais comum está descrita no padrão IEEE 802.1x, normalmente chamado de 802.1x ou somente 1x. Essa descrição orienta como os clientes podem interagir com um dispositivo NAC para conseguir entrar na rede.

O processo que o componente de autenticação do NAC executa é o seguinte: O software nos computadores dos usuários avisa que é para fazer o login na rede; daí são verificadas as credenciais do usuário; o dispositivo NAC diz para o switch (se for uma rede com fio) ou para o ponto de acesso (se for uma rede sem fio) para liberar o acesso do usuário à rede.

Já a verificação de postura entra como um segundo plano (de uso opcional) da tecnologia NAC. E é executada com o dispositivo NAC verificando a configuração do computador do usuário para garantir que atende aos padrões de segurança, antes de liberar o acesso à rede. Nessa verificação, o NAC faz um checklist do tipo:

- ⍰ Software antivírus atualizado?
- ⍰ Firewall do host habilitado?
- ⍰ Sistema operacional compatível?
- ⍰ Sistema operacional corrigido?

Caso aconteça de algum usuário tentar conectar um sistema não compatível, o dispositivo NAC oferece duas opções:

1. Administrador bloqueia esse sistema até que seja consertado;
2. Sistema pode ser conectado a uma rede especial de quarentena até que seja consertado, para que depois, então, possa obter acesso à rede principal.

- ⍰ Última milha (LastMile) - Refere-se à infraestrutura de uma rede, o ponto que liga a internet, o provedor, e o usuário.

Você já deve ter escutado alguma vez quando o acesso à internet fica comprometido, seja por interligar pontos que são muito distantes um do outro, ou por questões de desenvolvimento da infraestrutura mesmo, enfim, são "problemas de última milha"!

Redes Sem Fio

Redes sem fio... A solução para conectar dispositivos em casa e no escritório!

Cada vez mais populares, as redes sem fio possibilitam conectar: laptops, desktops, smartphones e muitos outros dispositivos.

É a praticidade de conseguir trabalhar em qualquer ambiente sem a preocupação de precisar encontrar uma tomada de rede! O que precisa encontrar são bandas de Wi-Fi seguras para navegar e se comunicar!

Lembrando que:
Uma banda Wi-Fi é como uma rua onde trafegam os dados. Quanto maior a quantidade de bandas, melhor o funcionamento do tráfego na rede.Cada banda de um roteador é dividida em canais de comunicação, os quais são independentes, assim como faixas de trânsito em uma rua. Um canal fora da banda é como se fosse uma faixa de outra rua.
Ao colocar a seleção de canal no automático faz com que o roteador selecione o canal Wi-Fi com melhor atuação de sinal para transferência de dados(canais mais largos).
Quando o roteador não tem o recurso automático, deve-se optar pelo canal que demonstra melhor desempenho dentro da rede, mas vai depender da interferência sem fio no ambiente de rede (interferência de outros roteadores e dispositivos conectados no mesmo canal). Ter vários roteadores é uma solução para um melhor funcionamento nesses casos, configurando cada um deles para usar um canal diferente, principalmente quando estão próximos um do outro.
Os canais mais largos oferecem, junto com a velocidade de conexão, maior propensão a interferências... e aí está o gargalo para segurança da informação!

O bom é que configurar uma rede sem fio é muito fácil e barato! Porém, como sabemos, nem tudo são flores... e o "espinho" da questão é: O que o wireless pode fazer com a segurança da rede? Pois, se é tão fácil para um funcionário se conectar à rede, significa que outros também conseguem fazer o mesmo... Graças às interferências de outros roteadores e dispositivos que conseguem se conectar ao mesmo canal.

Mas, a boa notícia é que dá para configurar uma rede sem fio com segurança! Ao menos tão segura quanto uma rede com fio, afinal, vulnerabilidades, ameaças e riscos são fantasmas sem limites! Para conseguir uma configuração segura de uma rede sem fio é preciso: planejamento, execução e teste cuidadosos. A criptografia configurada corretamente é uma excelente aliada nessa missão crítica de operar uma rede sem fio segura. Vejamos alguns pontos - fundamentais nesse processo:

Pontos de Acesso sem Fio (WAPS)

A conexão entre uma rede com fio e uma rede sem fio – é isso que fazem os pontos de acesso sem fio (WAP), ou melhor dizendo, os WAPs são a própria conexão entre uma rede sem fio e outra rede com fio!

Na prática, WAPs são rádios, enviando e recebendo informações de rede pelo ar entre dispositivos sem fio e redes com fio. E qualquer pessoa dentro do alcance do rádio de um WAP pode se comunicar com ele, e tentar se conectar à rede.

O Perigo Está no Ar...

Um *wireless* abre um leque de vulnerabilidades na rede, alvos poderosos para os hackers blackhat. É que com as redes sem fio, o alcance se estende além das paredes e cercas que, ao contrário das redes com fio, não interrompem os sinais sem fio pelo ar.

É por isso que a segurança precisa ser ainda mais eficiente! Até porque os invasores sabem que é muito mais fácil espionar uma rede sem fio do que uma rede com fio! Na verdade, é muito simples para qualquer pessoa que esteja dentro do alcance de rádio da rede capturar todos os dados por ela enviados. E aí...se esses dados não estiverem criptografados... é um jogo justo para um ataque!

Controles de Segurança de Rede Sem Fio

Mas, ainda bem que é possível proteger uma rede sem fio! Então vamos ver alguns exemplos de controles de segurança que podem mitigar os riscos das redes sem fio! Já adiantando que a criptografia é a principal aliada nessa guerra contra a espionagem, seguida de outras técnicas que também oferecem segurança adicional, como: a desativação do beacon de SSID, a implementação de filtragem de endereço MAC, e a adição da autenticação forte aos acessos.

Criptografia Sem Fio

A criptografia é a melhor opção para proteção da rede sem fio, porque torna impossível para um estranho ver as informações que trafegam pela rede.

Sem criptografia, toda a atividade dos usuários sem fio se torna visível para qualquer um que esteja dentro do alcance de rádio da rede. Imagine a cena de um cracker sentado no estacionamento do seu prédio, com uma antena barata conectada a um laptop padrão, monitorando tudo o que está acontecendo na sua rede sem fio... É algo revoltante! Mas é totalmente possível...

É por isso que o recomendável é usar criptografia forte.

Vale aqui fazer uma retrospectiva para falar do início da criptografia, quando usava apenas a tecnologia WEP(WiredEquivalent Privacy). Não sei se você lembra ou sabe, mas é uma criptografia muito básica, que depende do algoritmo de criptografia RC4, criado por Roo Rivest para RSA no final dos anos 1980. O resumo da história é que desde seu lançamento, os analistas de segurança descobriram falhas significativas no WEP que o tornam inseguro.

Existem softwares gratuitos disponíveis na Internet para quebrar criptografia em redes WEP, daí podemos concluir o quanto é fácil! Os hackers fazem isso em questão de segundos! É por isso que se diz que usar WEP em uma rede sem fio é pior do que não usar nenhuma criptografia, porque acaba passando uma sensação falsa de segurança. Mas, ainda bem que a tecnologia evoluiu e chegou ao padrão Wi-fiProtected Access (WPA) usando a criptografia AES forte para proteger dados em redes, sem as vulnerabilidades do WEP.

O WPA, além de eficiente, é fácil de configurar;

- Na formaforma básica, basta inserir uma chave secreta compartilhada na configuração de rede de cada computador conectado;

- Nas formas mais avançadas, precisa substituir a chave secreta compartilhada, gerando para cada usuário um nome e senha exclusivos. Essas senhas podem ser iguais às credenciais normais do usuário, usando um servidor de autenticação central, como um servidor Remote Authentication Dial lnUser Service (RADlUS).

Beacon de SSID

Sabe quando você está em uma praça de alimentação dentro de um shopping, liga seu Wi-Fi e aparecem os nomes das redes sem fio disponíveis? Isso é possível graças aos SSIDs, que avisam todas as redes disponíveis.

- SSID(Service Set Identifier), em português: Identificador do conjunto de serviço, que é uma denominação de uma rede local, uma LAN ou uma rede sem fio.

É uma forma de transmitir a presença das redes sem fio ao público, mostrando o nome público das redes.Um SSID, portanto, é um identificador do conjunto de serviços da rede. Mas, é possível impedir que a rede se anuncie ao público; basta desativar o beacon SSID nos pontos de acesso sem fio. Com o beacon SSID desativado, quem quiser se conectar a essa rede precisará buscá-la pelo nome. Esse recurso funciona bem quando os usuários da rede são regulares, mas, se houverem convidados ou se o público de acesso for irregular por qualquer outro motivo, possivelmente não será um recurso bem visto.

Filtragem de Endereço MAC

Os filtros de endereço MAC é uma possibilidade que os WAPs permitem para controlar quais os computadores que podem se conectar à rede.

Com essa tecnologia é possível fornecer uma lista de endereços MAC aceitáveis para o WAP.

Dessa forma, há como permitir que apenas computadores aprovados se conectem à rede. E também é possível negar acesso a todos os outros computadores não aprovados.

Mas existe uma desvantagem nessa técnica de filtragem de endereços MAC, que é o fato de ter uma manutenção complicada.Ou seja, para uma rede com muitos computadores, fica difícil atualizar a lista de endereços MAC aceitáveis. É por isso que o uso da filtragem de endereço MAC deve ser adotado quando for apropriado, como todos as outras tecnologias de segurança também. Sabemos que nenhuma rede é totalmente segura, mas se colocarmos os controles de segurança certos no lugar certo, podemos sim tornar as redes mais seguras! O segredo é nunca depender de um único controle. Sempre usar controles em camadas. Afinal, bem sabemos que um invasor esperto sempre será capaz de comprometer um ou mais dos controles adotados. Portanto, o melhor é dar trabalho para o invasor, oferecendo a ele vários controles como obstáculos para que fique o mais difícil possível acessar os dados. Essa é a forma mais eficiente de proteger uma infraestrutura de TI.

Pratique o que Aprendeu

Que tal colocar em prática o que você aprendeu até aqui? Para isso, aproveite esses exercícios de fixação:

1. A descrição correta de um nó:

A) É um ponto de conexão, que pode ser de redistribuição ou de terminal de comunicação, dependendo da camada de protocolo e da rede.
B) É uma vulnerabilidade de redes TCP/IP.
C) É um ponto de bloqueio em uma rede TCP/IP.
D) É uma porta de entrada e saída de um firewall.

2. Como os nós se ligam entre si?
A) Os nós podem se ligar uns aos outros através de duas formas: link direto ou topologia estrela.
B) Os nós se ligam apenas por link direto, por isso é necessário um nó de origem e um nó de destino.
C) Na verdade, antigamente existia a ligação por link direto, mas foi extinta e atualmente apenas se utiliza a topologia estrela.
D) Para se ligar é preciso que os nós estejam em camadas diferentes para que possam fazer o link de uma camada a outra dentro de uma rede TCP/IP.

3. São conceitos de endereçamento IPv4 e IPv6, exceto:
A) O IPv4 tem um espaço de endereço de 128 bits, e tem mais de 4 bilhões de endereços.
B) O IPv6 tem um espaço de endereço de 32 bits, e tem mais de 6 vezes 10 elevado a 23 endereços por metro quadrado de superfície terrestre!
C) É uma combinação de números que estabelece a conexão de um computador com outro computador na rede.
D) É a base por onde o usuário inicia requisições, normalmente em navegação web.

4. Sobre as camadas e principais funcionalidades dos modelos OSI e TCP/IP, é incorreto afirmar que:
A) O Modelo OSI é composto por 7 camadas, que atuam como em um intercâmbio, em que a camada de baixo se comunica com as camadas acima.
B) As camadas do Modelo OSI são: Aplicação, Transporte, Internet, Link, Sessão, Apresentação e Lógica.
C) O Modelo TCP/IP possui apenas 4 camadas, e a primeira camada corresponde a 3 camadas do Modelo OSI.

D) As camadas do Modelo TCP/IP são: Aplicação, Transporte, Internet e Link.

5. A respeito dos principais protocolos de rede, suas funcionalidades e como eles se encaixam nos modelos de referência OSI e TCP/IP, assinale a alternativa certa:
A) O HTTP é um protocolo que atua na Camada Física.
B) O TCP se encaixa na Camada de Aplicação.
C) O IP é um protocolo da Camada de Apresentação.
D) O IPSec atua na Camada de Internet e de Rede.

6. É um conjunto de normas que governam a sincronização da comunicação dos computadores em uma rede.
A) ARPANET.
B) Protocolo.
C) NAC.
D) TCP/IP.

7. Os *firewalls* possuem regras que definem:
A) Que tipo de tráfego pode reunir e permitir passagem na rede.
B) As políticas de segurança.
C) As normas que governam a sincronização da comunicação dos computadores em uma rede.
D) A classificação dos dados.

8. Para conseguir uma configuração segura de uma rede sem fio é preciso:
A) Um roteador e um *firewall*.
B) Planejamento, execução e teste cuidadosos.
C) Tecnologia VPN.
D) Reconhecimento de rede.

9. É um equipamento do tipo concentrador, com várias portas para conectar cabos de computadores e possibilitar a comunicação em rede entre eles. Representa o componente central, com o qual uma rede baseada em topologia em estrela pode ser construída. Não é capaz de reconhecer nenhuma informação de endereço. Estamos falando do:

A) Switch.
B) Hub.
C) Firewall.
D) Roteador.

10. Técnica que reescreve os endereços IP, por meio de uma tabela *hash*, ao passar o tráfego de um computador de rede interna para uma rede externa.
A) NAC.
B) OSI.
C) ICPM.
D) NAT.

Gabarito de respostas

1. A descrição correta de um nó:

A) É um ponto de conexão, que pode ser de redistribuição ou de terminal de comunicação, dependendo da camada de protocolo e da rede.
B) É uma vulnerabilidade de redes TCP/IP.
C) É um ponto de bloqueio em uma rede TCP/IP.
D) É uma porta de entrada e saída de um firewall.

A) **Correto. É um ponto de conexão, que pode ser de redistribuição ou de terminal de comunicação, dependendo da camada de protocolo e da rede.**
B) Incorreto. (~~É uma vulnerabilidade de redes TCP/IP~~).
C) Incorreto. (~~É um ponto de bloqueio em uma rede TCP/IP~~).
D) Incorreto. (~~É uma porta de entrada e saída de um firewall~~).

2. Como os nós se ligam entre si?
A) Os nós podem se ligar uns aos outros através de link direto ou topologia estrela.
B) Os nós se ligam apenas por link direto, por isso é necessário um nó de origem e um nó de destino.

C) Na verdade, antigamente existia a ligação por link direto, mas foi extinta e atualmente apenas se utiliza a topologia estrela.

D) Para se ligar é preciso que os nós estejam em camadas diferentes para que possam fazer o link de uma camada a outra dentro de uma rede TCP/IP.

A) Correto. Os nós podem se ligar uns aos outros através de link direto ou topologia estrela.

B) Incorreto. Os nós se ligam (~~apenas~~) por link direto, por isso é necessário um nó de origem e um nó de destino.

C) Incorreto. Na verdade, antigamente existia a ligação por link direto, (~~mas foi extinta e atualmente apenas~~) se utiliza a topologia estrela.

D) Incorreto. Para se ligar (~~é preciso que os nós estejam em camadas diferentes para que possam fazer o link de uma camada a outra dentro de uma rede TCP/IP~~).

3. São conceitos de endereçamento IPv4 e IPv6, exceto:

A) O IPv4 tem um espaço de endereço de 128 bits, e tem mais de 4 bilhões de endereços.

B) O IPv6 tem um espaço de endereço de 32 bits, e tem mais de 6 vezes 10 elevado a 23 endereços por metro quadrado de superfície terrestre!

C) É uma combinação de números que estabelece a conexão de um computador com outro computador na rede.

D) É a base por onde o usuário inicia requisições, normalmente em navegação web.

A) Incorreto. O IPv4 tem um espaço de endereço de (~~128 bits~~), e tem mais de 4 bilhões de endereços. (São 32 bits e esse não é o conceito, são características).

B) Incorreto. O IPv6 tem um espaço de endereço de (~~32 bits~~), e tem mais de 6 vezes 10 elevado a 23 endereços por metro quadrado de superfície terrestre! (São 128 bits e esse não é o conceito, são características).

C) Incorreto. (~~É uma combinação de números que estabelece a conexão de um computador com outro computador na rede~~). (Essa é a definição de Protocolo IP).

D) Correto. É a base por onde o usuário inicia requisições, normalmente em navegação web.

4. Sobre as camadas e principais funcionalidades dos modelos OSI e TCP/IP, é incorreto afirmar que:
A) O Modelo OSI é composto por 7 camadas, que atuam como em um intercâmbio, em que a camada de baixo se comunica com as camadas acima.
B) As camadas do Modelo OSI são: Aplicação, Transporte, Internet, Link, Sessão, Apresentação e Lógica.
C) O Modelo TCP/IP possui apenas 4 camadas, e a primeira camada corresponde a 3 camadas do Modelo OSI.
D) As camadas do Modelo TCP/IP são: Aplicação, Transporte, Internet e Link.

A) Incorreto. A afirmativa: "O Modelo OSI é composto por 7 camadas, que atuam como em um intercâmbio, em que a camada de baixo se comunica com as camadas acima" é verdadeira.
B) **Correto. A afirmativa: "As camadas do Modelo OSI são: Aplicação, Transporte, (~~Internet~~), Link, Sessão, Apresentação e (~~Lógica~~)" não é verdadeira, portanto, é a alternativa certa.**
C) Incorreto. A afirmativa: "O Modelo TCP/IP possui apenas 4 camadas, e a primeira camada corresponde a 3 camadas do Modelo OSI" é verdadeira.
D) Incorreto. A afirmativa: "As camadas do Modelo TCP/IP são: Aplicação, Transporte, Internet e Link" é verdadeira.

5. A respeito dos principais protocolos de rede, suas funcionalidades e como eles se encaixam nos modelos de referência OSI e TCP/IP, assinale a alternativa certa:
A) O HTTP é um protocolo que atua na Camada Física.
B) O TCP se encaixa na Camada de Aplicação.
C) O IP é um protocolo da Camada de Apresentação.
D) O IPSec atua na Camada de Internet e de Rede.

A) Incorreto. O HTTP é um protocolo que atua na Camada (~~Física~~) (O HTTP atua na Camada de Aplicação).
B) Incorreto. O TCP se encaixa na Camada de (~~Aplicação~~). (O TCP se encaixa na Camada de Transporte).

C) Incorreto. O IP é um protocolo da Camada de (~~Apresentação~~) (O IP é da Camada de internet).
D) Correto. O IPSec atua na Camada de Internet e de Rede.

6. É um conjunto de normas que governam a sincronização da comunicação dos computadores em uma rede.
A) ARPANET.
B) Protocolo.
C) NAC.
D) TCP/IP.

A) Incorreto. ARPANET é a sigla de AdvancedResearchProjectsAgency Network, uma rede de computadores que o departamento de defesa dos Estados Unidos criou no ano de 1969..
B) Correto. Este é o conceito de Protocolo.
C) Incorreto. NAC é o Controle de Acesso à Rede.
D) Incorreto. TCP/IP são protocolos específicos de transporte e internet.

7. Os firewalls possuem regras que definem:
A) Que tipo de tráfego pode reunir e permitir passagem na rede.
B) As políticas de segurança.
C) As normas que governam a sincronização da comunicação dos computadores em uma rede.
D) A classificação dos dados.

A) Correto. São regras que definem que tipo de tráfego pode reunir e permitir passagem na rede.
B) Incorreto. Não definem políticas de segurança.
C) Incorreto. Não definem normas que governam a sincronização da comunicação dos computadores em uma rede.
D) Incorreto. Não definem a classificação dos dados.

8. Para conseguir uma configuração segura de uma rede sem fio é preciso:
A) Um roteador e um firewall.
B) Planejamento, execução e teste cuidadosos.
C) Tecnologia VPN.

D) Reconhecimento de rede.

A) Incorreto. (~~Um roteador e um firewall~~).
B) Correto. É preciso planejamento, execução e teste cuidadosos.
C) Incorreto. (~~Tecnologia VPN~~).
D) Incorreto. (~~Reconhecimento de rede~~).

9. É um equipamento do tipo concentrador, com várias portas para conectar cabos de computadores e possibilitar a comunicação em rede entre eles. Representa o componente central, com o qual uma rede baseada em topologia em estrela pode ser construída. Não é capaz de reconhecer nenhuma informação de endereço. Estamos falando do:
A) Switch.
B) Hub.
C) Firewall.
D) Roteador.

A) Incorreto. (~~Switch~~) (As características são parecidas, mas o Switch consegue ler as informações de endereço).
B) Correto. Hub.
C) Incorreto. (~~Firewall~~) (Não são características de um firewall) .
D) Incorreto. (~~Roteador~~) (Não são características de um roteador).

10. Técnica que reescreve os endereços IP, por meio de uma tabela *hash*, ao passar o tráfego de um computador de rede interna para uma rede externa.
A) NAC.
B) OSI.
C) ICPM.
D) NAT.

A) Incorreto. (~~NAC~~) (NAC é o Controle de Acesso à Rede).
B) Incorreto. (~~OSI~~) (OSI é o padrão de modelo de camadas).
C) Incorreto. (~~ICPM~~)(ICPM é um protocolo que gerencia o controle da rede IP)
D) Correto. A técnica é NAT.

Capítulo 5 – Computação em Nuvem

"A computação em nuvem é o fornecimento de serviços de computação, incluindo servidores, armazenamento, bancos de dados, rede, software, análise e inteligência, pela Internet ("a nuvem") para oferecer inovações mais rápidas, recursos flexíveis e economias de escala. Você normalmente paga apenas pelos serviços de nuvem que usa, ajudando a reduzir os custos operacionais, a executar sua infraestrutura com mais eficiência e a escalonar conforme as necessidades da empresa mudam."

(Azure Microsoft)

Falar de Computação em Nuvem inclui:

☐ Aumento da eficiência;
☐ Redução significativa dos custos da tecnologia da informação;
☐ Vulnerabilidades, pois a computação em nuvem também apresenta novos riscos!

E é por esse ponto de vista da segurança da informação que na medida em que mais organizações mudam para a nuvem, mais é necessário entender a computação em nuvem e os seus consequentes riscos!

Características da Computação em Nuvem

Cinco principais características da computação em nuvem:

1. AUTOATENDIMENTO SOB DEMANDA (On-Demand Self-Service) - A possibilidade que o usuário tem ao usar os serviços da nuvem, podendo diminuir ou aumentar as capacidades alocadas no computador, tipo: o tempo de servidor, o armazenamento de rede, sem precisar da interação humana junto ao provedor do serviço;

2. AMPLO ACESSO À REDE (Ubiquitous Network Access) - O usuário pode acessar os serviços da nuvem de qualquer plataforma que queira ou tenha disponível. Para isso, existem mecanismos padronizados que promovem esse uso de plataformas distintas. Dessa forma, é possível o acesso através de vários dispositivos; celular, tablet, pc, entre outros que muito facilitam a nossa vida;

3. POOL DE RECURSOS (ResourcePooling) - Agrupamento geográfico dos recursos do computador na nuvem. Armazenamento, memória, processamento, banda e máquinas virtuais. O cliente não controla a localização específica, sendo possível saber apenas informações mais amplas de local, como: país, estado, Data Center;

4. ELASTICIDADE RÁPIDA (RapidElasticity) - Capacidade de alocar com agilidade os recursos, em maior ou menor quantidade, de acordo com a necessidade do consumidor, o que também é um grande benefício, principalmente para

quem precisa de amplo poder computacional em suas aplicações;

5. SERVIÇOS MENSURÁVEIS (Measured Service) - Controle e monitoria que a nuvem faz dos serviços, possibilitando a transparência necessária na relação custo X benefício entre o fornecedor e o consumidor, o que ajuda a saber quanto foi utilizado e quanto deve ser cobrado por tal uso.

Modelos de Implantação de Nuvem

Temos quatro modelos de implantação de nuvem, que variam de acordo com graus de benefícios e valor. São eles:

- Nuvem privada;
- Nuvem comunitária;
- Nuvem pública;
- Nuvem híbrida.

NUVEM PRIVADA

Como o próprio nome indica, o modelo de nuvem privada é de uso organizacional exclusivo, ou seja, é uma organização que a gerencia para fins próprios. A grande questão são os recursos para manter uma infraestrutura de nuvem privada, o que acaba sendo inviável para algumas organizações. Por isso, é preciso analisar se o modelo está alinhado aos objetivos globais do negócio.

NUVEM COMUNITÁRIA

O modelo de nuvem comunitária é gerenciado por um grupo de organizações que tenham interesses em comum.
A nuvem é de uso exclusivo dessa comunidade que a gerencia.
Essas organizações podem compartilhar tanto os recursos gerenciados na rede quanto os seus custos.
Para o gerenciamento, elege-se um aprovisionador e um gerenciador, que pode ser uma das organizações ou mais de uma,

o que é conhecido como joint-venture nas organizações, quando duas ou mais empresas se associam com esse fim.

Também é possível contratar terceiros para tal função, que podem fazer todo o serviço ou atuar junto com a joint-venture da comunidade. Lembrando que a joint-venture da comunidade precisa ter a capacitação necessária para gerenciar e aprovisionar uma nuvem.

NUVEM PÚBLICA

A nuvem pública é aberta para uso do público em geral.
Pode ser gerenciada tanto por uma organização empresarial, como por uma organização governamental, ou ainda por uma organização acadêmica.

Fica localizada nas instalações do fornecedor, o qual tem a nuvem como um negócio, cujo serviço oferecido é o fornecimento dos recursos da nuvem.

Como exemplos de organizações gerenciadoras e fornecedoras de nuvens públicas, temos: A Amazon Web, que foi a pioneira nesse nicho de mercado, a Azure da Microsoft, o Dropbox, o Google, a AWS, entre tantas outras que não param de aparecer e crescer.

NUVEM HÍBRIDA

O modelo híbrido mescla de duas a mais infraestruturas distintas de nuvem, podendo ser de modelos iguais ou diferentes. Cada vez mais esse modelo híbrido vem sendo o preferido de várias organizações por sua facilidade de adequação ao tipo de negócio e flexibilidade na manutenção de recursos e custos.

Modelos/Tipos de Serviço em Nuvem

Existem vários tipos de serviço em nuvem, e a tendência é que cada vez mais se desenvolvam muitos mais! É o famoso "qualquer coisa como serviço", ou "XaaS"! E isso acontece tamanha é a dinâmica de avanço na web para atender às necessidades dos usuários.

O NationalInstituteof Standards and Technologies (NIST), definiu um modelo padrão de serviços em nuvem como o Modelo SPI, de software, plataforma e infraestrutura, dividindo-o nessas três partes:

- SaaS - Software como um Serviço;
- PaaS - Plataforma como Serviço;
- IaaS - Infraestrutura como Serviço.

Mas, além desses três tipos de serviço mais populares em nuvem, também existem:

- SECaaS - Segurança como Serviço;
- IDaaS - Identidade como Serviço.

E podemos citar ainda outro tipo também conhecido e bastante utilizado:

- BaaS - Backup como serviço.

SaaS - SOFTWARE COMO UM SERVIÇO

SaaS (Software como um Serviço) - Possibilita o uso pessoal e o uso organizacional.

No uso pessoal, os usuários acessam os aplicativos dispostos na nuvem via navegador web, de qualquer dispositivo que estejam utilizando, desde que conectados à internet, lógico.

- Exemplos de usabilidade do SaaS:

O exemplo mais comum de usabilidade são os e-mails que estamos acostumados a acessar na rede, como: Gmail, Hotmail, Yahoo! entre outros. Mas, além de e-mails, também usamos constantemente outros tipos de SaaS, como: calendários, ferramentas de Office, a exemplo do Microsoft Office 365, plataformas como o LinkedIn, e tantas outras aplicações que temos disponíveis na web abertas ao público.

Vale lembrar que o OpenStack é um dos três projetos de software de infraestrutura de computação em nuvem de código aberto mais ativos do mundo!

Os serviços iCloud também exemplificam bem esse modelo de serviço de nuvem! Desenvolvido pela Apple Inc., o iCloud é um sistema de armazenamento em nuvem que oferece para o usuário a possibilidade de armazenar dados do tipo: fotos, documentos, músicas, vídeos, entre outras mídias que podem ser armazenadas através dos servidores remotos para download em dispositivos IOS, Windows e macOS.

No uso organizacional, a empresa pode alugar um pacote e pagar de acordo com o nível de uso dos recursos ou pagar como uma assinatura. Dessa forma, pode ter acesso, e também oferecer aos seus colaboradores, aplicativos sofisticados, com mais praticidade e economia, já que toda infraestrutura; como middleware, software de aplicativo e dados de aplicativo ficam alocados no datacenter do provedor de serviços, que é quem gerencia o hardware e o software. Sem contar que, dependendo do contrato que adote, o provedor ainda fica responsável pela segurança dos apps e dos dados da empresa. É, sem dúvida, uma excelente solução de software!

Como exemplo de usabilidade organizacional temos os aplicativos de produtividade, tipo: e-mails corporativos, apps de colaboração, agenda, entre outros. E também temos os aplicativos de negócio, tipo: CRM, sigla de Centro de Relação com o Cliente, que gerencia a relação com o cliente; ERP, sigla de Planejamento de recursos empresariais, e gerenciamento de documentos em geral, além de outros aplicativos desenvolvidos para as necessidades empresariais.

☑ Vantagens do SaaS:

Como vantagens do SaaS, podemos citar:

☑ Poder pagar somente pelo que usar;

- Ter acesso a apps sofisticados gastando pouco;
- Software de clientes gratuito;
- Maior mobilidade e praticidade, por poder acessar os aplicativos de qualquer lugar, com qualquer dispositivo conectado à internet;
- Produtividade, já que as facilidades de acesso e mobilidade propiciam maior força de trabalho, levando a uma consequente produção também maior.

PaaS - PLATAFORMA COMO UM SERVIÇO

Se ter um software como serviço já facilita a vida e os negócios, avalie o que é ter uma plataforma completa como serviço? Pois é... O PaaS é para cobrir essa necessidade de ter um sistema operacional. Só quem é da área ou já acompanhou todo processo de instalação de um sistema operacional sabe o quanto é demorado e custoso; além das configurações, tem os drivers, softwares, bancos de dados, e tudo que é necessário para a instalação do sistema, não é mesmo? Agora, imagine poder pegar um atalho que pule essas etapas do processo de implementação e ainda elimine a necessidade de manutenção em todas essas etapas... É um ganho significativo ou não é? É o que faz uma PaaS!

Por isso, a PaaS é uma solução para empresas que precisam de uma plataforma completa de sistema, de alta performance e segura, empresas que atuam como SaaS, ou seja, que vendem serviços e funcionalidades em forma de software.

- Existem três tipos de plataformas como serviço:
- PaaS privada;
- PaaS pública;
- PaaS híbrida.

O que as diferenciam são os equipamentos usados na plataforma, como: servidores, cabeamentos, storages e outros que compõem a infraestrutura.

- Definições dos tipos de PaaS:

- Se a empresa compra a infraestrutura e decide mantê-la por conta própria, caracteriza-se uma **PaaS privada**.
- Se a empresa resolve migrar essa infraestrutura para que fique online em uma nuvem, um data center provido e gerenciado por terceiros, aí teremos uma **PaaS pública**. Como também é possível já contratar de início uma PaaS pública de um provedor gerenciador.
- E, quando se mescla os dois tipos de infraestrutura, temos uma **PaaS híbrida**.

- Usabilidade dos tipos de PaaS:
- A PaaS privada é mais usada por empresas de grande porte, que preferem e tem como manter a infraestrutura em próprio domínio, cuidando assim de seus equipamentos, dados e informações sensíveis de perto.
- A PaaS pública é a mais usada em meio às empresas de pequeno e médio porte, assim como por startups. É uma forma de reduzir os custos usufruindo de uma infraestrutura com a qualidade necessária.
- Com a PaaS híbrida é possível usufruir das melhores vantagens que a privada e a pública oferecem, de acordo com a necessidade do negócio. Por isso que é comum também esse exemplo de uma PaaS começar privada e depois mesclar com alguns mecanismos e recursos de uma PaaS pública. Tudo vai depender do modelo de negócio.

- Vantagens de uma PaaS:
- Ter uma plataforma completa sem gastar com os custos de implementação, manutenção e gerenciamento;
- Servir como uma ferramenta do próprio negócio, ao oferecer soluções de SaaS;
- Aliviar a equipe de desenvolvimento com a eliminação da fase de implementação;

- Otimizar todo o gerenciamento da infraestrutura, deixando os times mais livres para uma maior integração e aumento da força de trabalho com foco em inovações e soluções de produtividade;
- Acesso a uma infraestrutura de alta performance com menor custo.
- É, sem dúvida, uma excelente solução de negócio!

IaaS - INFRAESTRUTURA COMO UM SERVIÇO

A IaaS oferece em nuvem uma infraestrutura de estrutura física.

Oferece a possibilidade de alugar uma instalação física, com hardwares e conectividades para implantação do próprio software, do próprio sistema operacional, e de outras aplicações que se queira. E é por isso que também pode ser indicada como um "hardware-as-a-service".

Com a IaaS, os recursos físicos, como armazenamento, computação, e outros, é de responsabilidade do prestador do serviço, que é quem tem o equipamento e o executa, fazendo também a sua manutenção. Ao consumidor da IaaS cabe gerenciar a configuração dos seus dados.

Exemplo de fornecedores de IaaS: Amazon EC2, a RackSpace, a IBM, a Microsoft com seu OneDrive para armazenamento em nuvem, entre outros.

- Vantagens de uma IaaS:
- Redução de custos, já que não é necessário gastar com a aquisição de hardwares;
- Possibilidade de escalabilidade de serviços, já que não precisa adquirir mais equipamentos quando a demanda aumenta;
- Aprimoramento da continuidade e crescimento do negócio;
- Ajuda na recuperação de desastres, uma vez que não é necessário um segundo local físico para data center;

- Redução dos riscos de indisponibilidade, que é outro aspecto fundamental para o bom funcionamento e progresso do negócio. Afinal dá para imaginar o dano que pode resultar de um hardware quebrado paralisando toda a pRedução dos custos contínuos, pois as despesas com energia elétrica que se gasta na refrigeração do ambiente com os equipamentos, assim como a manutenção com os servidores e máquinas e outros gastos com uma infraestrutura física, são eliminados;
Menor tempo nas respostas para soluções de adaptações a mudanças no negócio, resolvendo com agilidade os problemas de transformação e adaptação durante as fases do processo, incluindo aí também a agilidade no fornecimento de novos aplicativos para os usuários da organização. Dessa forma, consegue-se encantar o cliente e fidelizá-lo;rodução do dia!

PaaS ≠ IaaS

É importante salientar bem a diferença entre uma PaaS e uma IaaS:

PaaS ≠ IaaS	
PaaS	IaaS
Oferece uma infraestrutura em nuvem de plataforma.	Oferece uma infraestrutura em nuvem de estrutura física.
Disponibiliza uma plataforma para desenvolvimento de aplicativos, ou seja, além da infraestrutura também fornece sistemas operacionais e servidores de aplicação.	Oferece: backups, servidores, redes, entre outros.

SECaaS - SEGURANÇA COMO UM SERVIÇO

SECaaS - Oferece serviços de segurança para uso corporativo.

A empresa cliente contrata uma assinatura de pacote de serviços de desenvolvimento e manutenção da estratégia de segurança cibernética a um provedor de nuvem terceirizado.

O provedor integra os serviços à infraestrutura de TI da empresa cliente.

As soluções podem ser entregues de forma local ou remota.

E as ofertas são fornecidas sob demanda, o que beneficia a relação custo X benefício.

🔲 Vantagens da SECaaS:

A relação custo X benefício é a vantagem mais atrativa para quem contrata os serviços de um provedor de SECaaS!

Além de:

- 🔲 Eliminar despesas de início com aquisições de hardware;
- 🔲 Eliminar despesas contínuas com licenças de permissão de hardware;
- 🔲 Possibilitar o acesso imediato e contínuo a serviços especializados e ferramentas de segurança atualizadas;
- 🔲 Otimizar o gerenciamento e controle de proteção de dados.

IDaaS - IDENTIDADE COMO UM SERVIÇO

IDaaS - Oferece identificação de identidade e gerenciamento de acesso às organizações que precisam identificar seus clientes, colaboradores e fornecedores de forma adequada e segura. E também controla a autorização dos usuários ao acesso de arquivos, informações sensíveis e aplicações da empresa.

O uso do IDaaS, portanto, normalmente é para fins corporativos, para suprir essa necessidade que as organizações tem de identidade como serviço, pois com tantos dispositivos e aplicativos usados no ambiente corporativo, é preciso um controle maior de visibilidade sobre o usuário final, para ver quem acessa, o que acessa, onde acessa e quando acessa. Os provedores terceirizados de IDaaS atuam oferecendo esse gerenciamento de forma simplificada e com alta tecnologia por um custo mais econômico.

- ⬚ Vantagens da IDaaS:
- ⬚ Acesso unificado a uma autenticação bem gerenciada, com centralização da visibilidade e do controle de acesso e de uso;
- ⬚ Maior escalabilidade, uma vez que pode atender um alto crescimento de demanda sem problemas de suporte e gerenciamento;
- ⬚ Segurança cibernética aprimorada, em qualquer lugar e a qualquer hora, com mão de obra especializada por um custo mais acessível por ser terceirizado.

BaaS - BACKUP COMO UM SERVIÇO

BaaS - Oferece serviços de backup em nuvem.

De uso corporativo, é ideal para empresas com o limite já esgotado para fazer backups locais, tanto no que se refere à capacidade física local, como também em segurança da informação, assim como em relação a mão de obra qualificada, equipes de TI especializadas.

Então, os provedores terceirizados de BaaS acabam sendo uma opção mais econômica, já que não é preciso pagar por uma infraestrutura de TI própria específica para gerenciamento do backup de dados.

Os provedores de BaaS possuem data centers de grande porte, e, geralmente, fazem os backups com periodicidade combinada no contrato com a empresa cliente.

O agendamento de backup é um recurso muito importante, porque elimina a necessidade de backups manuais, incluindo toda a filtragem, compactação, transferência e outras ações.

Como os provedores não ficam alojados na empresa contratante, aumenta a proteção de dados contra furtos dentro do estabelecimento e reduz riscos de perdas de dados por causa de desastres naturais, em casos de incêndios, por exemplo.

- ☐ Vantagens do BaaS:
- ☐ Facilidade para empresa que contrata um BaaS, pois cabe ao provedor terceirizado contratado toda a responsabilidade com o serviço e todas as tarefas envolvidas, como: rotação dos dispositivos de armazenamento, movimentação e checagem de dados, entre outras;
- ☐ Relação custo benefício, pois os provedores oferecem contratos com valores fixos mensais, acessíveis até para empresas de pequeno porte e startups, que se tivessem que desenvolver e implantar backups próprios não teriam condições financeiras de arcar com os custos ativos e nem com os contínuos, gastando com manutenções e mão de obra especializada;
- Para ser provedor de BaaS precisa ser especialista, com alto conhecimento técnico no nicho, o que resulta em um trabalho com precauções extras, testes frequentes, relatórios, e outros cuidados que proporcionam à empresa contratante uma segurança com os seus dados e backups além do que ela conseguiria ter por conta própria.

Os Riscos da Computação em Nuvem:

Vimos muitas vantagens dos serviços em nuvem, mas bem sabemos que também existem vários riscos.

- ☐ Riscos da computação em nuvem:

- ☐ CRIPTOGRAFIA:

Embora saibamos que a criptografia é uma aliada no combate aos riscos, na computação em nuvem pode se transformar em um gargalo de segurança se apresentar deficiência de dados em trânsito e dados in situ, gerando vulnerabilidade para recuperação indevida de dados que pertenciam a outros inquilinos, como para invasões de memórias e espaços de endereço de IP de outra pessoa e até de domínio total de recursos ao conseguir prever o endereço IP ou MAC dela. Esse risco ganha dimensão com as implantações multi-inquilinos, com grande quantidade de clientes usando espaços vizinhos na rede. E o fato de ter uma capacidade limitada de definições de funções e controle de segurança, já que fica tudo sob responsabilidade do provedor, aliado a falta de visão clara da arquitetura subjacente, torna o risco ainda maior; basta uma pequena falha para que um outro inquilino possa ver ou atacar os dados de outro e/ou ainda assumir sua identidade!

⬜ ARMAZENAMENTO E ARQUIVAMENTO DE DADOS:
Outra preocupação é em relação ao armazenamento e arquivamento de dados. Antes de contratar um provedor de nuvem vale avaliar a criptografia usada, se as chaves privadas são compartilhadas entre outros usuários/inquilinos da nuvem, quantos colaboradores e quem da equipe do provedor tem permissão para ver os dados dispostos na nuvem, onde é o armazenamento físico desses dados, e qual o tratamento dado aos dados desativados. São questionamentos muito importantes que servem para avaliar a qualidade de serviço do provedor e prevenir riscos.

⬜ APIs
As instruções e padrões de programação para acesso a um aplicativo ou software (as APIs) precisam ser bem específicas para não deixar dúvida sobre a rotina e os padrões de programação para acesso e uso dos serviços na nuvem.

⬜ RELAÇÃO CLIENTE x PROVEDOR
Sobre a relação cliente e provedor, é bom não amarrar no contrato nenhuma ameaça de deserção, nenhum tipo de aprisionamento ao provedor ou de fixação do cliente, para que ambos tenham a

liberdade de outra escolha caso constate que o contrato de serviço não esteja mais alinhado à estratégia do negócio.

Como em todo negócio, existem riscos e vantagens, basta conhecer e identificar cada uma para que se possa administrar da melhor forma possível, se precavendo ao máximo das possíveis ameaças.

▨ GARANTIA DE PROVEDORES

Convenhamos que obter garantia de provedores de nuvem pode ser complicado; a jurisdição para esse nicho ainda é pouco clara ou incerta, por isso o contrato precisa ser muito bem analisado e ajustado às reais necessidades do negócio. Uma questão que não pode passar em branco no contrato é a posse dos dados, que deve ficar bem claro pertencer ao cliente e não ao provedor.

▨ BLOQUEIO DE FORNECEDOR

É comum promessas de flexibilidade por parte dos provedores de serviços em nuvem em relação ao uso e integração dos serviços. Porém, a mudança de serviços em nuvem é algo que ainda não evoluiu completamente. Portanto, as organizações podem achar difícil migrar seus serviços de um fornecedor para outro. Hospedar e integrar aplicativos de nuvem atuais em outra plataforma pode gerar problemas de interoperabilidade e suporte. Por exemplo, os aplicativos desenvolvidos no Microsoft Development Framework (.Net) podem não funcionar corretamente na plataforma Linux.

Gerenciando os Riscos

Qualquer organização que leve a segurança a sério precisa enxergar o gerenciamento de riscos como um processo contínuo. Com isso, podemos afirmar que o gerenciamento de riscos não é algo que se faz apenas uma vez. A gestão de riscos é o processo de identificação, avaliação, priorização e abordagem dos riscos. Cada parte desse processo deve ser tratada de forma separada, mas podendo (e devendo!) ocorrer muitas vezes. O gerenciamento de riscos, na verdade, é a garantia de que os riscos mais prováveis foram planejados e, assim, foi possível traçar planos para lidar com esses eventos antes mesmo que ocorram.

- ☐ Risco é a probabilidade de um evento incerto afetar um ou mais recursos.

Enquanto que a maioria das pessoas enxergam nos riscos apenas os efeitos negativos, o Conjunto de Conhecimento em Gerenciamento de Projetos (PMBOK), pertencente ao Instituto de Gerenciamento de Projetos (PMI), afirma que os efeitos do risco podem ser positivos ou negativos. Essa filosofia de gestão de risco do PMI é baseada em uma abordagem proativa, que executa de forma simultânea as ações de:

- ☐ Minimizar os efeitos dos riscos negativos;
- ☐ Maximizar os efeitos dos riscos positivos.

RISCO = AMEAÇAS x VULNERABILIDADES

- ☐ Ameaça é a frequência de qualquer evento. Geralmente, os eventos de ameaça são negativos ou adversos.

- ☐ Vulnerabilidade é a probabilidade de que uma ameaça específica aconteça com sucesso.

Então, a multiplicação da probabilidade de uma ameaça pela probabilidade de uma vulnerabilidade produz o risco de um evento específico.

Lembrando ainda que os riscos se aplicam a ativos específicos. Portanto, ao multiplicar a probabilidade do risco pelo custo do ativo, o resultado é a exposição a um risco específico.

É difícil e até raro pensar no risco como algo positivo. Mas, a incerteza pode resultar em eventos com efeitos negativos ou positivos. Vamos exemplificar: Imagine que uma organização planeja implantar um novo software que será destinado a seus usuários finais, com base na disponibilidade projetada pelo fornecedor do software. O plano de gerenciamento de risco precisa abordar as respostas em relação a entrega do software, se antecipada ou tardia. Se o software for recebido antecipadamente, será possível executar testes mais exaustivos ou começar a implantação mais cedo. Porém... Se o fornecedor do software atrasar a entrega, a data de implantação projetada será extrapolada, o planejamento não será cumprido no prazo determinado. A questão é que também é preciso planejar como lidar com os efeitos positivos e negativos, tipo os efeitos que podem ser causados por uma data de entrega não cumprida. Pois, tendo essa probabilidade dentro do planejamento, é possível ter junto também um plano de mitigação para tal risco.

Vale ressaltar que essa abordagem proativa do PMI em relação ao gerenciamento dos riscos não é a única maneira de lidar com as ameaças e vulnerabilidades, mas é uma forma eficiente e, por isso, adotada por muitas organizações.

Pratique o que Aprendeu

Que tal colocar em prática o que você aprendeu até aqui? Para isso, aproveite esses exercícios de fixação:

1. Qual das alternativas não traz uma característica da computação em nuvem?
A) On-Demand Self-Service.
B) Ubiquitous Network Access.
C) Resource Pooling

D) SlowElasticity.

2. É de uso organizacional exclusivo, ou seja, é uma organização que a gerencia para fins próprios. Estamos falando do modelo de implantação de nuvem:
A) Privada.
B) Da comunidade.
C) Pública.
D) Híbrida.

3. Cada vez mais esse Modelo _____ vem sendo o preferido de várias organizações por sua facilidade de adequação ao tipo de negócio e flexibilidade na manutenção de recursos e custos. Preencha o espaço vazio com uma das alternativas abaixo:
A) Privado
B) Da Comunidade
C) Público
D) Híbrido

4. O SaaS, de software como um serviço, possibilita o uso:
A) Pessoal apenas.
B) Organizacional apenas.
C) Pessoal e organizacional.
D) Comunitário apenas.

5. O _____ cobre a necessidade de ter um sistema operacional. Estamos falando do:
A) SaaS
B) PaaS
C) IaaS
D) IDaaS

6. Qual das alternativas não traz uma causa de possíveis riscos da computação em nuvem?
A) Criptografia.
B) Armazenamento e arquivamento de dados.
C) Garantia de provedores.
D) PBX.

7. O gerenciamento de riscos deve ser um processo:
A) Contínuo.
B) Esporádico.
C) Eventual.
D) Temporário

8. A gestão de riscos é o processo de:
A) Auditoria organizacional.
B) Certificação.
C) Identificação, avaliação, priorização e abordagem dos riscos.
D) Classificação de dados.

9. Controle e monitoria que a nuvem faz dos serviços, possibilitando a transparência necessária na relação custo X benefício entre o fornecedor e o consumidor, o que ajuda a saber quanto foi utilizado e quanto deve ser cobrado por tal uso.Estamos falando de:
A) Elasticidade Rápida.
B) Pool de Recursos.
C) Amplo Acesso à Rede.
D) Serviços Mensuráveis.

10. Quais são as três tecnologias VPN usadas atualmente?
A) TCP, IP e IPSec.
B) PTTP, SSL e IPSec.
C) HTTP, HTML, WWW.
D) Hubs, Switches e Firewalls.

Gabarito de respostas

1. Qual das alternativas não traz uma característica da computação em nuvem?
A) On-Demand Self-Service.
B) Ubiquitous Network Access.
C) Resource Pooling
D) SlowElasticity.

A) Incorreta. On-Demand Self-Service é uma característica da computação em nuvem.
B) Incorreta. Ubiquitous Network Access é uma característica da computação em nuvem.
C) Incorreta. ResourcePooling é uma característica da computação em nuvem.
D) Correta. SlowElasticity não é uma característica da computação em nuvem.

2. É de uso organizacional exclusivo, ou seja, é uma organização que a gerencia para fins próprios. Estamos falando do modelo de implantação de nuvem:
A) Privada.
B) Da comunidade.
C) Pública.
D) Híbrida.

A) Correto. São características do modelo de Nuvem Privada.
B) Incorreto. Não são características do modelo de Nuvem Comunitária.
C) Incorreto. Não são características do modelo de Nuvem Pública.
D) Incorreto. Não são características do modelo de Nuvem Híbrida.

3. Cada vez mais esse Modelo _____ vem sendo o preferido de várias organizações por sua facilidade de adequação ao tipo de negócio e flexibilidade na manutenção de recursos e custos.
Preencha o espaço vazio com uma das alternativas abaixo:
A) Privado
B) Da Comunidade
C) Público
D) Híbrido

A) Incorreto. Não são características do Modelo Privado.
B) Incorreto. Não são características do Modelo Da Comunidade.
C) Incorreto. Não são características do Modelo Público.
D) Correto. São características do Modelo Híbrido.

4. O SaaS, de software como um serviço, possibilita o uso:
A) Pessoal apenas.
B) Organizacional apenas.
C) Pessoal e organizacional.
D) Comunitário apenas.

A) Incorreto. Pessoal (~~apenas~~).
B) Incorreto. Organizacional (~~apenas~~).
C) Correto. O SaaS possibilita o uso pessoal e organizacional.
D) Incorreto. (~~Comunitário apenas~~).

5. O _____ cobre a necessidade de ter um sistema operacional. Estamos falando do:
A) SaaS
B) PaaS
C) IaaS
D) IDaaS

A) Incorreto. (~~SaaS~~)
B) Correto. O PaaS é uma solução para empresas que precisam de uma plataforma completa de sistema, de alta performance e segura, empresas que atuam como SaaS, ou seja, que vendem serviços e funcionalidades em forma de software.
C) Incorreto. (~~IaaS~~)
D) Incorreto. (~~IDaaS~~)

6. Qual das alternativas não traz uma causa de possíveis riscos da computação em nuvem?
A) Criptografia.
B) Armazenamento e arquivamento de dados.
C) Garantia de provedores.
D) PBX.

A) Incorreto. A Criptografia pode ser uma causa de possíveis riscos da computação em nuvem se apresentar deficiência de dados em trânsito e dados in situ.
B) Incorreto. Armazenamento e arquivamento de dados é uma causa de possíveis riscos da computação em nuvem.

C) Incorreto. Garantia de provedores é uma causa de possíveis riscos da computação em nuvem .

D) Correto. PBX não é uma causa de possíveis riscos da computação em nuvem.

7. O gerenciamento de riscos deve ser um processo:
A) Contínuo.
B) Esporádico.
C) Eventual.
D) Temporário

A) Correto. O gerenciamento de risco precisa ser contínuo.
B) Incorreto. (~~Esporádico~~). O gerenciamento de risco precisa ser contínuo.
C) Incorreto (~~Eventual~~). O gerenciamento de risco precisa ser contínuo.
D) incorreto. (~~Temporário~~) O gerenciamento de risco precisa ser contínuo.

8. A gestão de riscos é o processo de:
A) Auditoria organizacional.
B) Certificação.
C) Identificação, avaliação, priorização e abordagem dos riscos.
D) Classificação de dados.

A) Incorreto. Auditoria organizacional. É um processo de identificação, avaliação, priorização e abordagem dos riscos.
B) Incorreto. (~~Certificação~~). É um processo de identificação, avaliação, priorização e abordagem dos riscos.
C) Correto. É um processo de identificação, avaliação, priorização e abordagem dos riscos.
D) Incorreto. (~~Classificação de dados~~). É um processo de identificação, avaliação, priorização e abordagem dos riscos.

9. Controle e monitoria que a nuvem faz dos serviços, possibilitando a transparência necessária na relação custo X benefício entre o fornecedor e o consumidor, o que ajuda a saber quanto foi utilizado e quanto deve ser cobrado por tal uso. Estamos falando de:

A) Elasticidade Rápida.
B) Pool de Recursos.
C) Amplo Acesso à Rede.
D) Serviços Mensuráveis.

A) Incorreto. Não são as características de Elasticidade Rápida.
B) Incorreto. Não são as características de Pool de Recursos.
C)Incorreto. Não são as características de Amplo Acesso à Rede.
D) Correto. São características de Serviços Mensuráveis.
10. Quais são as três tecnologias VPN usadas atualmente?
A) TCP, IP e IPSec.
B) PTTP, SSL e IPSec.
C) HTTP, HTML, WWW.
D) Hubs, Switches e Firewalls.

A) Incorreto. (~~TCP, IP~~) e IPSec. As três tecnologias VPN usadas atualmente são PTTP, SSL e IPSec.
B) Correto. As três tecnologias VPN usadas atualmente são PTTP, SSL e IPSec.
C) Incorreto. (~~HTTP, HTML, WWW~~). As três tecnologias VPN usadas atualmente são PTTP, SSL e IPSec.
D) Incorreto. (~~Hubs, Switches e Firewalls~~). As três tecnologias VPN usadas atualmente são PTTP, SSL e IPSec.

Capítulo 6 – Criptografia

Um Pouco da História da Criptografia...

A criptografia faz parte da história da humanidade.

Há pelo menos 4.000 anos informações vêm sendo protegidas através de criptografia. No início, o método era chamado de esteganografia, que é o estudo e uso das técnicas para ocultar a existência de uma mensagem dentro de outra, uma forma de segurança por obscurantismo.

E, acredite, há registros de lendas que contam que tiranos de séculos passados tatuavam mensagens no couro cabeludo de seus escravos mensageiros para esconder informações sigilosas! Dessa forma, se os inimigos interceptassem os mensageiros não encontrariam nada com eles. Mas esse era um método além de absurdo, muito demorado, pois precisava esperar crescer o cabelo do escravo antes que pudesse enviá-lo com a mensagem.

Na Inglaterra, a rainha Elizabeth I mandou executar a prima Mary Queen porque descobriu que ela se comunicava com seus inimigos através de códigos secretos; a Rainha conseguiu que decifrassem os códigos e comprovou a traição da prima; fato que alterou o curso da história inglesa e marcou a origem da criptoanálise.

Já no século XX, na I e II guerra mundial, a criptografia também desempenhou um papel importante nas comunicações; foram as primeiras grandes guerras usando rádios; cada país usando os próprios códigos para proteger suas informações; muitos conseguiram quebrar os códigos dos oponentes, o que diversas vezes os tornaram vitoriosos, como, por exemplo, na Batalha de Midway e na Batalha da Grã-Bretanha, vitórias que marcaram a história militar mundial. O advento do computador digital possibilitou as cifras complexas. E a partir daí já foi possível executar, em segundos, operações que antes eram manuais e levavam horas ou dias para serem concluídas.

Com a chegada da era digital, a criptografia teve suas cifras e equipamentos classificados como munições, de acordo com a Lei de Controle de Munições de 1950, o que tornou oficialmente a técnica criptográfica um instrumento de guerra, sujeito a controles de exportação e supervisão governamental. Em 1976,WhitfieldDiffie e Martin Helhman da Universidade de Stanford, incomodados com a técnica que precisa que sejam trocadas mensagens entre as duas partes informando a chave, o que gera riscode interceptação, encontraram na limitação da criptografia simétrica a solução da assimetria. Então, publicaram um artigo sobre a troca de chaves deDiffie-Hellman, introduzindo o conceito de criptografia de chaves assimétrica que revolucionou a criptografia. E assim foi lançada a criptografia de chave assimétrica, usando a cifra com duas chaves separadas, uma para criptografar e outra para descriptografar. Dessa forma, ainda que um oponente intercepte tudo, não será capaz de decifrar a mensagem.

A criptografia assimétrica então chegou para cumprir o papel de atender a quatro objetivos básicos, que são:

- CONFIDENCIALIDADE – Ao criptografar uma mensagem, o remetente precisa se certificar de que a mensagem está segura, e que nenhum oponente tem a chave, e nem conseguirá encontrar um atalho, para decifrá-la;
- INTEGRIDADE – Quando a descriptografia decifra algo sem sentido, deve-se desconfiar que a mensagem pode ter sido alterada em trânsito. Se bem que um falsificador munido

de equipamento de criptografia, pode conseguir fazer uma mensagem falsa parecer legítima. Portanto, é preciso ter bastante atenção e cuidado. Até porque a quebra da integridade muitas vezes pode até ser acidental. Por isso, a solução para cumprir o objetivo da integridade é a:

- ☐ AUTENTICAÇÃO – A autenticação comprova a identidade do remetente. Assim é possível detectar se o remetente ou o receptor, que possuem o mesmo livro de códigos, erraram ou trocaram elementos dele, alterando assim a mensagem original;
- ☐ NÃO REPÚDIO – Por último, o não repúdio é a prova de que a mensagem foi de fato originada por uma das partes, o que não é possível com criptografia de chave simétrica, já que qualquer pessoa com acesso à chave compartilhada pode originar uma mensagem, e, assim, não há como provar quem escreveu.

Princípio de Kerckhoffs

Princípio de Kerckhoffs da Criptografia - Também chamado de desiderato, suposição, axioma, doutrina ou lei de Kerckhoffs. Foi elaborado por Auguste Kerckhoffs, criptógrafo holandês do século 19. Ele afirmou que um sistema criptográfico deve ser seguro mesmo que tudo sobre o sistema, exceto a chave, seja de conhecimento público.

Os seis princípios de Kerckhoffs são:
1. O sistema deve ser materialmente, se não matematicamente, indecifrável;
2. É necessário que o sistema em si não requeira sigilo, e que não seja um problema se ele cair nas mãos do inimigo;
3. Deve ser possível comunicar e lembrar da chave sem a necessidade de notas escritas, e os interlocutores devem ser capazes de modificá-la a seu critério;
4. Deve ser aplicável à correspondência telegráfica;
5. O sistema deve ser portátil, e não deve exigir a participação de múltiplas pessoas na sua operação e manuseio;

6. Por fim, o sistema deverá ser simples de usar e não exigir conhecimentos profundos ou concentração dos seus usuários nem um conjunto complexo de regras.

Embora alguns desses princípios, como o princípio 4, não sejam mais tão relevantes atualmente, o princípio 2 até hoje ainda é considerado o mais relevante, o qual pode ser resumido afirmando que:

Um sistema de criptografia deve ser seguro, ainda que o adversário conheça todos os detalhes do sistema, com exceção da chave secreta, contrastando com a segurança por obscurantismo.
(Fonte das informações: Wikipédia)

Conceitos e Definições Básicas no Processo Criptográfico

⬚   CRIPTOGRAFIA QUÂNTICA:
"Utiliza os princípios da Mecânica Quântica para garantir uma comunicação segura. Com ela, emissor e receptor podem criar e partilhar uma chave secreta para criptografar e decifrar suas mensagens."
(Wikipédia)

A criptografia é o meio mais eficaz para proteger as informações digitais!

Sem compreender os conceitos de criptografia não é possível implementar a segurança da informação de forma eficiente. Por isso, vale fazer uma breve checagem para refrescar a memória sobre os principais conceitos de uma criptografia.

Antes de qualquer definição, precisamos enxergar a criptografia como uma ferramenta, cujo objetivo principal é proteger dados contra acessos não autorizados.

- A CRIPTOGRAFIA é o ato de codificar dados para que só possam ser decodificados por indivíduos específicos. E isso se faz transformando textos simples em textos cifrados.

- A DESCRIPTOGRAFIA é o ato de decifrar o texto cifrado, transformando-o em texto simples.

- Quando a mensagem não está criptografada, define-se como um TEXTO SIMPLES (Plaintext) ou TEXTO CLARO(cleartext).

- Quando a mensagem está cifrada, secreta, criptografada, tem-se um CRIPTOGRAMA.

- Ao tentar decifrar um criptograma quando não se tem o conhecimento da chave secreta que o originou, faz-se uma CRIPTOANÁLISE.

- A estimativa que se faz do tempo que um atacante levará para quebrar uma criptografia chama-se *workfactor*, em português: FATOR TRABALHO.

- E quando construímos um processo que criptografa e descriptografa algum dado ou um conjunto de dados, temos um SISTEMA CRIPTOGRÁFICO ou CRIPTOSSISTEMA.

- A criptografia combina os dados de origem para compor CHAVES de autenticidade das identidades. Qualquer texto simples para ser criptografado precisa de uma chave.

- CHAVE é uma cadeia de caracteres, chamados de algoritmos, criada para ser conhecida só para a pessoa remetente e / ou destinatária.

- Um ALGORITMO é um processo repetível, que produz o mesmo resultado quando recebe a mesma entrada. A criptografia usa o processo matemático do algoritmo para executar a sua função. O algoritmo usado para criptografar as informações pode ou não ser o mesmo para descriptografá-las. Exemplo: Imagine um algoritmo simples que adiciona X a um valor a criptografar, logo teria que subtrair X desse mesmo valor para então descriptografá-lo.

- Uma CIFRA é um algoritmo para criptografar ou descriptografar informações. A repetibilidade do processo é que garante que as informações uma vez criptografadas, possam ser descriptografadas.

- ALGORITMOS UNILATERAIS são os algoritmos de criptografia que não possuem algoritmos de descriptografia. E a saída de um algoritmo unilateral é um HASH.

- A FUNÇÃO HASH é um algoritmo matemático que pega qualquer bloco de dados e transforma em um bloco de saída fixo, sempre com quarenta caracteres, e quase impossíveis de inverter.

- O valor retornado por uma função hash é chamado de VALOR HASH, ou código hash, soma hash (hash sum), checksum ou somente hash. Um grande exemplo de valor hash é a composição de uma assinatura digital, que comprova a integridade e autenticidade de uma informação, permitindo saber ao certo se de fato foi feita por quem diz ter feito e se não foi alterada.

A cifra usa a chave criptográfica para alterar sua saída, ou seja, entra de um jeito e sai de outro, para que apenas os dois correspondentes possam entender a mensagem transformada e proteger seus dados. Se a chave for mudada, a saída da função criptográfica também muda, ainda que o texto simples permaneça o mesmo.

IMPORTANTE:

- A força de um sistema criptográfico pode não depender do sigilo, exceto da chave;

- Algoritmos e implementações podem ser publicados gratuitamente, e

tornam-se ainda mais fortes por causa da análise pública;

- A força de um bom sistema criptográfico está na força dos algoritmos, usados para produzir chaves e texto cifrado, no número de chaves possíveis (*keyspace*), e no segredo das chaves.

- KEYSPACE – É a quantidade de chaves possíveis para uma cifra.

Mesmo sem conhecimento da chave, um invasor com acesso a uma mensagem criptografada e a cifra de descriptografia, tem como tentar todas as chaves possíveis para decodificar a mensagem. É o que chamamos de ATAQUE DE FORÇA BRUTA. Quanto mais o keyspace é ampliado, mais o custo de um ataque de força bruta encarece. Portanto, se a cifra não tiver fraquezas matemáticas, um keyspace maior geralmente significa mais segurança.

Tipos de Cifras

As cifras podem ser:
- ☐ PÚBLICAS, com código aberto;
- ☐ OCULTAS, com código fechado, com proprietário.

As cifras de código aberto são submetidas a extensiva análise por especialistas, que checam falhas e fraquezas que possam diminuir a força da cifra. Quanto menos falhas sejam encontradas, mais segura é a cifra.

Existem duas formas básicas de cifras:
- ☐ CIFRAS DE TRANSPOSIÇÃO, que reorganizam caracteres ou bits de dados;
- ☐ CIFRAS DE SUBSTITUIÇÃO, que substituem bits, caracteres ou blocos de informações com outros bits, caracteres ou blocos.

CIFRAS DE TRANSPOSIÇÃO

Uma cifra de transposição básica grava os caracteres em linhas em uma matriz, lendo as colunas como uma saída.

Uma característica das cifras de transposição é o fato de manter todos os elementos da mensagem original; as informações são apenas embaralhadas para que possam ser remontadas depois. Exemplo:

Mensagem: "ATTACK AT DAWN" distribuída em uma matriz de quatro colunas, sendo a Chave = 1,2,3,4:

1	2	3	4
A	T	T	A
C	K	A	T
D	A	W	N

Lendo o texto cifrado, sendo cada coluna uma saída, temos:

ACDTKATAWATN

Com a chave: 2,4,3,1 teremos outro texto cifrado diferente:

TKAATNTAWACD.

A pista para um criptoanalista perceber que se trata de uma cifra de transposição é observar a frequência das letras, pois sempre são mantidos os caracteres originais, e embaralhados sequencialmente de acordo com a ordem dos elementos da chave e suas devidas disposições nas colunas da matriz.

Algumas cifras básicas de transposição digital convertem bits em bytes para fazer os dados parecerem ininteligíveis para pessoas não autorizadas.

CIFRAS DE SUBSTITUIÇÃO

Uma das cifras de substituição mais básicas é a chamada CIFRA DE CÉSAR (CAESAR).
CAESAR
O método muda cada letra do alfabeto inglês por um número fixo de posições, do Z voltando para o A. Ou seja, cada letra do alfabeto é deslocada da sua posição um número fixo de lugares.
Usando um deslocamento de 3; o "A" torna-se "D", o "B" torna-se "E", e daí por diante!

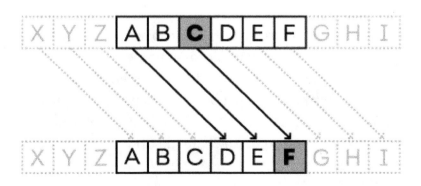

Exemplo:

"ATTACK AT DAWN" -> DWWDFN DW GDZQ

Como o alfabeto tem 26 letras, excluindo uma possibilidade de chave que seria a do caractere do texto original, sobram 25 chaves possíveis para uma Cifra de César.

Podemos observar também que as letras do texto cifrado não estão presentes no texto simples, portanto não se trata de cifra de transposição, e sim de substituição.

Outra opção de codificação é a cifra alfabética mista de palavra-chave, que usa um alfabeto cifrado composto por uma palavra-chave, menos as duplicadas, seguida pelas letras restantes do alfabeto.

Exemplo:

Palavra-chave = "CRYPTOGRAPHY"

ABCDEFGHIJKLMNOPQRSTUVWXYZ -> CRYPTOGAHBDEFIJKLMNQSUVWXZ

(Alfabeto) -> (Palavra-chave substituindo as iniciais do alfabeto + Restante do alfabeto)

Aproveitando esse mesmo exemplo, com essa palavra-chave, um texto com:

Mensagem simples: "ALPHABET" -> Mensagem criptografada: "CEKACRTQ".

E qualquer cifra de substituição vai usar esses mesmos princípios básicos, seja ela complexa ou não.

Para deixar ainda mais difícil a quebra desses códigos, tem a opção de usar vários esquemas de criptografia em sucessão, como, por exemplo, criptografar cada letra com um esquema próprio de substituição, que é a chamada CIFRA VIGENÈRE.

Na prática, funciona como várias Cifras de César, cada uma com seus próprios caracteres de mudança.

Exemplo:

Usar a palavra: "PARTY" como chave, sendo cinco Cifras de César.

Sabendo que cada caractere do alfabeto possui um valor de 0 a 25, é possível calcular o caractere criptografado adicionando o valor da letra do texto simples ao valor da letra correspondente na chave. Se a soma for maior que 25, basta subtrair 25 para encontrar o valor final.

Para criptografar a mensagem: ATTACK AT DAWNTOMORROW

Texto simples: ATTACKATDAWNTOMORROW

Chave (repetida para coincidir com o comprimento do texto simples): PARTYPARTYPARTYPARTY

Texto cifrado (mudando caracteres usando a chave): PTKTAZAKWYLNKHKDRIHU

E, para garantir a segurança das cifras de substituição, existem três passos que devem ser seguidos:
1. Certificar-se de que a chave é uma sequência aleatória sem repetição;
2. Certificar-se de que o texto cifrado seja tão longo quanto as informações que foram criptografadas;
3. Usar apenas uma vez o bloco de cifra.

A primeira vez que essa estratégia foi usada foi em sistemas de computador baseados em um projeto de Gilbert Vernam, um funcionário da AT&T. Daí a nomenclatura de CIFRA VERNAM, que cria fluxo de bits de zeros e de uns, combinando com o texto simples, usando a FUNÇÃO *EXCLUSIVE-OR* (exclusivo). Essa OPERAÇÃO EXCLUSIVO é verdadeira quando apenas uma das entradas é verdadeira.

Sendo assim, a FUNÇÃO EXCLUSIVO forma a tabela da verdade, em que:

A	B	Saída
0	0	0
0	1	1
1	0	1
1	1	0

Perceba que o resultado é referente à função, ou seja, quando os elementos são iguais e quando os elementos são diferentes. Dessa forma, é possível combinar uma sequência binária de dados com uma sequência de teclas binárias (sequência de caracteres de uma chave) para produzir textos cifrados. É assim que o hardware ou software usa cifras de substituição modernas.

Metodologias de Encriptação – Conceitos

Existem duas metodologias gerais de criptografia, que são:

- Criptografia simétrica;
- Criptografia assimétrica.

- **Quando é usada** a mesma chave para criptografar e descriptografar, as cifras de chaves são privadas (SIMÉTRICAS).

- Quando são usadas chaves diferentes para criptografar e descriptografar, são cifras de chaves públicas (ASSIMÉTRICAS).

Normalmente, os termos CHAVE PÚBLICA e CHAVE PRIVADA se referem a duas chaves diferentes em cifras assimétricas. Juntos, esses termos formam um par de chaves.

⬜ CRIPTOGRAFIA SIMÉTRICA X CRIPTOGRAFIA ASSIMÉTRICA:

CRIPTOGRAFIA SIMÉTRICA	CRIPTOGRAFIA ASSIMÉTRICA
É usada a mesma chave para criptografar e descriptografar os dados do criptossistema.	A chave para descriptografar é diferente da usada para criptografar.

CRIPTOGRAFIA SIMÉTRICA

No processo de confidencialidade da criptografia simétrica, o texto simples passa pela encriptação com uma chave secreta, então obtém-se o algoritmo transmitido e se faz a decriptação com a mesma chave secreta, que resulta no texto simples novamente.

PROCESSO DA CONFIDENCIALIDADE SIMÉTRICA:

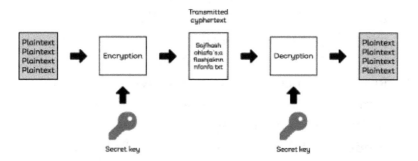

Texto simples; Encriptação / Chave secreta; Algoritmo transmitido; Decriptação / Chave secreta; Texto simples.

O remetente precisa compartilhar a chave com o destinatário; geralmente, isso é feito por e-mail, o que representa uma limitação básica, já que essa comunicação à parte contendo a informação da chave pode ser interceptada, gerando riscos de segurança.

- ⬜ Exemplos de criptografia simétrica: AES, DES, 3DES, IDEA, RC4, RC5, RC6 entre outras.

- ⬜ AES (AdvancedEncryption Standard) - Padrão Avançado de Criptografia. É uma codificação em bloco simétrica, a princípio usada pelo governo americano para criptografar dados confidenciais. Atualmente, usado também por usuários comuns e organizações para bloquear informações valiosas.

- ⬜ DES - Usa chave de 64 bits, porém somente 56 deles são realmente utilizados pelo algoritmo para personalizar/cifrar a transformação, de forma que a descriptografia seja possível, teoricamente, só por aqueles que conhecem a chave secreta utilizada para criptografar.

- ⬜ 3DES(Triple-DES) – Usa três ou duas chaves de 56-bit, a depender do modo de operação escolhido, podendo ser: DES-EEE3, DES-EDE3 e DES-EEE2. Os blocos de 64-bit passam por 48 operações de substituição e transposição.

- ⬜ RC4 – É uma cifra de fluxo de chave de tamanho variável, com operações orientadas a bytes, usada para fornecer sockets seguros em conexão de camada (SSL). A RC4 foi produzida pela RSA Security. Já o RC5 é um algoritmo parametrizado que implementa blocos de 32/64/128 bits, tamanho de chave variável e um número variável de rodadas. E o RC6 usa o RC5 adicionando uma multiplicação inteira, implementando os quatro registradores de trabalho de 4 bits em vez dos dois registradores de 2 bits do RC5.

▢ IDEA (International Data Encryption Algorithm) - É um algoritmo de cifra de bloco que faz uso de chaves de 128 bits e que tem uma estrutura semelhante ao DES. Como uma cifra de bloco, também é simétrica. Foi criado em 1991 por James Massey e Xuejia Lai.

CRIPTOGRAFIA ASSIMÉTRICA
▢ Confidencialidade e Autenticidade

Primeiramente, a mensagem que será enviada é criptografada com a chave pública e somente a pessoa que recebe poderá descriptar. Isso garante confidencialidade. É como uma caixa de correios, onde você coloca uma carta na caixa que se abre com uma chave pública, que todo mundo tem; entretanto, somente o remetente pode retirar a carta, ou seja, o detentor da chave privada. É como uma caixa de correios, onde você coloca uma carta na caixa que se abre com uma chave pública, que todo mundo tem; entretanto, somente o remetente pode retirar a carta, ou seja, o detentor da chave privada.

PROCESSO DE CONFIDENCIALIDADE ASSIMÉTRICA:

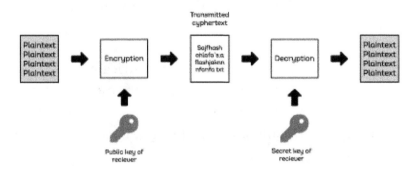

Texto simples; Encriptação com a chave pública do receptor; Algoritmo transmitido; Decriptação / Chave secreta do receptor; Texto simples.

Na segunda forma, onde se atesta a autenticidade, a pessoa envia encripta a mensagem com sua chave secreta, que só ela conhece. Dessa forma, a pessoa que recebe a mensagem pode autenticar que essa mensagem foi realmente enviada pela pessoa correta. Essa técnica é semelhante a utilizada em assinatura de contratos, pois valida a autenticidade de assinatura digital.

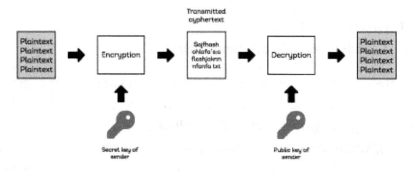

Vantagens da Criptografia Assimétrica:
- Sem problemas para trocar chaves;
- O gerenciamento de chaves é melhor escalonado;
- Oferece mais serviços de segurança do que a criptografia simétrica
- (confidencialidade, integridade, autenticação e não repúdio).

- Desvantagens da Criptografia Assimétrica:
- O processo é muito mais lento do que a criptografia simétrica devido a uma matemática muito mais complexa. Não é apropriado criptografar grandes quantidades de dados;

- As chaves são mais longas, requerem um poder de processamento significativo.

- Exemplos de criptografia assimétrica: RSA, DHE e ECC, além da encriptação híbrida.

- RSA (RIVEST-SHAMIR-ADLEMAN) - Um dos primeiros sistemas de criptografia assimétrica, de chave pública, e é muito usado para transmitir dados com segurança. No RSA, a chave de encriptação é pública e é diferente da chave de decriptação, que é secreta (privada). O acrônimo RSA é composto pelas letras iniciais dos sobrenomes de Ron Rivest, Adi Shamir e Leonard Adleman, fundadores da empresa RSA Data Security Inc., os primeiros a descrever o algoritmo em 1978.

- Criptografia de curva elíptica (ECC) - Usa as propriedades matemáticas das curvas elípticas para produzir sistemas criptográficos de chave pública.

- Criptografia híbrida - Une o útil ao agradável; é a segurança da criptografia assimétrica com a rapidez de processamento da simétrica. Ou seja, é usar as chaves públicas e privadas para compartilhamento seguro apenas das chaves secretas, para depois então usar as chaves secretas para cifrar os dados.

Os recursos usados para criptografia são muitos e cada vez mais são desenvolvidas novas versões, ainda mais sofisticadas, para acompanhar a necessidade de segurança cibernética. Um exemplo é o Código de Autenticação de Mensagem (MAC). que é uma Técnica de autenticação alternativa que envolve o uso de uma chave secreta para gerar um pequeno bloco de dados de tamanho fixo, que é anexado à mensagem original, entre tantas outras técnicas criadas e recriadas de acordo com a especificidade do risco.

A Criptografia na Segurança da Informação

A meta da criptografia, em relação à segurança da informação, é satisfazer os requisitos de:

- Confidencialidade;
- Integridade;
- Autenticação;
- Não repúdio.

CONFIDENCIALIDADE

A confidencialidade mantém secretas as informações de todas as pessoas autorizadas. A criptografia torna as informações ininteligíveis para qualquer pessoa que não saiba a cifra de criptografia e a chave adequada. Divulgar certas comunicações que contêm informações confidenciais pode prejudicar os correspondentes ou ajudar um oponente. Por isso, somente pessoas autorizadas devem ter acesso às informações.

INTEGRIDADE

A integridade garante que ninguém, nem mesmo o remetente, altere as informações após transmiti-las. Se uma mensagem não for descriptografada corretamente, alguém ou algo provavelmente alterou o texto cifrado em trânsito.

Além disso, a criptografia pode impor integridade com *hashes* ou somas de verificação.

⏹ Uma SOMA DE VERIFICAÇÃO é um cálculo unilateral de informações que produz um resultado geralmente muito menor do que a mensagem original.

É difícil duplicar. Por exemplo, uma soma de verificação simples do número de telefone 1-800-555-1212 pode ser a soma de cada dígito, que é igual a 30. Não é possível recriar o número de telefone conhecendo a soma de verificação. Mas, dá para dizer se o número de telefone corresponde à soma de verificação. Se, por exemplo, algum dígito fosse alterado de 1-800-55 5-1212 para 1-900-55 5-1212, a soma de verificação também mudaria. Então, a integridade dos dados seria questionada.

O que vemos é que este não é um método de segurança prático, já que é possível modificar facilmente os dados para produzir a soma de verificação correta com o número de telefone errado. É por isso que a verificação de integridade adota mais os processos matemáticos difíceis de fazer engenharia reversa; é por isso que a criptografia atual usa os hashes.

AUTENTICAÇÃO

A autenticação confirma a identidade de uma entidade. Pode ser do remetente, do computador, de algum dispositivo ou de alguma informação.

A forma mais direta de autenticação no mundo digital é um ID de usuário e uma senha. Porém, ainda não é uma autenticação forte, porque qualquer outra pessoa que consiga essas informações pode passar as mesmas informações ao destinatário, que pensará que o usuário é legítimo.

Já vimos que a criptografia simétrica tem esse problema; se um invasor consegue interceptar uma mensagem em que o remetente e o destinatário compartilham uma cifra e chave, o invasor pode se passar por um usuário legítimo. Por isso, para poder autenticar com criptografia simétrica, as partes devem primeiro distribuir com segurança as chaves entre si.

Uma opção é usar criptografia de chave assimétrica para distribuir as chaves simétricas. Daí, usariam as chaves simétricas para correspondência subsequente. Outra opção mais simples é a forma de distribuir as chaves usando um método de comunicação não relacionado, ou seja, um mensageiro físico poderia entregar a chave, mas esse processo é caro e demorado para um grande número de usuários.

Já a criptografia de chave assimétrica oferece um meio mais simples de autenticação. E é por isso que, junto com a confidencialidade, a criptografia de chave assimétrica é a base do comércio na Internet!

NÃO REPÚDIO

O não repúdio permite que você evite que uma parte negue uma declaração ou ação anterior. Por exemplo, vamos supor que um investidor enviou um e-mail a um corretor, afirmando: "Compre 1.000 ações da XYZ a 50. " Pouco depois, com o pedido já executado, a ação XYZ cai para 20. E aí o investidor nega a ordem de compra e diz que na verdade era uma ordem de venda... E assim fica difícil resolver esse dilema do disse ou não disse...
Mas, usando criptografia de chave assimétrica, pode-se provar matematicamente o que foi dito, porque o emissor é o único que conhece uma das chaves, o que serve como um "carimbo" de data, hora e emissor da mensagem; uma verdadeira prova irrefutável, aceita até nos tribunais!

Como é fácil confundir chaves públicas e privadas, o ideal ao criptografar uma mensagem para proteger sua confidencialidade e integridade é usar a chave pública do destinatário, dessa forma apenas o destinatário pode ser capaz de descriptografar a mensagem usando a chave privada correspondente. Mas, se o remetente da mensagem quiser usar a criptografia para impor o não repúdio, o melhor é criptografar a mensagem com a chave privada. Qualquer pessoa que tenha acesso à chave pública poderá descriptografar a mensagem, mas a descriptografia bem-sucedida prova quem é o remetente que originou a mensagem.

Portanto, podemos afirmar que a criptografia faz mais do que apenas manter as mensagens em segredo; a criptografia pode validar a identidade do remetente, pode registrar data e hora da mensagem, pode checar se uma das partes adulterou.

Requisitos Comerciais e de Segurança para Criptografia

- ⯑ Objetivos de segurança que agregam VALOR A UM NEGÓCIO:
- ⯑ Privacidade, para manter as informações legíveis apenas para pessoas autorizadas;
- ⯑ Integridade, garantindo que ninguém altere ou exclua dados;
- ⯑ Autorização, aprovando alguém para realizar uma tarefa específica ou acessar certos dados;
- ⯑ Controle de acesso, restringindo informações somente para as pessoas certas.

- ⯑ Objetivos de segurança que agregam VALOR ÀS RELAÇÕES ENTRE AS EMPRESAS:
- ⯑ Autenticação de mensagem, confirmando a identidade da pessoa que iniciou a correspondência;
- ⯑ Assinatura, como uma assinatura digital, vinculando uma mensagem ou dados a uma entidade específica;

- Recebimento e confirmação das mensagens de e-mail;
- Não repúdio, garantindo que a pessoa que envia uma mensagem não possa negá-la posteriormente.

Criptoanálise

A criptografia torna os dados ilegíveis para qualquer pessoa, exceto uma pessoa autorizada com o software certo e a chave certa... E, se os dados são valiosos, é bem provável que algum hacker apareça tentando quebrar o código.

- As cifras podem ser quebradas de duas maneiras:
- Analisando o texto cifrado para encontrar o texto simples ou a chave;
- Analisando o texto cifrado e o texto simples associado para encontrar a chave.

Para que uma cifra seja incondicionalmente segura não pode haver quantidade nenhuma de texto cifrado fornecendo informações suficientes para produção de um texto simples exclusivo.

A verdade é que, com tempo e recursos suficientes, é possível quebrar qualquer cifra! É por isso que o objetivo principal é deixar a cifra o mais difícil possível para dificultar ao máximo as tentativas de um cracker.

- É quando um invasor tenta e não consegue quebrar uma cifra, que se diz que é uma CIFRA FORTE ou computacionalmente segura.

Lembrando que quanto mais protegida a cifra, maior é o investimento econômico, quebrando no bolso os crackers que, muitas vezes, não possuem recursos suficientes para gastar com os equipamentos necessários nas investidas.

Existem quatro formas básicas de um ataque criptográfico:

1. Ataque somente texto cifrado (COA), quando o criptoanalista tem acesso apenas a um bloco de dados criptografados e não conhece os dados originais;

2. Ataque de texto simples conhecido (KPA), quando o criptoanalista possui algumas informações dos dados antes e depois da criptografia;

3. Ataque de texto simples escolhido, quando o ataque é feito a algum texto simples escolhido pelo criptoanalista, que pode criptografar qualquer informação e observar a saída. Para um criptoanalista, essa é a melhor opção, porque oferece uma melhor percepção e mais flexibilidade em relação ao mecanismo da criptografia;
4. Ataque de texto cifrado escolhido, que é quando os criptoanalistas enviam dados codificados com a mesma cifra e com a mesma chave que estão tentando quebrar para o dispositivo de descriptografia, para assim ver a saída do texto simples ou o efeito que o texto descriptografado causa em algum sistema. É um tipo especial de ataque.
É relevante em sistemas de chave assimétrica e funções *hash*.

Para facilitar a compreensão, imagine um cão de guarda treinado para responder apenas aos comandos falados em uma linguagem rara, como na língua indígena dos Navajos, por exemplo. Um ladrão não sabe falar Navajo, mas pode fazer uma série de ruídos e sons. O cão possivelmente vai ignorar as tentativas de comando fraudulentas, mas vai obedecer a comandos válidos. Falando bobagens suficientes, o ladrão pode provocar uma resposta do cão (mesmo que não seja a que ele procura). E, assim, observando a reação do cão a vários comandos aparentemente sem sentido, o ladrão pode ser capaz de treinar o cachorro para se deitar e se fingir de morto enquanto ele entra, rouba e não é atacado pelo cão que está sob os novos comandos, deitado e se fingindo de morto...
No mundo cibernético, esses ataques de texto cifrado escolhido, geralmente, tem como alvo e-mails criptografados.

Quanto à resistência de cifra de chave simétrica e assimétrica ao ataque, podemos dizer que a criptoanálise tem vários objetivos, incluindo:

- ⬚ Deduzir o texto simples de uma mensagem;
- ⬚ Determinar a chave usada para criptografar uma mensagem de destino;
- ⬚ Deduzir o algoritmo usado por uma cifra específica;
- ⬚ Resolver o problema matemático implícito na criptografia.

As ferramentas de criptoanálise usadas pelos criptógrafos são chamadas de:
- ⬚ Criptoanálise linear;
- ⬚ Criptoanálise diferencial;
- ⬚ Força bruta;
- ⬚ Pesquisa exaustiva;
- ⬚ Teoria da informação.

Em casos mais simples, são usadas mensagens criptografadas para deduzir o texto simples associado. Geralmente, as cifras usadas são de código aberto, o que significa dizer que o analista acessa a lógica das funções da criptografia e da descriptografia.

Os códigos fechados ou cifras proprietárias são mais seguras, já que o analista não conhece a função usada na cifra.

Como as Assinaturas Digitais Fornecem Autenticidade e Não Repúdio?

Para falar de assinaturas digitais, primeiramente é preciso saber diferenciar e não confundir assinaturas digitais com assinaturas digitalizadas.

- ⬚ Uma ASSINATURA DIGITALIZADA é uma imagem de uma assinatura física armazenada em formato digital, que pode ser em: JPG, GIF, ou BMP. O principal valor de uma assinatura digitalizada é que pode ser impressa, inclusive em cor parecida com uma assinatura escrita à mão.

- Já uma ASSINATURA DIGITAL é uma combinação de um *hash* forte de uma mensagem, que atua como uma impressão digital, podendo combinar com uma chave secreta de um criptosistema simétrico ou assimétrico. E, é justamente essa combinação que dá garantia dupla de que uma mensagem foi originada por um determinado emissor e que o conteúdo não foi alterado. Portanto, a prova de origem da mensagem é feita através da assinatura digital, porém apesar de provar sua autenticidade não garante sua confidencialidade.

Em um criptosistema assimétrico, qualquer pessoa que tenha acesso à chave pública de um assinante tem como verificar a assinatura digital. Mas, somente quem tem a chave privada pode criá-la. Como já sabemos, em um criptosistema simétrico, tanto o remetente quanto o destinatário precisam da mesma chave secreta.

Então, responda: - Que princípio de segurança é possível atender com uma assinatura digital assimétrica ao invés de uma simétrica? A resposta é: o não repúdio! Sim, porque se o remetente e o destinatário tiverem a mesma chave secreta, não tem como provar quem começou a troca de mensagens.

Para provar o não repúdio é preciso:
- Ter um algoritmo de chave assimétrica eficaz;
- Ter uma função *hash* forte;
- Ter um meio de aplicar a chave de criptografia privada ao valor *hash* para produzir uma assinatura digital;
- Ter um protocolo acordado para validar assinaturas digitais;
- Ter um sistema seguro de gerenciamento e distribuição de chaves;
- Ter um repositório de chave pública que tenha um nível garantido de integridade;
- Ter um depósito de chave para ser capaz de produzir chaves públicas;
- Ter adotado procedimentos para lidar com disputas.

☐ Todas essas etapas devem ser definidas pela organização por escrito, como parte de um acordo comercial. E, só então, deve-se implementar o não repúdio.

A assinatura digital fornece o mesmo nível de responsabilidade para transações eletrônicas que uma assinatura manuscrita. Por isso, é reconhecida como verificável por muitos governos. Como exemplo de uso, podemos citar casos em que é preciso proteger a integridade de transações financeiras, e-commerce, e-mail. E também é usada quando é preciso garantir que versões de software e patches, por exemplo, não foram comprometidas. Além de outras utilidades, como para assinar certificados digitais, enfim, cada vez mais a assinatura digital vem sendo mais e mais utilizada por empresas, pessoas físicas, organizações, no mercado de uma forma geral, afinal, as assinaturas digitais garantem que um remetente não possa negar o envio de uma mensagem. Lembrando que a mensagem é assinada com a chave privada do remetente, enquanto a chave pública relacionada é usada para validar a mensagem. E vale ressaltar também que a associação do par de chaves com o remetente deve ser assegurada por uma Autoridade de Certificação.

Sobre o Não Repúdio...

O não repúdio é um fator de confiança que previne que algumas das partes neguem ou contestem uma transação pós realizada. Geralmente, é realizado com assinaturas digitais (e infraestrutura de chave pública), já que é uma forma de assinar um documento de forma eletrônica, para que nenhuma das partes na transação tenha como negar o que foi documentado.

Como o Hashing Pode Fornecer a Integridade da Informação Digital

Os *hashes* atuam como uma impressão digital dos dados. Assim, é possível disponibilizar *hashes* como referência para ver se as informações foram alteradas.

Para serem eficazes, os *hashes* geralmente precisam ser longos o suficiente para que um *hacker* leve muito tempo até conseguir criar uma mensagem alternativa que corresponda ao valor *hash*.

As funções *hash* conseguem fornecer integridade aos dados porque ajudam a detectar falsificações, calculando a soma de verificação de uma mensagem, combinando-a com uma função criptográfica para obter um resultado à prova de falsificação.

Fornecedores de software normalmente usam valores *hash* para que os clientes possam verificar a integridade do software fornecido.

Os Principais Padrões de Hash

E ainda falando sobre *hashing*, é importante ressaltarmos os seus principais padrões. A começar pelo MD5 (Message-Digestalgorithm 5), que é o algoritmo de *hash* mais amplamente usado. E é uma versão revisada (e melhorada) do MD4, que apresentava alguns problemas de segurança e por isso foi sucedido pelo MD5.

  ⬚ MD5 é de domínio público, liberado para uso em geral. Ele pega uma mensagem de qualquer tamanho e gera um valor *hash* de 128 bits. É um algoritmo unidirecional e não pode ser transformado de volta no *plaintext*, no texto simples de origem. A verificação, portanto, é feita comparando os dois *hashes*; a da base de dado e da tentativa de *login*, ou seja, como não pode ser descriptografado, ao ser regenerado, é feita a comparação com a sequência inicial, e se igualarem, o acesso é liberado. Devido a essa característica inquebrável, sua utilidade é mais eficiente para uso de segurança de senhas e para checar a integridade de dados. Frequentemente é usado para verificar a integridade de arquivos. No entanto, nos últimos anos, os ataques de colisão foram bem-sucedidos.

- Outro padrão de *hash* é o SHA (Algoritmo Hash Seguro), que é um conjunto de funções *hashes* criptográficas.

- SHA-0 é baseado em MD4, enquanto o SHA-1 é baseado em MD5. Apesar de vários ataques já terem acontecido, e o SHA-1 ter ficado comprometido, ainda é a função SHA mais utilizada.
- No SHA-2, as variantes mais recentes são: SHA-224, SHA-256, SHA-384 e SHA-512. O SHA-2 apresenta uma evolução significativa em relação ao seu antecessor (SHA-1). A margem de segurança contra ataques de SHA-2 é mais forte que SHA-1, sendo, portanto, mais eficiente em aplicações que precisam de resistência à colisões, como é o caso das assinaturas digitais.

Infraestrutura de Chave Pública (PKI)

- INFRAESTRUTURA DE CHAVE PÚBLICA (PKI) Conjunto de hardware, software, pessoas, políticas e procedimentos necessários para criar, gerenciar, distribuir, usar, armazenar e revogar certificados digitais.

A infraestrutura de sistemas, software e protocolos, assim como o gerenciamento de criptografia de chave pública, com base no padrão X.509, tem três objetivos principais, que são:

1. Publicação de chaves públicas (por meio de certificados digitais);
2. Certificar que as chaves públicas estão vinculadas às pessoas ou organizações certas;
3. Verificar a validade das chaves públicas.

Partes e componentes de uma infraestrutura de chave pública:

As PARTES:

- AUTORIDADE DE CERTIFICAÇÃO (AC) - Terceiro confiável responsável por emitir os certificados digitais;

- AUTORIDADE DE REGISTRO (AR) – Responsável por solicitar para a AC a emissão do Certificado Digital. É quem deve conferir e validar as informações e os documentos de quem precisa fazer a emissão ou renovação do seu Certificado Digital;

- AUTORIDADE DE VALIDAÇÃO (AV) - Entidade que verifica a validade do certificado digital, de acordo com o padrão X.509 e RFC 5280. As AVs garantem que certificados inválidos ou revogados não sejam utilizados.

Os COMPONENTES:

- Certificados digitais (padrão X.509v3);

- Lista de revogação de certificado (CRL);

- Protocolo de status de certificado online (OCSP).

- CRL - Estrutura de dados que contém a lista de certificados que não devem ser considerados válidos. As CRLs devem ser assinadas por uma CA.
- Protocolo de status de certificado on-line (OCSP) - Protocolo de Internet usado para obter o status de revogação de um certificado digital X.509.

PROCESSOS

"O gerenciamento de chaves diz respeito ao gerenciamento de chaves criptográficas em um criptosistema. Isso inclui lidar com a geração, troca, armazenamento, uso e substituição de chaves. Inclui projeto de protocolo criptográfico, servidores principais, procedimentos do usuário e outros protocolos relevantes."

(Wikipédia)

No que diz respeito aos processos de uma infraestrutura de chave pública, bom saber que os processos de gerenciamento de chaves são a parte mais importante de qualquer implementação criptográfica. E esses processos incluem:

- Emissão;
- Revogação;
- Recuperação;
- Distribuição de chaves.

A chave em si, em particular o sigilo e o tamanho dela, é o elemento mais importante de todos!

Várias especificações de gerenciamento de chaves foram desenvolvidas para uso como plug-ins em aplicativos e dispositivos de rede.

- CHAVE DE SESSÃO – "Informação encriptada e segura, gerada pelo Authentication Server, que permite identificar se quem está apresentando o ticket é o mesmo cliente para quem o ticket foi concedido, e não uma outra pessoa que possa ter interceptado ticket pelo caminho." (Kerberos)

- CHAVE SECRETA - "Uma chave secreta é associada a cada cliente, com a finalidade de autenticar o usuário ao Kerberos. É obtida a partir da senha fornecida pelo cliente no momento de seu cadastramento, e sua chave secreta fica armazenada na Base de Dados do Kerberos." (Kerberos)

Certificados Digitais

Outro aspecto importante sobre a infraestrutura de uma chave pública são os certificados digitais e sua utilidade.

- CERTIFICADO DIGITAL liga uma chave pública ao seu proprietário, que pode ser uma pessoa individual comum ou outra entidade qualquer. Sendo assim, os certificados digitais são utilizados como proteção contra falsas identidades. E quando usamos chaves assimétricas, os certificados digitais fornecem a garantia sobre a propriedade da chave pública, por causa dessa função também são conhecidos como CERTIFICADOS DE CHAVE PÚBLICA.

Ou seja, os certificados digitais, além de conter a chave pública, eles confirmam a sua propriedade. Salientando que os certificados digitais são emitidos por uma autoridade de certificação, considerado um terceiro confiável.

- Quando o certificado digital é emitido para um proprietário individual comum, específico, temos um CERTIFICADO PESSOAL ou CERTIFICADO DE USUÁRIO.

- Quando o certificado digital é emitido para uma Autoridade de Certificação (C.A.), temos um CERTIFICADO DE AUTORIDADE DE CERTIFICAÇÃO OU CERTIFICADO DE ASSINANTE.

Os certificados digitais possuem campos específicos de informação, como exemplificado nesse modelo do Padrão X.509 versão 3:

Padrão X.509v3:

Field	Description
Algorithm ID	Algorithm used to sign the certificate
Issuer	X.500 name of CA
Validity	Start date and end date
Subject	Owner of the public key
Subject Public key	Public key of the certificate holder and the algorithm used to create it
Issuer Unique Identifier	Optional field in case the CA has more than one X.500 names
Subject Unique Identifier	Optional field in case the public key owner has more than one X.500 names
Extensions	Optional field
Certificate signature	Hash of the certificate encrypted with the secret key of the CA

- ☐ ID de algoritmo / Algoritmo usado para assinar o certificado.

- ☐ Emitente / Nome no Padrão X.500 da autoridade de certificação, C.A.

- ☐ Validade / Data de início e de término, já que os certificados podem vencer ou serem revogados.
- ☐ Sujeito / O proprietário da chave pública.
- ☐ Chave pública do sujeito / Própria chave pública do titular do certificado e o algoritmo usado para criá-la.
- ☐ Identificador único do emissor / Campo opcional no caso de o CA, que é a Autoridade da Certificação, ter mais de um nome no X.500.

- ⬚ Extensões / Campo opcional para inserir informações adicionais.
- ⬚ Assinatura do certificado / Hash do certificado criptografado com a chave secreta de CA.

Tecnologia e Exemplos Práticos de SSL / TLS

As tecnologias SSL e TLS:

- ⬚ SSL (Secure Sockets Layer), em português: Protocolo de Camada Sockets Segura, é um protocolo cuja função é permitir que se estabeleçam comunicações seguras na Internet, tanto para navegar na Web, como para e-mails, mensagens instantâneas entre outras transferências de dados.
- ⬚ TLS (TransportLayer Security), em português: Segurança da Camada de Transporte, é um protocolo que certifica e protege dados com a mesma tecnologia do SSL, sendo que em versão mais atualizada e segura.

Ambos são protocolos de criptografia criados para proteger a transferência de dados entre as redes e dispositivos, para isso utilizam o HTTPS (pages) e SMTP (e-mails)a fim de estabelecer comunicação com o servidor de forma segura.

- ⬚ Características do SSL e TLS:
- ⬚ Base em criptografia de chave assimétrica;
- ⬚ Fornece criptografia de dados e autenticação;
- ⬚ Opera nas Camadas OSI de Transporte, Sessão, Apresentação e de Aplicação;
- ⬚ Capaz de proteger qualquer transmissão em TCP.

Atenção: As versões de SSL 1.0, 2.0 e 3.0, e as versões 1.0 e 1.1 TLS são vulneráveis a vários ataques, por isso é aconselhável não mais usá-las!

Tecnologia e Exemplos Práticos de IPSec

- IPSec (Protocolo de Segurança IP) - É uma suíte de protocolos de segurança que aumentam: integridade, autenticidade e confidencialidade. É usado para VPNs (Redes Virtuais Privadas).

São dois os modos de IPSec:

- MODO DE TRANSPORTE, onde somente a mensagem (payload) é criptografada. O cabeçalho IP original é repetido; o cabeçalho ESP (Encapsulating Security Payload – Encapsulamento de Segurança de Carga Útil) é colocado após o novo cabeçalho IP (repetido); e o pacote IP original é criptografado e colocado após o cabeçalho ESP. Esse modo de transporte é usado para proteção de ponta a ponta. Apenas ressaltando que o protocolo ESP adiciona autenticação, confidencialidade e integridade da mensagem, com o objetivo de garantir que somente os destinatários autorizados possam acessar os conteúdos dos pacotes.

- MODO TÚNEL, em que o pacote IP é criptografado por inteiro. O pacote IP original é criptografado e colocado após o cabeçalho ESP, sendo assim reembalado em um novo pacote IP e enviado. E o modo túnel é usado para proteger o tráfego entre redes.

O modo transporte encapsula os dados, enquanto que o modo túnel encapsula os dados e também o cabeçalho. Sendo assim, o modo transporte não garante a confiabilidade dos dados durante o envio. Por isso, é utilizado em dispositivos que já possuem o protocolo IPSec incorporados em sua pilha TCP/IP.

O que Podemos Concluir em Relação à Criptografia na Segurança da Informação?

Não existe uma cifra perfeita. Infelizmente, com tempo e recursos suficientes, um invasor consegue quebrar qualquer código.

É por isso que o objetivo da criptografia é fazer com que tanto o custo quanto o tempo necessário para descriptografar uma mensagem sem o conhecimento da chave, ultrapasse o valor da informação protegida. Em outras palavras, a criptografia é uma aliada na missão de dar mais trabalho e gastar mais recursos dos crackers, com o foco de impedir ao máximo o sucesso deles nas criptoanálises.

Pratique o que Aprendeu

Que tal colocar em prática o que você aprendeu até aqui? Para isso, aproveite esses exercícios de fixação:

1. A criptografia é:
A) O ato de codificar dados para que só possam ser decodificados por indivíduos específicos.
B) O ato de codificar os dados para destruir informações secretas que não podem ser encontradas por invasores.

C) O ato de embaralhar informações para confundir o entendimento das pessoas não autorizadas.
D) O ato de arquivar dados em bancos ocultos.

2. A criptografia se faz:
A) Transformando textos simples em textos cifrados.
B) Transformando textos cifrados em textos simples.
C) Quebrando cifras que foram codificadas.

D) Analisando o texto cifrado e o texto simples associado para encontrar a chave.

3. A criptografia assimétrica apresenta algumas vantagens em relação à criptografia simétrica, exceto:
A) Não precisar trocar chaves.
B) O gerenciamento de chaves é melhor escalado.
C) Oferece mais serviços de segurança do que a criptografia simétrica.
D) O processo é mais rápido do que a criptografia simétrica devido às funções práticas de matemática.

4. Uma assinatura digital é:
A) Uma combinação de um hash forte de uma mensagem, que atua como uma impressão digital.
B) Uma imagem de uma assinatura física armazenada em formato digital, que pode ser em: JPG, GIF ou BMP.
C) Um elemento cujo principal valor é que pode ser impresso, inclusive em cor parecida com uma assinatura escrita à mão.
D) Uma combinação de dados em formato de imagem, que pode ser armazenado em: JPG, GIF ou BMP.

5. Os certificados digitais são utilizados como proteção contra:
A) Falsas identidades.
B) Arquivos desconhecidos.
C) Logins suspeitos.
D) Senhas roubadas.

6. Processos de gerenciamento de chaves são a parte mais importante de qualquer implementação criptográfica. E esses processos incluem:
A) Emissão, renovação, recuperação e distribuição de chaves.
B) Produção e distribuição de chaves.
C) Emissão, revogação, recuperação e distribuição de chaves .
D) Produção, renovação e distribuição de chaves.

7. As cifras podem ser:
I. PÚBLICAS, com código aberto;
II.OCULTAS, com código fechado, com proprietário;

III. COMUNITÁRIAS, com código aberto só para os membros da comunidade.
A) Somente as alternativas II e III são verdadeiras.
B) Somente as alternativas I e II são verdadeiras.
C) Todas as alternativas são verdadeiras.
D) Somente as alternativas I e III são verdadeiras.

8. A meta da criptografia, em relação à segurança da informação, é satisfazer os requisitos de:
I.   Confidencialidade;
II. Integridade;
III. Autenticação;
IV. Não repúdio.

A) Todas as alternativas são verdadeiras.
B) Somente as alternativas I, II e III são verdadeiras.
C) Somente as alternativas III e IV são verdadeiras.
D) Todas as alternativas são falsas.

9. O que caracteriza uma cifra forte ou computacionalmente segura?
A) Uma cifra é considerada forte ou computacionalmente segura quando um invasor é quem a codifica para pentest.
B) Uma cifra é considerada forte ou computacionalmente segura quando um invasor consegue quebrá-la somente a partir de uma segunda tentativa.
C) Uma cifra é considerada forte ou computacionalmente segura quando um invasor tenta e não consegue quebrá-la.
D) Uma cifra é considerada forte ou computacionalmente segura quando um invasor consegue quebrá-la somente a partir da terceira tentativa.

10. Para serem eficazes, os *hashes* geralmente precisam ser _____ para que um *hacker* leve muito tempo até conseguir criar uma mensagem alternativa que corresponda ao valor *hash*.
A) Memorizáveis.
B) Compartilhados.
C) Substituídos.

D) Longos o suficiente.

Gabarito de respostas

1. A criptografia é:
A) O ato de codificar dados para que só possam ser decodificados por indivíduos específicos.
B) O ato de codificar os dados para destruir informações secretas que não podem ser encontradas por invasores.
C) O ato de embaralhar informações para confundir o entendimento das pessoas não autorizadas.
D) O ato de arquivar dados em bancos ocultos.

A) Correto. A criptografia é o ato de codificar dados para que só possam ser decodificados por indivíduos específicos.
B) Incorreto. O ato de codificar os dados para (~~destruir~~) informações secretas que não podem ser encontradas por invasores.
C) Incorreto. O ato de (~~compartilhar informações falsas~~) para confundir o entendimento das pessoas não autorizadas.
D) Incorreto. O ato de (~~arquivar~~) dados em bancos ocultos.

2. A criptografia se faz:
A) Transformando textos simples em textos cifrados.
B) Transformando textos cifrados em textos simples.
C) Quebrando cifras que foram codificadas.
D) Analisando o texto cifrado e o texto simples associado para encontrar a chave.

A) Correto. A criptografia se faz transformando textos simples em textos cifrados.
B) Incorreto. Transformando (~~textos cifrados em textos simples~~) (O correto é transformando textos simples em textos cifrados).
C) Incorreto. (~~Quebrando cifras que foram codificadas~~) (Essa é a função da criptoanálise).

D) Incorreto. (~~Analisando o texto cifrado e o texto simples~~ ~~associado para encontrar a chave~~).

3. A criptografia assimétrica apresenta algumas vantagens em relação à criptografia simétrica, exceto:
A) Não precisar trocar chaves.
B) O gerenciamento de chaves é melhor escalado.
C) Oferece mais serviços de segurança do que a criptografia simétrica.
D) O processo é mais rápido do que a criptografia simétrica devido às funções práticas de matemática.

A) Incorreto. Não precisar trocar chaves é uma vantagem da criptografia assimétrica.
B) Incorreto. O gerenciamento de chaves ser melhor escalado é uma vantagem da criptografia assimétrica.
C) Incorreto. Oferecer mais serviços de segurança do que a criptografia simétrica é uma vantagem da criptografia assimétrica.
D) Correto. O processo da criptografia assimétrica não é mais rápido do que o da criptografia simétrica devido às funções práticas de matemática, portanto, esta é uma desvantagem.

4. Uma assinatura digital é:
A) Uma combinação de um hash forte de uma mensagem, que atua como uma impressão digital.
B) Uma imagem de uma assinatura física armazenada em formato digital, que pode ser em: JPG, GIF ou BMP.
C) Um elemento cujo principal valor é que pode ser impresso, inclusive em cor parecida com uma assinatura escrita à mão.
D) Uma combinação de dados em formato de imagem, que pode ser armazenado em: JPG, GIF ou BMP.

A) Correto. Uma assinatura digital é uma combinação de um hash forte de uma mensagem, que atua como uma impressão digital.
B) Incorreto. (~~Uma imagem de uma assinatura física armazenada~~ ~~em formato digital, que pode ser em: JPG, GIF ou BMP~~) (Este é o conceito de uma assinatura digitalizada).

C) Incorreto. (~~Um elemento cujo principal valor é que pode ser impresso, inclusive em cor parecida com uma assinatura escrita à mão~~) (Esta é uma característica de uma assinatura digitalizada).
D) Incorreto. (~~Uma combinação de dados em formato de imagem, que pode ser armazenado em: JPG, GIF ou BMP~~) (Conceito infundado).

5. Os certificados digitais são utilizados como proteção contra:
A) Falsas identidades.
B) Arquivos desconhecidos.
C) Logins suspeitos.
D) Senhas roubadas.

A) Correto. Os certificados digitais são utilizados como proteção contra falsas identidades.
B) Incorreto (~~Arquivos desconhecidos~~) (Os certificados digitais são utilizados como proteção contra falsas identidades).
C) Incorreto (~~Logins suspeitos~~) (Os certificados digitais são utilizados como proteção contra falsas identidades).
D) Incorreto. (~~Senhas roubadas~~) (Os certificados digitais são utilizados como proteção contra falsas identidades).

6. Processos de gerenciamento de chaves são a parte mais importante de qualquer implementação criptográfica. E esses processos incluem:
A) Emissão, renovação, recuperação e distribuição de chaves.
B) Produção e distribuição de chaves.
C) Emissão, revogação, recuperação e distribuição de chaves .
D) Produção, renovação e distribuição de chaves.

A) Incorreto. Emissão, (~~renovação~~), recuperação e distribuição de chaves.
B) Incorreto. (~~Produção e~~) distribuição de chaves.
C) Correto. Os processos de gerenciamento de chaves incluem: Emissão, revogação, recuperação e distribuição de chaves .
D)Incorreto. (~~Produção, renovação e~~) distribuição de chaves.

7. As cifras podem ser:

I. PÚBLICAS, com código aberto;
II.OCULTAS, com código fechado, com proprietário;
III. COMUNITÁRIAS, com código aberto só para os membros da comunidade.
A) Somente as alternativas II e III são verdadeiras.
B) Somente as alternativas I e II são verdadeiras.
C) Todas as alternativas são verdadeiras.
D) Somente as alternativas I e III são verdadeiras.
A) Incorreto. (~~Somente as alternativas II e III são verdadeiras~~) (Não existem cifras comunitárias).
B) Correto. Somente as alternativas I e II são verdadeiras. Não existem cifras comunitárias.
C) Incorreto. ~~(Todas as alternativas são verdadeiras)~~ (Não existem cifras comunitárias).
D) Incorreto. (~~Somente as alternativas I e III são verdadeiras~~) (Não existem cifras comunitárias).

8. A meta da criptografia, em relação à segurança da informação, é satisfazer os requisitos de:
I.   Confidencialidade;
II. Integridade;
III. Autenticação;
IV. Não repúdio.
A) Todas as alternativas são verdadeiras.
B) Somente as alternativas I, II e III são verdadeiras.
C) Somente as alternativas III e IV são verdadeiras.
D) Todas as alternativas são falsas.

A) Correto. Todas as alternativas são verdadeiras.
B) Incorreto. (~~Somente as~~) alternativas I, II e III são verdadeiras. (A alternativa IV também é verdadeira)
C) Incorreto. (~~Somente as~~) alternativas III e IV são verdadeiras (As alternativas I e II também são verdaeiras).
D) Incorreto. Todas as alternativas são (~~falsas~~) (Todas as alternativas são verdadeiras).

9. O que caracteriza uma cifra forte ou computacionalmente segura?

A) Uma cifra é considerada forte ou computacionalmente segura quando um invasor é quem a codifica para pentest.
B) Uma cifra é considerada forte ou computacionalmente segura quando um invasor consegue quebrá-la somente a partir de uma segunda tentativa.
C) Uma cifra é considerada forte ou computacionalmente segura quando um invasor tenta e não consegue quebrá-la.
D) Uma cifra é considerada forte ou computacionalmente segura quando um invasor consegue quebrá-la somente a partir da terceira tentativa.

A) Incorreto.Uma cifra é considerada forte ou computacionalmente segura quando um invasor (é quem a codifica para pentest) (Sem lógica essa opção de codificação para pentest feita pelo mesmo hacker testador, e não é isso que caracteriza uma cifra forte).
B) Incorreto. Uma cifra é considerada forte ou computacionalmente segura quando um invasor (consegue quebrá-la somente a partir de uma segunda tentativa) (Sem fundamentos essa quantificação de tentativas).
C) Correto. Uma cifra é considerada forte ou computacionalmente segura quando um invasor tenta e não consegue quebrá-la.
D) Incorreto. Uma cifra é considerada forte ou computacionalmente segura quando um invasor (consegue quebrá-la somente a partir da terceira tentativa) (Sem fundamentos essa quantificação de tentativas).

10. Para serem eficazes, os *hashes* geralmente precisam ser _____ para que um *hacker* leve muito tempo até conseguir criar uma mensagem alternativa que corresponda ao valor *hash*.

A) Memorizáveis.
B) Compartilhados.
C) Substituídos.
D) Longos o suficiente.

A) Incorreto. (Memorizáveis).
B) Incorreto. (Compartilhados).

C) Incorreto. (~~Substituídos~~).

D) Correto. Os *hashes* precisam ser longos o suficiente.

Capítulo 7 – Gerenciamento de Identidade e Acesso

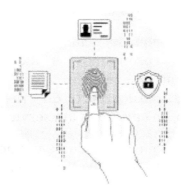

Gerenciamento de Identidade e Acesso – Conceito

- GERENCIAMENTO DE IDENTIDADE E ACESSO (Identity& Access Management - IAM) trata do gerenciamento de informações pessoais, de identidade e do gerenciamento de acesso aos recursos.

Na prática, esse gerenciamento de identidade e controle de acesso são MÉTODOS usados para garantir uma autenticação segura de usuários, restringir e permitir o acesso a uma infraestrutura de TI e todos os ativos por ela tratados e guardados.

Sem um ambiente de IAM devidamente implementado, não é possível cumprir a legislação de privacidade e gerenciar os riscos relacionados a formas específicas de crimes cibernéticos, como fraude de identidade.

O IAM também contribui para a capacitação de negócios, facilidade de uso e eficiência ao gerenciar o acesso do usuário.

Identificação X Autenticação

- IDENTIFICAÇÃO é a afirmação de uma identidade única para uma pessoa, processo ou sistema, e é o ponto de partida de todo controle de acesso.

Sem a identificação adequada, é impossível determinar a quem aplicar os controles apropriados. A identificação precede a autenticação e é um pré-requisito para a responsabilidade adequada. A identificação faz parte do processo de registro de alguém (por exemplo, ao entrar em um serviço de trabalho).

- AUTENTICAÇÃO é o processo de verificação da identidade. É uma prova de identidade, principalmente quando o processo é em tempo real.

Existem três tipos de autenticação:
- POR CONHECIMENTO - De algo que você conhece, tipo: senha, frase secreta (passphrase) ou código PIN;
- POR PROPRIEDADE – De algo que você possui, tipo: cartão inteligente (smartcard), chave, crachá ou token;
- POR CARACTERÍSTICAS – De algo que é exclusivo para o usuário, tipo: impressões digitais, retina ou assinatura.

Autenticação X Autorização

Importante entender bem o processo de gerenciamento de identidade e acesso, sabendo diferenciar uma etapa da outra. A identificação precede a autenticação. E, após a autenticação, vem a autorização.

- AUTORIZAÇÃO é mais uma etapa do processo que vem após a autenticação.

E não é raro o termo autorização ser confundido com autenticação, por isso bom ficar atento à diferença entre um e outro. Perceba:

- AUTENTICAÇÃO x AUTORIZAÇÃO: A autenticação verifica a identidade, enquanto que a autorização checa o que é permitido essa identidade fazer.

Então temos o processo com as etapas de:

IDENTIFICAÇÃO; AUTENTICAÇÃO; AUTORIZAÇÃO.

Ou seja, primeiro identifica a identidade, depois checa a autenticidade dessa identidade, para em seguida checar o que essa identidade autenticada tem autorização para fazer, que tipos de operação pode ter acesso e/ou executar.

Gerenciar uma identidade e acesso, portanto, é prestar contas, ser capaz de determinar quem ou o que é responsável por uma ação e pelo que pode ser responsabilizado.

E dentro desse controle de acesso também surge o repúdio, que é a capacidade de negar uma ação, evento, impacto ou resultado. E do risco de repúdio, vem a necessidade do não repúdio, que é a capacidade de garantir que uma ação não seja negada.

Principais Tecnologias de Autenticação e Autenticação de Dois Fatores

- TECNOLOGIAS DE AUTENTICAÇÃO mais usadas:

  MULTIFATOR - Verifica a identidade no mínimo duas vezes, com combinações de ao menos dois componentes diferentes, do tipo:
  - Algo que você sabe;
  - Algo que você tem;
  - Algo que você é;
  - Algo sobre o seu contexto.

  - AUTENTICAÇÃO CONTÍNUA - Como o próprio nome indica, o processo de verificação da identidade é contínuo, checando vários atributos de identidade após o login inicial, como:
  - As propriedades biométricas;
  - O contexto (localização, GPS e hora);

- O dispositivo, se é um smartphone, tablet, entre outros.

BIOMETRIA

- BIOMETRIA é a tecnologia usada para verificar as métricas biológicas pessoais de um indivíduo, podendo ser usada em dispositivos de credencial, para acessar áreas de alta segurança, e cada vez mais usada para autenticação em dispositivos móveis!

Também de extrema utilidade no processo de gerenciamento de identidade e acesso, as medidas biométricas podem ser divididas em duas categorias:

- ESTÁTICA, como a biometria fisiológica, que inclui o reconhecimento de impressões digitais, granularidade da íris, vasos sanguíneos da retina, aparência facial, geometria da mão, e assim por diante;
- DINÂMICA, como a biometria comportamental, que inclui o que você faz, inflexões de voz, batidas de teclado e emoções de assinatura.

Entre os problemas com a biometria, podemos citar:

- Os leitores biométricos, que são normalmente mais lentos do que outros leitores;
- As dificuldades com autenticação biométrica, como: falsas correspondências, falsas não-correspondências e taxa de erro de cruzamento.

Exemplos de biometria relacionados às propriedades biométricas no processo de gerenciamento, de checagem e autenticação da identidade:

- Impressões digitais;
- Reconhecimento facial;
- Geometria da mão;
- Reconhecimento de voz;

- Padrões de íris;
- Varredura de retina;
- Digitalização de assinatura;
- Padrões vasculares;
- Dinâmica de teclas;
- Dinâmica de *Swype*.

SINGLE SIGN-ON (SSO)

- *Single sign-on* (SSO), em português: Login único.

É uma espécie de chave mestra para acessar vários sistemas; um logon unificado para um usuário ao acessar mais de um sistema.

Em nosso dia a dia podemos identificar o SSO naquelas opções de: "entrar com o Facebook" ou "entrar com o Google", por exemplo.

- COMO FUNCIONA?

No primeiro acesso, o novo usuário preenche uma autenticação (login+senha de uma rede a qual já faça parte); com o preenchimento ok, a aplicação acessa os dados necessários de identificação para que o usuário não precise preencher novo cadastro.

Logo após o usuário fazer uso do SSO, ele recebe a notificação informando a solicitação de acesso aos seus dados feita por esse novo serviço. Também é dada ao usuário a opção de delimitar os dados que queira permitir o compartilhamento, podendo escolher também se deseja que o acesso dessa autenticação seja permanente ou de uso único, apenas nesse acesso específico. Sendo possível ainda também fazer troca periódica de senha de acesso, assim como determinar que a sessão expire após um tempo específico de inatividade.

- Existem três tipos de SSO:

- Conta de rede social;
- Conta profissional;

- ⬚ Conta corporativa.
- ⬚ SSO DE REDES SOCIAIS e SSO DE CONTAS PROFISSIONAIS são opções de entrada adicionais para autenticação.

- ⬚ EXEMPLO DE SSO DE REDES SOCIAIS: Facebook, que também pode autenticar para o Instagram.
- ⬚ EXEMPLO DE SSO DE CONTA PROFESSIONAL: Google, que dá suporte ao Gmail e Google Apps.
- ⬚ SSO DE CONTA CORPORATIVA oferece ao administrador o total controle sobre os usuários dele por trás do próprio firewall, podendo autenticá-los somente uma vez no próprio sistema de autenticação para que possam acessar os outros recursos tanto dentro como fora do firewall.
- ⬚ EXEMPLO DE SSO DE CONTA CORPORATIVA: SecureAssertion Markup Language, cuja sigla é SAML, que pode compor uma página corporativa de acesso a funcionários.
- ⬚ Vantagens do SSO:

Eficiência e a praticidade de acesso;

- ⬚ O fato de o usuário não precisar estar memorizando várias senhas e nem preenchendo um novo formulário a cada nova aplicação;
- ⬚ O userfriendly, em português: o uso amigável, proporcionando alta usabilidade e utilização simplificada, como por exemplo o fácil manuseio do Whatsapp, do Instagram e do Facebook, lembrando que devido a essa alta usabilidade é que se tem alta expansão com grande adesão de usuários;
- ⬚ E como vantagem também podemos citar a redução dos custos com a segurança, já que o acesso é único e não precisa de testes de autenticação a cada nova conta.

- ⬚ Desvantagem do SSO:
  O fato de poder ocorrer problemas de interoperabilidade em várias plataformas, já que através de apenas uma autenticação o usuário pode ter acesso a muitos recursos. Sendo assim, se a senha for hackeada ou mal usada, todas as plataformas poderão ser invadidas. Mas, uma solução

para esse tipo de problema é o SSO entre domínios, tipo o SAML, OpenID ou OAuth. Além, também, de orientar os usuários sobre a importância da composição de senhas fortes e a necessidade de suas trocas temporárias.

Exemplos de processos SSO:
- Kerberos;
- SESAME.
- KERBEROS é um protocolo de autenticação de rede, que permite a comunicação através de uma rede não segura de forma segura, porque executa uma prova de identidade dos envolvidos na sessão.

O Instituto de Tecnologia Massachusetts (MIT) aplica o protocolo Kerberos no desenvolvimento de um pacote de software Kerberos, de publicação livre, e com design direcionado ao modelo cliente / servidor, fornecendo autenticação mútua, em que tanto o usuário quanto o servidor verificam a identidade um do outro. As mensagens do protocolo Kerberos são protegidas contra ataques de escuta e de repetição.

- SESAME é a sigla de Secure European System for Applications in a Multi-Vendor Environment, que é um projeto de pesquisa desenvolvido e financiado pela Comissão Europeia, para abordar alguns pontos fracos do Kerberos.

O SESAME oferece suporte a SSO e, ao contrário do Kerberos, melhora o gerenciamento de chaves usando simetria e assimetria para proteger os dados com criptografia de chave pública e habilidades de controle de acesso baseado em funções.É essencialmente uma extensão do Kerberos.

Gerenciamento de Senha

GERENCIAMENTO DE SENHAS é algo fundamental!

A maioria dos ataques acontecem devido a senhas fracas ou roubadas, uma situação que é alvo fácil para os hackers! Por isso, gerar senhas fortes é o primeiro passo no processo de gerenciamento. Para isso, existem técnicas e geradores que usam caracteres como números, letras e símbolos, de forma aleatória, aumentando a complexidade da composição. Estratégias lógicas também são uma boa solução na criação de senhas mais seguras, como a memorização por blocos e não por unidade, por exemplo.

⊡ CUIDADO: Não se pode comunicar senha por e-mail ou mensagem de texto! Pois são mais fáceis de interceptação.

A forma mais segura de compartilhamento é por meio de um GERENCIADOR DE SENHAS, que é um programa ou aplicativo que além de armazenar as combinações e informações com maior segurança, também podem checar o nível de segurança da senha, oferecendo novas combinações ao detectar vulnerabilidades. Entre os mais conhecidos gerenciadores podemos citar: Roboform, LastPass, Keeper, Dashlane, entre outros.

⊡ COMO FUNCIONA?

O gerenciamento centralizado de senhas funciona como se fosse um cofre central, guardando e gerenciando as senhas, uma excelente solução para os tempos atuais em que cada vez mais fazemos transações online, com carteiras digitais, que também crescem e se diversificam a cada dia, já que a sociedade vem precisando progressivamente de novos meios de contas e de pagamentos online, como a PicPay, PagSeguro, Mercado Pago, e tantos outros.

Para realizar tantas operações, a sincronização de senha é muito útil para quem utiliza vários dispositivos logados em uma mesma aplicação, porém é imprescindível a proteção dessa senha com criptografia.

- ☐ CUIDADO: Não esquecer a redefinição da senha em tempos necessários. Exemplo: Após ter compartilhado com alguém, ou a cada período determinado e aconselhado pelo gerenciador da aplicação. Lembrando que o tipo de gerenciamento de senha depende da sensibilidade das informações, ou seja, quanto mais sensíveis as informações, melhor precisa ser o gerenciamento.

E, ainda sobre gerenciamento de senha, falando da sua composição, vale lembrar da

Eficiência das frases-senhas:

- ☐ FRASE-SENHA é uma sequência de caracteres que geralmente é maior do que o número de caracteres atribuído para uma senha, por isso mais segura. Podem ser usadas na autenticação de chaves públicas ou privadas, como também podem ser convertidas em senhas.

As senhas podem ser geradas por softwares, cartões inteligentes ou tokens, devendo ser armazenadas criptografadas e nunca em plaintext!

Para evitar que senhas idênticas produzam hashes idênticos, o que é um alvo fácil para um hacker atacante, devemos fazer um SALTING DE SENHA, adicionando um SALT, que é um dado aleatório na entrada adicional, para tornar o cracking offline mais difícil.

- ☐ IMPORTANTE: Como o salting de senha é usado para diferenciar duas senhas idênticas, em casos de senha única não faz efeito contra ataque de força bruta.

A Autorização no Gerenciamento de Identidade e Acesso

É importante entender como os princípios de Necessidade de Saber, Menor Privilégio e Separação de Deveres (SoD) se relacionam com a autorização.

Mas, antes de começar a falar dos princípios que regem a AUTORIZAÇÃO, vale reforçar que AUTORIZAÇÃO é o processo de determinar o que uma entidade pode fazer. E quando falamos de entidade, estamos nos referindo a um grupo ou uma pessoa.

Geralmente, a AUTORIZAÇÃO é implementada com a ajuda de grupos de aplicativos e/ou funções.

PRINCÍPIOS DA USABILIDADE

PRINCÍPIO NECESSIDADE DE SABER (NEED-TO-KNOW)

Usabilidade do Princípio do Saber (Need-to-know) - Podemos usar como exemplo um

ambiente corporativo, onde os colaboradores da empresa devem ter autorização de acesso apenas a dados e softwares relacionados ao seu trabalho e função, evitando assim que queiram explorar o sistema de TI e informações para fins próprios, de forma indevida. É uma maneira de se resguardar de ataques internos.

PRINCÍPIO MENOR PRIVILÉGIO (LEAST PRIVILEGE)

Usabilidade do Princípio Menor Privilégio (LeastPrivilege) - Como o próprio nome indica, refere-se a fornecer apenas o básico, evitando o repasse de informações sensíveis que possam se transformar em vulnerabilidades. Por exemplo, em nossos dispositivos móveis, devemos autorizar apenas aplicativos de fato necessários, não apenas por questão de espaço de memória, mas principalmente por questões de segurança, pois alguns aplicativos podem representar risco malicioso, por conta das permissões que são solicitadas no momento da instalação e das atividades realizadas no dispositivo. Portanto, quanto menos privilégio autorizar melhor para segurança.

PRINCÍPIO SEPARAÇÃO (OU SEGREGAÇÃO) DE DEVERES (SOD)

Usabilidade do Princípio de Segregação de Deveres, ou Separação de Deveres (SegregationofDuties – SoD) - Propõe que cada função dentro de um processo seja realizada de maneira independente, ou seja, dentro de um projeto, por exemplo, ninguém terá permissão de acesso a todas as fases e áreas, tendo pessoas específicas para cada dever, para cada tarefa, para cada função. Dessa forma é possível evitar monopólio de controle, reduzindo oportunidades de modificação, uso indevido, não autorizado, aumentando a eficácia dos controles de segurança.

PRINCÍPIOS DA USABILIDADE X AUTORIZAÇÃO

E como os Princípios de Usabilidade (Necessidade de Saber, Menor Privilégio e Separação de Deveres) se relacionam com a autorização?

- ☐ ARMADILHAS DE AUTORIZAÇÃO:
- ☐ Ter cuidado para não aplicar os princípios de forma insuficiente, tanto o Princípio de Separação de Funções, como o de Menor privilégio e o Necessidade de Saber;
- ☐ Cuidar para que os modelos de papéis não fiquem muito complexos;
- ☐ Atentar também para que o manuseio, registro e visualização de registros não sejam deficientes;
- ☐ Ter cuidado com o uso incorreto de contas de convidado e de teste;
- ☐ A autorização lenta também pode ser uma armadilha, por isso bom observar;
- ☐ E também prestar atenção à poluição do banco de dados da conta, que pode, por exemplo, estar desatualizado.

- ☐ PODE AJUDAR: Ter uma matriz de controle de acesso, que é um modelo teórico que mapeia os acessos dentro de uma infraestrutura de TI, criando uma planilha com duas colunas relacionando os acessos que cada usuário possui dentro da infraestrutura e, na outra coluna, o que de fato precisa acessar. Dessa forma fica mais fácil analisar e alinhar o controle de acesso aos princípios de usabilidade.

Controles de Acesso

- ⬜ Existem quatro partes do controle de acesso:
- ⬜ Autorização – Dizendo quem é aprovado para acesso e o que exatamente pode usar;
- ⬜ Identificação – Dizendo como são identificados;
- ⬜ Autenticação – Dizendo como as identidades podem ser verificadas;
- ⬜ Responsabilidade – Dizendo como as ações são atribuídas a um indivíduo de forma que as atividades feitas por ele de alterações nos dados ou sistemas possam ser identificadas.

Para essas quatro partes existem duas fases:
- ⬜ A fase de definição da política, que determina quem tem acesso e quais sistemas ou recursos podem usar;
- ⬜ A fase de aplicação da política, que concede ou rejeita pedidos de acesso, com base nas autorizações definidas na fase anterior.

O processo de autorização opera na fase de definição da política.
Já a identificação, os processos de autenticação e responsabilidade operam na fase de aplicação da política.

CONTROLE DE ACESSO FÍSICO

Como o próprio nome indica, o controle de acesso físico diz respeito ao acesso às instalações físicas de uma organização. Geralmente, o responsável por esse controle é o gerente de instalações. É a pessoa que fornece para os funcionários e visitantes o cartão de segurança, que também é conhecido como cartão inteligente, programado com número de ID de funcionário, usado em leitores de cartão para abrir portões de estacionamento, liberar elevador, entrar em ambientes protegidos, enfim.
A política de autorização da organização é que define essa escalonagem de autorização para acesso em determinados locais da empresa.

Um controle de acesso pode ocorrer por meio de SERVIÇOS DE DIRETÓRIO, um sistema de armazenamento, organização e fornecimento de acesso às informações em um esquema de diretório, hierárquico, semelhante a um dicionário. Ele é baseado no padrão X500. Um exemplo de serviço de diretório é o Windows Active Directory (AD), que é um diretório de serviços para gerenciar centralmente usuários e grupos.

CONTROLE DE ACESSO LÓGICO

O controle de acesso lógico é executado através de um gerenciador de sistema que define quem pode usar ou acessar os sistema e redes da empresa e quais tarefas podem executar.
Por exemplo:
Como o controle de acesso lógico pode atuar em um sistema de recursos humanos (RH):
- ☐ Decidindo quais usuários podem entrar no sistema;
- ☐ Monitorando o que o usuário pode fazer nesse sistema;
- ☐ Restringindo ou influenciando o comportamento do usuário nesse sistema.

Principais exemplos de controle de acesso lógico:

- ☐ CONTROLE DE ACESSO OBRIGATÓRIO (MAC) - Nele, o acesso à informação é baseado em etiquetas de segurança. Com o MAC, a permissão para entrar no sistema é mantida pelo proprietário e não pode ser dado à outra pessoa. Isso torna o MAC mais forte do que o DAC;
- ☐ CONTROLE DE ACESSO DISCRICIONÁRIO (DAC) - O acesso à informação é controlado pelo proprietário, que decide quem entra e altera as permissões conforme necessário. Mas, o proprietário pode repassar esse trabalho para outras pessoas;

- ⬜ CONTROLE DE ACESSO BASEADO EM ATRIBUTOS (ABAC) - O acesso às informações é baseado em atributos, por exemplo: hora, local.
- ⬜ CONTROLE DE ACESSO BASEADO EM FUNÇÃO (RBAC) - O acesso às informações é baseado em funções, por exemplo: médico, administrador, etc. O administrador de segurança é quem atribui a cada usuário uma ou mais funções no sistema. Alguns sistemas operacionais usam grupos em vez de funções. O proprietário do recurso é quem decide quais funções têm acesso a quais recursos. O processo de definição de funções, aprovações, hierarquias de funções e restrições é chamado de engenharia de função. O RBAC difere dos outros tipos de controle de acesso por causa da capacidade de representar a estrutura da organização e forçar a conformidade com as políticas de controle.

Limiting Access (Limitar acesso) significa decidir como conceder acesso aos usuários. A ideia de que os usuários devem receber apenas o nível de permissões de que precisam para desempenhar suas funções é chamada de princípio do menor privilégio ou mínimo privilégio. Sempre use este princípio, caso contrário, você corre o risco de permitir que usuários não autorizados acessem informações que eles não deveriam ser capazes de acessar. Por exemplo, controles de acesso fracos podem permitir que um vendedor veja os salários dos funcionários.

Especificações e Funcionalidade do OPENID CONNECT e OAUTH

- ⬜ *OPENID CONNECT* e *OAUTH*

Ambos são protocolos que fornecem ao site uma maneira de redirecionar o usuário para outro local e voltar uma afirmativa verificável.

- ⬜ *OPENID* é um padrão aberto para autenticação, cujo protocolo é descentralizado. É uma forma de provar quem é o usuário. Foi criado para uma autenticação federada, permitindo que seus usuários sejam autenticados por terceiros, usando contas que eles já possuam. O principal recurso do *OpenID* é o do processo da descoberta, o que possibilita o usuário logar em qualquer provedor de terceiros que queira.

Junto com o *OAuth* torna-se uma alternativa para SAML, que faz o link entre a autenticação da identidade de um usuário e a autorização para ele usar um serviço.

> ⬚ *OAUTH* permite que tokens de acesso sejam emitidos para clientes de terceiros por um servidor de autorização, com a aprovação do proprietário do recurso. E é o token o seu principal recurso, o qual pode fazer solicitações adicionais. Não fica restrito à autenticação de identidade como acontece com o OpenID; no OAuth o usuário autoriza o acesso aos seus recursos protegidos. Sendo que, por não dar suporte à descoberta, é preciso selecionar e codificar os provedores antes de usá-los; e esse é o seu ponto fraco em relação ao OpenID.

O OAuth faz link direto para OpenID; é usado para compartilhar dados privados com sites ou aplicativos, e frequentemente também é usado como um método para usuários da Internet fazerem login em sites de terceiros (por exemplo, usando sua conta do Facebook).

Pratique o que Aprendeu

Que tal colocar em prática o que você aprendeu até aqui? Para isso, aproveite esses exercícios de fixação:

1. Não é raro o termo autorização ser confundido com autenticação. Assinale a alternativa que mostra essa diferença:
A) A autorização verifica a identidade, enquanto que a autenticação checa o que é permitido essa identidade fazer.
B) A autenticação verifica a identidade, enquanto que a autorização checa o que é permitido essa identidade fazer.
C) A autorização libera um número de ID para o usuário, enquanto que a autenticação checa o que é permitido fazer com esse ID.
D) A autenticação é a afirmação de uma identidade única para uma pessoa, enquanto que a autorização é o ponto de partida de todo controle de acesso.

2. O SSO é uma espécie de chave mestra para acessar vários sistemas. Assinale a alternativa que não apresenta uma vantagem do SSO:
A) A eficiência e a praticidade de acesso.
B) Não precisar memorizar várias senhas.
C) Redução de adesão de usuários, deixando as aplicações menos sobrecarregadas.
D) Redução dos custos com a segurança.

3. Quais os princípios que regem a autorização?
A) Necessidade de Saber, Menor Privilégio e Separação de Deveres.
B) Não repúdio, disponibilidade e integridade.
C) Integridade, disponibilidade e autenticidade.
D) Prazo, qualidade e custo.

4. Em relação às propriedades biométricas no processo de gerenciamento, de checagem e autenticação da identidade, podemos citar como exemplos de biometria:
I.   Impressões digitais;
II.   Reconhecimento facial;
III.   Geometria da mão;
IV.   Reconhecimento de voz.
A) I, II e III.
B) Apenas I.
C) II,III e IV.

D) I, II, III e IV.

5. Gerenciamento de Identidade e Controle de Acesso (Identity& Access Management - IAM) são métodos usados para:
I. Garantir uma autenticação segura de usuários;
II. Restringir e permitir o acesso a uma infraestrutura de TI e todos os ativos por ela tratados e guardados.
A) Só a alternativa I é verdadeira.
B) Só a alternativa II é verdadeira.
C) I e II são falsas.
D) I e II são verdadeiras.

6. É a afirmação de uma identidade única para uma pessoa, processo ou sistema, e é o ponto de partida de todo controle de acesso. Estamos falando da:
A) Identificação.
B) Autenticação.
C) Autorização.
D) Auditoria.

7. São partes do controle de acesso:
I. Autorização – Dizendo quem é aprovado para acesso e o que exatamente pode usar;
II. Identificação – Dizendo como são identificados;
III. Autenticação – Dizendo como as identidades podem ser verificadas;
IV. Responsabilidade – Dizendo como as ações são atribuídas a um indivíduo de forma que as atividades feitas por ele de alterações nos dados ou sistemas possam ser identificadas.
A) Somente as alternativas I, II e III são verdadeiras.
B) Somente a alternativa IV é verdadeira.
C) Todas as alternativas são verdadeiras.
D) Somente as alternativas I e IV são verdadeiras.

8. Sobre as fases do controle de acesso, é correto afirmar que:
I. A fase de definição da política é a que determina quem tem acesso e quais sistemas ou recursos podem usar;

II. A fase de aplicação da política é a que concede ou rejeita pedidos de acesso, com base nas autorizações definidas na fase anterior;

III. O processo de autorização opera na fase de aplicação da política;

IV. A identificação, os processos de autenticação e responsabilidade operam na fase de aplicação da política.

A) Todas as alternativas são verdadeiras.

B) Apenas as alternativas I, II e IV são verdadeiras.

C) Só a alternativa III é verdadeira.

D) Somente as alternativas III e IV são verdadeiras.

9. É a forma mais segura de compartilhamento de senhas. É um programa ou aplicativo que além de armazenar as combinações e informações com maior segurança, também podem checar o nível de segurança da senha, oferecendo novas combinações ao detectar vulnerabilidades. Estamos falando do:

A) Gerenciador de senhas

B) Banco de dados.

C) Relatório de senhas.

D) Arquivo de senhas.

10. Qual a única alternativa que não traz um exemplo de gerenciador de senhas?

A) Roboform.

B) LastPass.

C) NGFW.

D) Dashlane.

Gabarito de respostas

1. Não é raro o termo autorização ser confundido com autenticação. Assinale a alternativa que mostra essa diferença:

A) A autorização verifica a identidade, enquanto que a autenticação checa o que é permitido essa identidade fazer.

B) A autenticação verifica a identidade, enquanto que a autorização checa o que é permitido essa identidade fazer.

C) A autorização libera um número de ID para o usuário, enquanto que a autenticação checa o que é permitido fazer com esse ID.
D) A autenticação é a afirmação de uma identidade única para uma pessoa, enquanto que a autorização é o ponto de partida de todo controle de acesso.

A) Incorreto. A (~~autorização~~) verifica a identidade, enquanto que a (~~autenticação~~) checa o que é permitido essa identidade fazer.
B) Correto. A autenticação verifica a identidade, enquanto que a autorização checa o que é permitido essa identidade fazer.
C) Incorreto. A (~~autorização libera um número de ID para o usuário~~), enquanto que a (~~autenticação checa o que é permitido fazer com esse ID~~) (A autenticação verifica a identidade, enquanto que a autorização checa o que é permitido essa identidade fazer).
D) Incorreto. A autenticação (~~é a afirmação de uma identidade única para uma pessoa~~), enquanto que a (~~autorização é o ponto de partida de todo controle de acesso~~) (A autenticação verifica a identidade, enquanto que a autorização checa o que é permitido essa identidade fazer).

2. O SSO é uma espécie de chave mestra para acessar vários sistemas. Assinale a alternativa que não apresenta uma vantagem do SSO:
A) A eficiência e a praticidade de acesso.
B) Não precisar memorizar várias senhas.
C) Redução de adesão de usuários, deixando as aplicações menos sobrecarregadas.
D) Redução dos custos com a segurança.

A)Incorreto. A eficiência e a praticidade de acesso é uma vantagem do SSO.
B) Incorreto. O não precisar memorizar várias senhas é uma vantagem do SSO.
C) Correto. A redução de adesão de usuários, deixando as aplicações menos sobrecarregadas não é uma vantagem do SSO .
D) Incorreto. A redução dos custos com a segurança é uma vantagem do SSO.

3. Quais os princípios que regem a autorização?
A) Necessidade de Saber, Menor Privilégio e Separação de Deveres.
B) Não repúdio, disponibilidade e integridade.
C) Integridade, disponibilidade e autenticidade.
D) Prazo, qualidade e custo.

A) Correto. Os princípios que regem a autorização são: Necessidade de Saber, Menor Privilégio e Separação de Deveres.
B) Incorreto. (~~Não-repúdio, disponibilidade e integridade.~~) (Os princípios que regem a autorização são: Necessidade de Saber, Menor Privilégio e Separação de Deveres).
C) Incorreto. (~~Integridade, disponibilidade e autenticidade~~) (Os princípios que regem a autorização são: Necessidade de Saber, Menor Privilégio e Separação de Deveres).
D) Incorreto. (~~Prazo, qualidade e custo~~) (Os princípios que regem a autorização são: Necessidade de Saber, Menor Privilégio e Separação de Deveres).

4. Em relação às propriedades biométricas no processo de gerenciamento, de checagem e autenticação da identidade, podemos citar como exemplos de biometria:
I.   Impressões digitais;
II.   Reconhecimento facial;
III.   Geometria da mão;
IV.   Reconhecimento de voz.
A) I, II e III.
B) Apenas I.
C) II,III e IV.
D) I, II, III e IV.

A) Incorreto. (~~I, II e III~~) (As alternativas I, II, III e IV são verdadeiras).
B) Incorreto. (~~Apenas I~~) (As alternativas I, II, III e IV são verdadeiras).
C) Incorreto. (~~II,III e IV~~) (As alternativas I, II, III e IV são verdadeiras).

D) Correto. As alternativas I, II, III e IV são verdadeiras.

5. Gerenciamento de Identidade e Controle de Acesso (Identity& Access Management - IAM) são métodos usados para:
I. Garantir uma autenticação segura de usuários;
II. Restringir e permitir o acesso a uma infraestrutura de TI e todos os ativos por ela tratados e guardados.
A) Só a alternativa I é verdadeira.
B) Só a alternativa II é verdadeira.
C) I e II são falsas.
D) I e II são verdadeiras.
A) Incorreto. (~~Só a alternativa I é verdadeira~~) (As alternativas I e II são verdadeiras).
B) Incorreto. (~~Só a alternativa II é verdadeira~~) (As alternativas I e II são verdadeiras).
C) Incorreto. (~~I e II são falsas~~) (As alternativas I e II são verdadeiras).
D) Correto. As alternativas I e II são verdadeiras.

6. É a afirmação de uma identidade única para uma pessoa, processo ou sistema, e é o ponto de partida de todo controle de acesso. Estamos falando da:
A) Identificação.
B) Autenticação.
C) Autorização.
D) Auditoria.

A) Correto. Identificação é a afirmação de uma identidade única para uma pessoa, processo ou sistema, e é o ponto de partida de todo controle de acesso.
B) Incorreto. (~~Autenticação~~) (É a Identificação que é a afirmação de uma identidade única para uma pessoa, processo ou sistema, e é o ponto de partida de todo controle de acesso).
C) Incorreto. (~~Autorização~~) (É a Identificação que é a afirmação de uma identidade única para uma pessoa, processo ou sistema, e é o ponto de partida de todo controle de acesso).
D) Incorreto. (~~Auditoria~~) (É a Identificação que é a afirmação de uma identidade única para uma pessoa, processo ou sistema, e é o ponto de partida de todo controle de acesso).

7. São partes do controle de acesso:
I. Autorização – Dizendo quem é aprovado para acesso e o que exatamente pode usar;
II. Identificação – Dizendo como são identificados;
III. Autenticação – Dizendo como as identidades podem ser verificadas;
IV. Responsabilidade – Dizendo como as ações são atribuídas a um indivíduo de forma que as atividades feitas por ele de alterações nos dados ou sistemas possam ser identificadas.
A) Somente as alternativas I, II e III são verdadeiras.
B) Somente a alternativa IV é verdadeira.
C) Todas as alternativas são verdadeiras.
D) Somente as alternativas I e IV são verdadeiras.

A) Incorreto. (Somente) as alternativas I, II e III são verdadeiras (A alternativa IV também é verdadeira).
B) Incorreto. (Somente) a alternativa IV é verdadeira (As alternativas I,II e III também são verdadeiras).
C) Correto. Todas as alternativas são verdadeiras.
D) Incorreto. (Somente) as alternativas I e IV são verdadeiras (As alternativas II e III também são verdadeiras).

8. Sobre as fases do controle de acesso, é correto afirmar que:
I. A fase de definição da política é a que determina quem tem acesso e quais sistemas ou recursos podem usar;
II. A fase de aplicação da política é a que concede ou rejeita pedidos de acesso, com base nas autorizações definidas na fase anterior;
III. O processo de autorização opera na fase de aplicação da política;
IV. A identificação, os processos de autenticação e responsabilidade operam na fase de aplicação da política.
A) Todas as alternativas são verdadeiras.
B) Apenas as alternativas I, II e IV são verdadeiras.
C) Só a alternativa III é verdadeira.
D) Somente as alternativas III e IV são verdadeiras.

A) Incorreto. (T̶o̶d̶a̶s̶) as alternativas são verdadeiras. (A alternativa III é falsa porque o processo de autorização opera na fase de definição da política, e não de aplicação da política).

B) Correto. Apenas as alternativas I, II e IV são verdadeiras.

C) Incorreto. Só a alternativa (I̶I̶I̶) é verdadeira. (A alternativa III é falsa porque o processo de autorização opera na fase de definição da política, e não de aplicação da política).

D) Incorreto. (S̶o̶m̶e̶n̶t̶e̶) as alternativas (I̶I̶I̶) e IV são verdadeiras. (A alternativa III é falsa porque o processo de autorização opera na fase de definição da política, e não de aplicação da política. Portanto, apenas as alternativas I, II e IV são verdadeiras).

9. É a forma mais segura de compartilhamento de senhas. É um programa ou aplicativo que além de armazenar as combinações e informações com maior segurança, também podem checar o nível de segurança da senha, oferecendo novas combinações ao detectar vulnerabilidades. Estamos falando do:
A) Gerenciador de senhas
B) Banco de dados.

C) Relatório de senhas.
D) Arquivo de senhas.

A) Correto. É o gerenciador de senhas.
B) Incorreto. Não é o banco de dados.
C) Incorreto. (R̶e̶l̶a̶t̶ó̶r̶i̶o̶ ̶d̶e̶ ̶s̶e̶n̶h̶a̶s̶) (Sem fundamentos).
D) Incorreto. (A̶r̶q̶u̶i̶v̶o̶ ̶d̶e̶ ̶s̶e̶n̶h̶a̶s̶) (Sem fundamentos).

10. Qual a única alternativa que não traz um exemplo de gerenciador de senhas?
A) Roboform.
B) LastPass.
C) NGFW.
D) Dashlane.

A) Incorreto. Roboform é um gerenciador de senhas.
B) Incorreto. LastPass é um gerenciador de senhas.
C) Correto. NGFW é a exceção, pois é um tipo de firewall (Next Generation Firewall).

D) Incorreto. Dashlane é um gerenciador de senhas.

Capítulo 8 – Explorando Vulnerabilidades

Vulnerabilidade - É preciso conhecer para mitigar!

Vulnerabilidades são fraquezas que possibilitam que uma ameaça cause algum dano. Portanto, se há vulnerabilidade em um sistema, também há possibilidade de ameaça. E qualquer ameaça contra uma vulnerabilidade gera riscos de eventos negativos. Não é possível eliminar ameaças, mas é possível proteger o sistema contra vulnerabilidades. Assim, mesmo que a ameaça ainda exista, não poderá explorar a vulnerabilidade, que estará bem protegida. Portanto, o sucesso da segurança dos ativos, da proteção contra riscos de ataques, está em eliminar o máximo de vulnerabilidade possível. E, para mitigar as vulnerabilidades, é preciso saber identificá-las e criar medidas de proteção adequadas.

Lembrando que nem toda ameaça é maliciosa; mesmo que algumas sejam intencionais, outras podem ser acidentais. E, ameaças acidentais, podem incluir falhas de hardware ou problemas de software, geralmente causados por falta de controle. O fato é que resultados de ameaças acidentais podem causar danos e ameaças maliciosas. Por isso, todo esforço é pouco para minimizar violações de segurança, tanto maliciosas quanto acidentais!

O foco central deve estar em proteger sistemas e redes contra ataques, roubos, destruições e corrupções de ativos, pessoais e organizacionais.

Malwares

Antes de começarmos a abordar os tipos de ameaças e ataques, vamos refrescar rapidamente a memória com um famoso nada queridinho dos profissionais da área de segurança da informação...

Sabemos que nem todo software é desenvolvido para executar tarefas benéficas. Alguns softwares se infiltram em um ou mais alvos e seguem as instruções de um invasor. Essas instruções podem causar danos, escalando privilégios de segurança, divulgando dados privados, ou mesmo modificando ou excluindo dados. Sim...estamos falando do malicioso software "MALWARE"!

A função principal do malware é causar danos e interromper sistemas.

Os efeitos que um malware pode causar vão de um desaceleramento de um PC para causar falhas até roubos de informações sensíveis.

Exemplos de MALWARES:

- VÍRUS, que podemos definir como um programa de software que se anexa ou se copia em outro programa em um computador. O vírus age infectando o hospedeiro, ou seja, o computador, que ele engana e o faz seguir instruções não pretendidas pelo desenvolvedor original do programa. E a partir desse hospedeiro, o vírus vai infectando outros, sem precisar escalar privilégios, já que é o usuário quem executa o programa infectado e fornece as credenciais e permissões necessárias.

- *WORMS*, programa independente, porém não autônomo, que se diferencia de um vírus por não precisar de um hospedeiro para sair infectando. O *worms*se autorreplica e sai enviando cópias de si mesmo para outros computadores. Atua reduzindo a disponibilidade usando a largura de banda da rede, e também pode agir com outras funções causadoras de danos.

- *ROOTKITS*, que modificam ou substituem um ou mais programas. Geralmente modificam partes do sistema operacional para ocultar os próprios rastros. Podem atuar desde a inicialização do computador até as aplicações do DOS. Uma vez instalados, fornecem facilmente acesso aos invasores nos computadores afetados, e são difíceis de detectar e remover. Conseguem atuar em vários Sistemas Operacionais como o DOS, Linux, UNIX e Microsoft Windows.

- *SPYWARE* é uma ameaça bem específica à confidencialidade das informações. Atua reunindo informações sobre o usuário sem o conhecimento dele, via conexão com a internet. Uma vez instalado, consegue monitorar a atividade do usuário na Internet, coletando também informações do tipo: endereços de e-mail, senhas e números de cartões de crédito.

- Os programas de anúncios, comerciais e propagandas desencadeiam incômodos como anúncios pop-up e banners quando você visita determinados sites. Eles afetam a produtividade e podem se combinar com atividades ativas em segundo plano, como código de sequestro de página inicial. Além disso, o adwrare coleta e rastreia informações sobre a aplicação, site da Web e atividade na Internet. O ADWARE difere do spyware, por não transmitir as informações de identificação pessoal adquiridas. O spyware e o adware são ameaças cada vez mais comuns aos computadores. Existem vários programas antivírus e antimalware que detectam e também removem spywarese adwares. E também fornecedores de softwares que desenvolvem antispyware e antiadware.

▢ *SPAM*, o famoso e indesejado e-mail ou mensagem instantânea que, geralmente, divulga propaganda comercial de credibilidade duvidosa. O *spamming* obriga o usuário receptor a perder tempo com limpezas e monitoramentos de mensagens recebidas. O alvo do spam é de fato a divulgação de mensagens comerciais, por isso utilizam o e-mail como veículo para malas diretas. Mas além dessa função de divulgação comercial, o spam também vem sendo usado para crimes cibernéticos mais graves, inclusive de pornografia infantil. Felizmente, o spam não é mais um incômodo, já que a segurança de TI consegue bloqueá-lo facilmente.

▢ Um exemplo de spam é o *MISDIRECTION* - Tática de intimidação usada por *spammers*para convencer o destinatário do e-mail a baixar o anexo malicioso, adicionando uma camada extra de desorientação (*misdirection*); o remetente é sempre alguém com quem o titular da conta já se comunicou antes, na maioria das vezes, um endereço que consta na sua lista de contatos.

Tipos de Ameaças

Para proteger dados e informações é preciso atender aos três princípios básicos de segurança (tríade A-I-C): disponibilidade, integridade e confidencialidade. E os três tipos principais de ameaças atingem justamente esses princípios:

▢ Ameaças de negação ou destruição;
▢ Ameaças de alteração;
▢ Ameaças de divulgação.

AMEAÇAS DE NEGAÇÃO OU DESTRUIÇÃO

Como o próprio nome revela, ameaças de negação ou destruição deixam recursos ou ativos indisponíveis, inutilizáveis. Portanto, violam o princípio da disponibilidade.

Como exemplo de ameaça de negação ou destruição podemos citar um ataque de negação de serviço (DoS), que geralmente é malicioso, e impossibilita o acesso a um computador ou a um recursos de rede. Veremos mais sobre o DoS daqui a pouco.

AMEAÇAS DE ALTERAÇÃO

O princípio violado por ameaças de alteração é o da integridade.

São ameaças de alterações não autorizadas de dados, seja intencionalmente ou não. Essas alterações podem ocorrer enquanto os dados são armazenados em algum recurso da rede ou enquanto estão trafegando entre dois recursos. Vale ressaltar que mudanças intencionais normalmente são maliciosas. E, alterações não intencionais normalmente são acidentais. Intencionais ou não, causam danos do mesmo jeito.

Exemplos dessas alterações: Modificações na configuração do sistema que possam comprometer a integridade de recursos da rede, falsificações de ativos por acessos não autorizados, alterações autorizadas com efeitos indesejados, enfim, ações do tipo: um usuário modificar arquivos do banco de dados, de um sistema operacional, de um software de aplicação, ou até mesmo de um hardware, um dispositivo. Essas modificações podem incluir: criação, alteração, exclusão, ou programação. Por isso, é importante rastrear, auditar e principalmente controlar essas mudanças por meio dos sistemas de gerenciamento. Fazer backups, cópias dos dados, é uma opção amenizadora, embora a recuperação de dados deva ser o último recurso. Na verdade, a prevenção é a melhor opção para reduzir a gravidade das ameaças de alteração, fazendo o que for possível para evitar ataques de alteração, protegendo a informação para não ter que repará-las ou recuperá-las.

AMEAÇAS DE DIVULGAÇÃO

A ameaça de divulgação viola o princípio da confidencialidade. É um tipo de ameaça que ocorre quando um usuário não autorizado acessa informações confidenciais, ou privadas, armazenadas ou trafegando em uma rede. Outra situação com esse tipo de ameaça são os roubos ou perdas de bancos de dados (em computadores ou dispositivos), como por exemplo um banco de dados de registros dos pacientes de um consultório médico, ou de clientes de uma empresa de varejo.

Existem duas técnicas usadas por invasores para conseguir acesso a dados confidenciais:

- ESPIONAGEM, que é o ato de espionar informações secretas. Técnica muito usada por terroristas para conseguir informações governamentais. E usada também em todo universo cibernético!;

- SABOTAGEM, que, diferente da espionagem, não é uma técnica silenciosa, e acontece quando algum invasor sabota um sistema de informações para ter acesso a dados confidenciais. Uma das coisas mais difíceis de combater nesses tipos de ameaças é a interceptação de dados desprotegidos que, geralmente, não deixam rastros de atividades.

É pelo alto nível de riscos de danos que pode causar que as ameaças de divulgação e suas contramedidas são alvo forte de pesquisa e desenvolvimento de segurança.

Categorias e Tipos de Ataques

As ameaças podem ser ATIVAS ou PASSIVAS, mas ambas tem repercussões negativas para infraestrutura de Ti.

- Dizemos que o ataque é ATIVO quando há alguma intervenção na tentativa de acesso aos dados, ou seja, há uma intrusão.

- Já em um ataque PASSIVO, o invasor não faz alterações, apenas espia, escuta, monitora o tráfego.

Dizemos que um ataque é bem-sucedido, seja a um sistema, seja a uma rede, quando consegue explorar alguma vulnerabilidade.

De uma forma geral, existem quatro categorias de ataque, que são:

- DE FABRICAÇÕES, envolvendo a criação de alguma falha proposital para enganar quem vai usar o sistema e desconhece a existência desse erro;
- DE INTERCEPTAÇÕES, envolvendo espionagens nos tráfegos, com redirecionamento para uso indevido;
- DE INTERRUPÇÕES, quebrando canais de comunicação, gerando, assim, bloqueio de tráfego;
- DE MODIFICAÇÕES, alterando dados em tráfego ou em arquivos.

Um ataque pode envolver uma ou mais categorias dessas, ou até mesmo uma combinação das quatro.

Como exemplos de ataques podemos citar:

- Invasão total;
- Negação de serviço (DoS);
- Roubo ou divulgação de informações;
- Engenharia social, etc.

INVASÃO TOTAL (FULL PENETRATION)

Full Penetration, em português: Invasão total, é um tipo de ataque que executa invasão total do sistema, ou do computador, ou do servidor alvo. Pode ser executado por trojan, como o conhecido Cavalo de Tróia, que permite acesso remoto ao sistema ou ao computador alvo. Uma vez invadido, o hacker consegue acesso total e controle; consegue excluir, alterar, instalar arquivos, enviar e-mails, excluir e-mails da caixa, entre outros serviços e dados que ficam ao total acesso.

Como exemplo desses tipos de ataque podemos citar: o Backdoor, Spoofing, entre outros.

CAVALO DE TROIA

Também chamado de TROJAN, o CAVALO DE TROIA é um malware disfarçado de programa útil.

O nome faz referência à história do presente grego para os troianos em forma de um cavalo de madeira, que deveria sinalizar uma oferta de paz, mas que na verdade escondia soldados gregos para sair e abrir os portões, facilitando a entrada da tropa grega e assim derrotar o exército troiano na surdina da noite. O "presentinho de grego" ficou conhecido como Cavalo de Troia.

Na TI, os programas cavalo de troia também usam a aparência externa disfarçada para induzir usuários a executá-los. Parecem programas que executam tarefas úteis, mas, escondem códigos maliciosos que podem ganhar uma guerra!

Uma vez acionados, já em execução, o usuário, sem saber, vai permitindo e autorizando as instruções de ataque programadas e disfarçadas.

O primeiro cavalo de troia foi executado em 1974, e ficou conhecido como Animal; um programa disfarçado de um jogo de perguntas que pedia para o usuário pensar em um animal para que o programa fizesse perguntas tentando adivinhar. Mas, por trás das perguntas, o que o programa fazia era copiar os diretórios que o usuário estava acessando! Com a evolução, os trojans mais atuais vão além de apenas salvar cópias; se escondem em programas e coletam informações confidenciais, abrem backdoors em computadores, fazem uploads, downloads e por aí vão evoluindo em suas possibilidades maléficas.

PORTA DOS FUNDOS (BACKDOOR)

BACKDOOR é um método de acesso que desenvolvedores de software instalam nos programas para que sirvam como uma "porta dos fundos" oculta, na intenção de fornecer ao pessoal de suporte um acesso fácil, que não precise lutar com controles de segurança. A questão é o que acontece quando hackers maliciosos conseguem encontrar esses backdoors escondidos... podendo usá-los para driblar os controles de segurança programados; tipo as senhas, a criptografia e assim por diante. E o resumo da "ópera" é: enquanto os usuários legítimos se logam pelas portas da frente, com ID e senha, tudo certinho, os atacantes entram pelas backdoors, sem precisar de autenticação alguma!

Outra possibilidade de uso dessa técnica é que um invasor pode instalar sua própria backdoor em um sistema, para driblar os controles de proteção instalados pelo administrador.

FALSIFICAÇÃO DE ENDEREÇO (SPOOFING)

Técnica *blackhat* que forja o cabeçalho do e-mail fingindo o remetente para fins maliciosos.

Na prática, Spoofing, ou falsificação de endereço, é um tipo de ataque em que uma pessoa, um programa, ou um computador se disfarça, fingindo outra identidade, para obter acesso a algum recurso. A tática, na prática, é basicamente fingir ser um computador diferente através de um endereço de rede falso. E, então, se o roteador não for configurado pelo administrador para filtrar tráfegos externos com endereços internos, o ataque pode ser executado. Ressaltando que, dessa forma, falsificando endereços, é possível inclusive possibilitar acesso indevido a recursos internos protegidos.

🔲 Sob a ótica da segurança cibernética, vale reforçar que programar a retransmissão de e-mails pelo servidor é uma forma de prevenir *spoofing*.

ATAQUE UNICODE

Tipo de ataque *spoofing* que faz um endereço falso de site parecer legítimo, usando caracteres ou conjunto de caracteres especiais do tipo Unicode para substituir, intencionalmente e maliciosamente, os caracteres verdadeiros.

A maioria dos caracteres Unicode representam alfabetos grego, cirílico e armênico em nomes de domínio internacionais, porém, a olhos casuais parecem ser letras latinas, mas são tratados de forma diferenciada por computadores com endereço web diferentes. É uma representação chamada de "*punycode*".

ATAQUE DE BYPASS

O ATAQUE DE BYPASS é um tipo de ataque real de invasão a um servidor web que usa escalada de privilégios, que pode resultar em acesso não autorizado no domínio do acesso. O hacker pode obter privilégios de administrador ou *root*.

ATAQUE DE NEGAÇÃO DE SERVIÇO (DoS)

Como já abordamos, esse tipo de ataque, também conhecido como ATAQUE DoS, ocasiona uma sobrecarga no servidor ou no computador, deixando os recursos indisponíveis para o usuário. É executado por um único computador, que envia vários pedidos ao alvo determinado, geralmente um site.

- Na prática, o que acontece é que, ao encher o disco, o sistema bloqueia a conta, o computador trava, a CPU fica mais lenta, e resulta na negação de serviço.

Os ataques DoS geralmente são originados de um único computador, por isso, quando é detectado é fácil de pará-lo.

Comumente, existem duas formas de ataques DoS:

- Os ATAQUES LÓGICOS, que usam falhas de softwares para travar ou prejudicar o desempenho dos servidores remotos, por isso, uma solução para evitar ataques lógicos é a instalação de patches de atualização do software;
- Já os ATAQUES DE INUNDAÇÃO, sobrecarregam a CPU, a memória do computador da vítima, ou os recursos da rede,

com grandes números de solicitações inúteis para a máquina.

A maioria dos ataques DoS foca nas fraquezas da arquitetura do sistema, ao invés de *bugs* nos softwares ou falhas na segurança. E isso pode ser feito usando a internet comum, como, por exemplo, com uma inundação de pacotes inúteis e informações falsas do status dos serviços da rede, ou usando protocolos de rede para bloqueá-la ou deixá-la inacessível. Uma dessas técnicas mais populares de lançamento de inundação de pacotes é a INUNDAÇÃO SYN, que é um bit de controle TCP, usado para sincronizar números de sequência que preenchem toda a tabela de conexões, deixando-a sem espaço para outras solicitações de acesso. E, assim, o computador da vítima fica sem conexão disponível até que todas as solicitações falsas na tabela de conexão expirem.

⬚ A dimensão dos danos causados por um ataque DoS, seja ele qual for, depende da importância do ativo ou recurso afetado. Por exemplo: se a porta inundada do servidor não for específica para algum recurso crítico, o impacto pode ser irrelevante. Mas, se a porta for para uso com alto grau de relevância, como para acessos autorizados ao site comercial da empresa, por exemplo, o bloqueio pode durar minutos ou até horas, ocasionando um impacto severo.

Entre as melhores defesas contra ataques DoS, podemos citar: usar o Sistema de Prevenção de Intrusão (IPS), com dispositivos ou softwares para detectar e interromper o ataque; o Sistema de Detecção de Intrusão (IDS), com dispositivos e softwares que detectam e alertam quando os ataques estão em andamento – são os famosos falso positivos, que alertam um potencial problema, uma falha que um software de detecção e proteção gera quando uma atividade legítima é classificada como um ataque, e os falso negativos, que se referem a quando um evento malicioso ocorreu mas não foi detectado pela arquitetura de segurança.

Sem usar defesa contra os ataques DoS, os servidores, desktops e redes, podem ser sobrecarregados rapidamente, reduzindo assim a velocidade da rede de computação. Sem contar que também é possível até mesmo paralisar toda infraestrutura de TI.

Mas, nem tudo é ATAQUE DoS...

Vale ressaltar que nem sempre um tempo de resposta insatisfatório é causado por ataque DoS. Existem fatores como: excesso de cadastros nas instalações de rede, que significa mais computadores, mais processos usando a rede, excedendo a carga programada, ou seja, congestionamento de uso. Os próprios fornecedores de rede usam essa tática para conseguir aumento de receita às custas do usuário.

Outra possibilidade também não atribuída a ataquesDoS é quando o próprio provedor causa a incapacidade de acesso do usuário a recursos da rede, como, por exemplo, ao colocar os recursos principais em offline para alguma atualização de sistema.

Outro culpado ainda pode ser o chamado estrangulamento, técnica usada por alguns administradores para redução de tráfego.

Ou, ainda, podem ocorrer erros simples por parte dos usuários, ocasionando o mesmo efeito causado por um ataque DoS.

ATAQUE DISTRIBUÍDO DE NEGAÇÃO DE SERVIÇO (DDoS)

O DDoS é uma evolução do DoS, que executa o ataque a um ou mais alvos, usando vários computadores para enviar solicitações falsas, comandadas por um computador mestre. Assim, o bloqueio é mais demorado, porque dificulta a identificação da origem do bombardeio para devida proteção, dando mais tempo para o invasor fazer seu trabalho.

- Na prática, os invasores sequestram centenas ou até milhares de computadores na Internet e implantam agentes de ataque nesses sistemas, e então instruem esses agentes a bombardearem o site destino com mensagens falsificadas. Dessa forma, conseguem sobrecarregar o site e bloquear o tráfego legítimo. A força nesse tipo de ataque está nos números, porque distribuindo o ataque através de vários computadores, é possível causar danos bem maiores. Geralmente, os alvos desses ataques são empresas e universidades. Pesquisas revelam que são executados milhares de ataques DDoS por semana. A dificuldade de parar um ataque DDoS é uma ameaça tão séria que a segurança contra esse tipo de riscos é uma prioridade máxima para muitas organizações, inclusive fornecedoras de produtos de segurança!

ROUBO OU DIVULGAÇÃO DE INFORMAÇÕES

ROUBOS OU DIVULGAÇÕES DE INFORMAÇÕES é um tipo bem comum de ataques cibernéticos. Como exemplo desse tipo de ameaça, podemos citar:

- ▢ *Decoy* - que executa simulando ser um programa seguro para o usuário logar; e, com o login efetuado, o programa armazena as informações para posteriormente o hacker possa usá-las.
- ▢ *Eavesdropping* - que executa violando a confidencialidade, fazendo uma varredura das informações no dispositivo da vítima.
- ▢ *Bluesnarfing*- que é um ataque via bluetooth no smartphone da vítima para que o hacker possa usar livremente os dados acessados.
- ▢ *Bluejacking* - também via bluetooth, envia mensagens, imagens e sons a dispositivos próximos. Além da invasão, o programa também encaminha spam do dispositivo da vítima para os usuários próximos.

Entre tantos outros tipos de ameaça que a cada dia vão sendo desenvolvidos.

ENGENHARIA SOCIAL

A chamada ENGENHARIA SOCIAL é uma técnica de ataque com base na psicologia, pois a ferramenta explorada são os erros humanos. Ocorre com frequência no Google, em formulários que pedem senhas e informações pessoais. Um exemplo desse tipo de ataque é o *phishing*, que é quando o hacker se disfarça de um perfil confiável para roubar os dados do alvo.

- Na prática, um fornecedor ou um ID de funcionário forjado ou roubado pode fornecer acesso a um local seguro. Assim, é possível para um intruso ter acesso a ativos importantes. Outra opção é apelar para o instinto natural dos funcionários em ajudar um técnico ou contratado; dessa forma, um invasor pode facilmente violar a segurança de uma organização e conseguir acesso. Geralmente, os alvos de ataques de engenharia social são os funcionários que trabalham como recepcionistas, assistentes administrativos, que desempenham a função de um contato inicial em uma organização, ou funcionários novatos, ainda não treinados com as políticas de segurança organizacional.
- É bem difícil evitar ataques de engenharia social, mas é possível mitigar os riscos e reduzir os impactos dos danos com algumas técnicas, como:
- Garantir que os funcionários sejam devidamente orientados em relação aos princípios básicos de um ambiente seguro;
- Aplicar uma política de segurança, inclusive para o uso dos computadores;
- Aplicar uma política rígida para os procedimentos de suporte técnico, tanto interno quanto externo;
- Exigir uso de identificação completa para toda equipe;
- Limitar dados de acesso público, protegendo informações publicadas em: diretórios, páginas amarelas, sites e bancos de dados públicos;
- Ter bastante atenção e cuidado com o uso dos acessos remotos, usando validação forte para confirmar quem acessa a rede;
- Treinar a equipe com as técnicas de envio e recebimento de e-mail seguro;

☐ Destruir documentos com informações confidenciais ou sensíveis.

PHISHING

PHISHING é um exemplo de ataque com a técnica de engenharia social, que usa a fraude para induzir a vítima a fornecer informações privadas, como: número do cartão de crédito, senhas, datas de nascimento, CPF, números de contas bancárias, entre outras informações sensíveis.
Um golpe de phishing acontece quando há uma tentativa de roubo de identidade por e-mail ou por mensagem instantânea. A mensagem chega disfarçada, como se fosse de uma fonte legítima, como uma empresa confiável ou uma instituição financeira, solicitando informações pessoais com urgência, geralmente alegando uma necessidade crítica de atualização de conta, que pode ser bancária, de cartão de crédito, entre outras. Nos casos mais comuns, a mensagem orienta a vítima a fornecer as informações solicitadas ou a clicar em um link fornecido. Ao clicar no link a vítima é direcionada para um local na Internet que, na verdade, é uma fraude, embora possa parecer idêntico ao site oficial. As informações que são inseridas nessa página fake vão diretamente para o golpista, e não para a organização legítima, como acredita o usuário.

O *spear-phishing* é uma variação do ataque de phishing. Também usa e-mails ou mensagens instantâneas, sendo que o alvo são organizações específicas, para conseguir acesso não autorizado a dados confidenciais.
Da mesma forma que acontece com as mensagens fraudulentas de um phishing, com um *spear-phishing*, as mensagens também parecem vir de alguma fonte confiável.

☐ A melhor proteção contra qualquer tipo de *phishing* é não fornecer informações sensíveis quando solicitado, principalmente se for via e-mail ou mensagem instantânea. Uma dica para não cair nesse tipo de golpe é ligar para o departamento de atendimento ao cliente da empresa em questão para verificar a veracidade das mensagens antes de fornecer qualquer tipo de informação. E só mais um detalhe: Ao ligar para a empresa, o ideal é não usar números de telefones contidos na mensagem. E, mesmo que confirme que a solicitação é legítima, a recomendação é inserir manualmente o endereço da web no navegador, ao invés de clicar no link da mensagem.

⬚ Além dessas recomendações básicas, existem algumas pistas que podem ajudar a identificar um *phishing*. Vejamos:

⬚ É comum a substituição de caracteres com aparência semelhante no URL, como, por exemplo, um numeral "1" no lugar de uma letra "L";

⬚ Pela aparência do site está cada vez mais difícil detectar uma falsificação tamanha é a perfeição da cópia, por vezes até com o certificado de segurança do site legítimo e tudo! Por isso, antes de clicar no link, o ideal é observar o domínio dele para checar se é estranho ou não. E, ao perceber alguma alteração suspeita, melhor entrar em contato com o site verdadeiro através do atendimento ao cliente ou suporte técnico para confirmar a legitimidade do link em questão;

⬚ Outra tática de *phishers* é comprar nomes de domínio bem parecidos com os de empresas originais, e, no URL, podem mudar a ordem dos nomes para parecer com o verdadeiro;

⬚ Outro truque de *phishing* é usar o mesmo nome de domínio, mas, por exemplo: com ".org" ao invés de ".com".

PHARMING

PHARMING é mais um tipo de ataque que usa falsificação, mas, diferente do phishing, não usa mensagens para enganar as vítimas e direcioná-las para sites fakes que parecem legítimos. O *pharming* falsifica domínios para conseguir informações pessoais ou privadas da vítima.

Na prática, sem saber, o usuário insere um endereço da Web do servidor envenenado em sua barra de endereços, então, navega até o site do invasor. O navegador do usuário ainda mostra o site correto, e é por isso que o pharming fica difícil de detectar.

Enquanto o *phishing* tenta enganar as pessoas, uma de cada vez, com um e-mail ou mensagem instantânea, o pharming consegue atingir grandes grupos de pessoas ao mesmo tempo através do domínio falso.

OUTROS EXEMPLOS DE ATAQUES

Além dos exemplos que já vimos dentro das categorias e tipos de ameaças e ataques, vejamos mais alguns que não podemos deixar de abordar:

ATAQUES DE FORÇA BRUTA

No ataque de força bruta, o invasor vai tentando várias senhas em um sistema até encontrar a certa. Geralmente, é usado um programa de software que tenta todas as combinações possíveis para senha, ID de usuário ou código de segurança. É uma ação rápida e em sequência. Com a grande escala que a tecnologia cada vez mais vai disponibilizando, é possível tentar milhões de combinações de senhas em um curto período. Então, com tempo e computadores suficientes, acabam conseguindo quebrar a maioria dos algoritmos.

ATAQUES DE DICIONÁRIO

Um ataque de dicionário é considerado um ataque simples, de força bruta, que depende de escolhas erradas que os usuários fazem ao escolherem senhas comuns. É executado fazendo várias tentativas para burlar uma cifra ou um mecanismo de autenticação no intuito de conseguir descobrir uma senha usando palavras de um dicionário. A melhor defesa para esse tipo de ataque é adotar uma política de senhas complexas em que os usuários precisem combinar letras, números, e nenhuma informação pessoal.

ATAQUES DE REPETIÇÃO

Os ataques de repetição são aqueles que envolvem captura de pacotes de dados de uma rede para retransmiti-los produzindo um efeito não autorizado. Ao receber pacotes IP duplicados, o serviço pode ser interrompido ou ocorrer alguma outra consequência indesejada, como danificar os sistemas.

ATAQUES DE DISFARCE (*MASQUERADING*)

Em um ataque de disfarce, como o nome diz, existe um usuário ou computador fingindo ser outro. Esse tipo de ataque normalmente inclui uma das outras categorias de ataques ativos, como: falsificação ou repetição de endereço. As sequências de autenticação dos usuários podem ser capturadas por invasores para que sejam posteriormente reproduzidas. Então, eles capturam, usam as credenciais interceptadas, se logam no aplicativo e personificam o usuário, concretizando a falsificação de IP.

ATAQUES DE ESPIONAGEM

Uma escuta secreta, um farejamento, uma espionagem. É o tipo de ataque que ocorre quando um host define sua interface de rede para copiar os pacotes em tráfego para posterior análise. Para isso, um *sniffer* de pacotes pode capturar e produzir informações importantes e confidenciais, como nomes de contas de usuários e senhas.

SMURF

O *smurfing* é uma técnica bem popular, que usa uma transmissão direcionada para criar inundação de tráfego de rede

para o computador vítima. O programa Smurf explora vulnerabilidades dos protocolos IP e ICMP.
Na prática, os atacantes internos e externos lançam ataques DoS. No entanto, a maioria dos ataques vem de estranhos.

ATAQUES DE SEQUESTRO (HIJACKING)

Ataques de sequestro é quando um invasor assume o controle de uma sessão entre
duas máquinas, se mascarando como se fosse uma delas. Entre os tipos de ataque de sequestro, podemos citar:

MAN-IN-THE-MIDDLE (HOMEM-NO-MEIO)

Man-in-the-middle, ou, em português: homem-no-meio, em que o invasor usa um programa e assume o controle de uma conexão, fingindo ser cada extremidade da conexão. Por exemplo: João e Maria querem se comunicar, então o impostor finge ser João falando com Maria, e finge ser Maria falando com João. Dessa forma, sem João e sem Maria desconfiar que estão sendo "clonados", e nem tão pouco que estão falando com um impostor, podem trocar informações de interesse do invasor, que também pode até alterar os dados que trafegam nessa conexão. Resumindo: É um ataque que possibilita o invasor de ter acesso às mensagens e modificá-las antes de retransmiti-las.

SEQUESTRO DE NAVEGADOR

Em um ataque de sequestro de navegador, ao acessar um site o usuário é direcionado para outra página da Web e não a que solicitou. Normalmente vai para um site fake, criado pelo invasor. O usuário fica com a impressão de que o site foi comprometido, mas na verdade o que o invasor fez foi desviar o navegador do usuário. Esse ataque pode ser usado com phishing, no propósito de enganar o usuário para ter acesso a informações privadas dele.

SEQUESTRO DE SESSÃO

O sequestro de sessão acontece em um cenário com dois computadores em rede, onde o invasor tenta assumir o controle da conexão.

Na primeira etapa do ataque, o invasor assume o controle de um dispositivo na LAN, tipo um firewall ou outro computador, para monitorar a conexão. Dessa forma, ele consegue determinar os números de sequência usados tanto pelo remetente como pelo destinatário.

Após determinar a numeração da sequência, o próximo passo é gerar rastros que façam parecer vir de uma das partes que estão se comunicando. E assim consegue roubar a sessão de um dos verdadeiros usuários. Mas o usuário que iniciou a sessão invadida ainda está lá, e o invasor precisa se livrar dele, então, sobrecarrega um dos dispositivos com pacotes em excesso para que ele saia da sessão.

É muito importante se certificar da identidade que está no outro lado da sessão. Para isso, o ideal é uma autenticação dos dados durante a transmissão. E melhor ainda, é fazer a autenticação mútua, dos dois lados da sessão, para garantir que não há impostor se passando por um usuário legítimo.

Os Atores do Crime Cibernético e suas Ferramentas

Como todo crime tem seus personagens, nos crimes cibernéticos não é diferente... E o ator principal é o hacker, que atua de formas diferentes de acordo com o roteiro da ocorrência. Vamos reconhecê-los?

HACKER DE CHAPÉU BRANCO (WHITE HAT HACKER) = HACKER ÉTICO.

E vamos começar pelo mocinho... o Hacker de chapéu branco! Eminglês: *White hat hackers*.

Os hackers de chapéu branco também são conhecidos como "hackers éticos"; são especialistas em segurança de computadores ou profissionais de rede fornecendo engenharia social, auditorias de código e testes de invasão, os famosos pentests! Mas sempre sob contrato!

Esses *pentests* podem ser realizados de maneiras diferentes pelo hacker ético; quando ele tem pleno conhecimento, quando tem conhecimento parcial, e quando ele não tem conhecimento do alvo a ser avaliado. Essas diferentes perspectivas são chamadas de "teste de caixa", que podem ser: de caixa branca (*whiteboxpentest*), de caixa preta (*blackboxpentest*) e de caixa cinza (*greyboxpentest*). Sendo:

- ▢ *Black Box* (sem conhecimento);
- ▢ *White Box* (com total conhecimento);
- ▢ *Grey Box* (com conhecimento limitado).

TIPOS DE PENTESTS

Vamos conhecer melhor os tipos de pentests, a começar pelo:

WHITE BOX (com total conhecimento)

Características:

- ▢ Testador pode olhar "dentro" do software;
- ▢ A equipe de teste tem mais conhecimento do ambiente do cliente;
- ▢ Pode ser aplicado nos níveis de: unidade, integração e sistema.

- ▢ Um teste de unidade é executado para checar se o código do software está funcionando conforme o esperado;
- ▢ Um teste de integração objetiva garantir que todas as interações de cada interface funcionem de acordo com seu design;
- ▢ Um teste de sistema é realizado para assegurar o

funcionamento correto de todo o sistema integrado.

O conhecimento profundo do código-fonte é um pré-requisito para o teste white box. Por meio desse conhecimento é possível criar casos de teste.

Esse processo de criação de casos de teste se faz em três etapas básicas:

1. Entrada (preparação) - Requisitos, especificações funcionais, projeto detalhado de documentos, código-fonte, especificações de segurança;

2. Processamento (construção e execução) - Análise de risco, planos, execução e comunicação de resultados provisórios;

3. Resultado (relatórios) - Preparação de relatórios finais abrangendo todos os preparativos e resultados.

BLACK BOX (sem conhecimento)

Características:

- Testador não tem conhecimento do sistema que está sendo atacado;
- O objetivo é simular hacking externo ou um ataque de guerra cibernética.

Existe uma estrutura descrita por Paul Midian que foi desenvolvida para este método de ataque, considerada muito útil por Hafele (2004). Essa estrutura define cinco fases básicas para o teste black box: reconhecimento inicial, determinação do serviço, enumeração, obtenção de acesso e escalonamento de privilégios.

Fase 1: Reconhecimento inicial (footprinting).

Objetivo: Investigar a organização alvo por meio de informações publicamente disponíveis. Exemplo: Site da empresa, registros de identificação para obtenção de endereços IP, transcrições da câmara de comércio, revistas comerciais, publicações, etc.

Fase 2: Determinação do serviço (escaneamento).

Objetivo: Checar serviços de escuta e portas ativas na rede do cliente.

Nessa fase, o testador consegue identificar o sistema operacional(SO) que o cliente está usando.

Como cada sistema operacional possui características únicas, o testador pode escanear portas TCP específicas de tráfego de serviço de acordo com o SO que está sendo testado.

Fase 3: Enumeração.

- ⬚ Objetivo: Determinar informações vitais de recursos-chave do tipo:
- ⬚ Recursos e compartilhamentos de rede;
- ⬚ Usuários e grupos (checar se há contas de usuário ou administrador padrão operando na rede);
- ⬚ Aplicativos e banners. Exemplo: Captura de banner (técnica que ajuda a saber qual tipo de dispositivo o testador está lidando e / ou que tipo de software está sendo executado).

Fase 4: Ataque e obtenção de acesso.

Objetivo: Estabelecer uma base na rede do cliente.

As informações conseguidas nas três primeiras fases são a entrada para esta etapa. Várias vezes, contas administrativas em desuso não são excluídas da base e, quanto mais antigas, mais fracas podem ser as senhas para serem exploradas pelo testador.

Fase 5: Escalonamento de privilégios e manutenção do acesso.

Objetivo: Obtenção de privilégios administrativos ou de nível raiz no sistema do cliente.

Esses privilégios podem variar de um item específico na rede a um controle total. Como o teste é feito de maneira apropriada, o escopo é predeterminado pelo cliente e o testador pode usar ferramentas de quebra de senha para atingir esse objetivo.

É nessa fase do processo que um hacker não ético consegue criar backdoors para posteriores acessos indevidos de terceiros não autorizados.

- ☐ Exemplos de técnicas que podem ser usadas para pentestsblack box:
- ☐ Particionamento de equivalência;
- ☐ Análise de valor limite;
- ☐ Estimativa de erro, etc.

- ☐ GREY BOX (com conhecimento limitado)

- ☐ Características:

- ☐ O testador tem conhecimento limitado (pré-determinado) da estrutura interna do sistema em teste. Informações do tipo: lógica, fluxo de dados, programação, fluxo de execução, etc;
- ☐ Essencialmente, funciona como uma técnica de caixa preta;
- ☐ A informação é normalmente distribuída a você durante o processo de teste por um insider 'branco' que decide quais partes específicas demandam teste ou quais testes extras precisam ser feitos com base nos resultados;
- ☐ A gerência determina as informações que podem ser compartilhadas.
- ☐ Na prática, o teste grey box simula ataques de crackers e testa contramedidas que são executadas em tempo real por hackers chapéu branco.
  Desvantagem do grey box:
- ☐ A equipe de ataque consegue com facilidade as informações que desejam, sem nem precisar examinar a rede. Dessa forma, as vulnerabilidades podem ser ignoradas, e não corrigidas, não atingindo assim o propósito preventivo do teste.

- ☐ Exemplo de grey box:
- ☐ Teste de regressão (nova execução dos casos de teste quando alterações são feitas).

FERRAMENTAS PARA PENTEST

Existem várias ferramentas usadas para pentest, como os detectores de rede, tipo Wireshark, que capturam e filtram tráfego, selecionando e dessecando pacotes de dados; e também o honeypot, que funciona como uma armadilha e simula de propósito falhas de segurança de um sistema para colher informações sobre invasores; além das técnicas automatizadas como os testes de verdadeiro-negativo, que indica quando um arquivo ou item foi marcado corretamente como malicioso, e o verdadeiro-positivo, que indica quando um arquivo ou item foi marcado como seguro de maneira correta, entre tantas outras possibilidades usadas por hackers éticos no combate ao crime cibernético.

HACKER DE CHAPÉU PRETO (BLACK HAT HACKER) = HACKER "CRACKER".

Ao contrário do hacker de chapéu branco, que é o mocinho nos cenários dos crimes, o Black hat hacker, em português: Hacker de chapéu preto, é o hacker vilão, também conhecido como CRACKER.

É um hacker ilegal, cujo objetivo é violar a segurança de redes e sistemas para destruir, modificar, desativar ou roubar dados.

Os crackers são hackers especializados em invasão não autorizada de sistemas de informação. Eles possuem habilidades sofisticadas e violam a segurança e redes com objetivo de: maldade, benefícios próprios, como dinheiro ou status, para destruir, modificar, fraudar, roubar dados, bloquear ou desativar sistemas e redes.

Mas vale ressaltar que as atividades dos outros tipos de hackers também podem causar perdas e danos.

HACKERS CHAPÉU BRANCO X HACKERS CHAPÉU PRETO

O que difere o hacker chapéu branco do hacker chapéu preto fundamentalmente é o propósito, pois enquanto o chapéu branco se preocupa em encontrar fraquezas para corrigí-las, o chapéu preto quer encontrar pontos fracos apenas para se divertir ou para explorar de forma ilegal. Na prática, os hackers brancos, ou éticos, trabalham com pentests, de forma preventiva, enquanto que os hackers de chapéu preto trabalham com criptoanálises, de forma indevidamente invasiva.

HACKER DE CHAPÉU CINZA (GREY HAT HACKER).

Nem tão mocinho, nem tão vilão... é o HACKER DE CHAPÉU CINZA! Em inglês: Grey hat hacker.

Também chamados de "aspirantes" (wannabe), são hackers com habilidades médias, em desenvolvimento, que um dia podem se tornar ou um hacker de chapéu preto ou um hacker de chapéu branco.

São hackers que trabalham sem permissão, mas nem sempre são maliciosos. Geralmente, assim como os de chapéu branco, também são especialistas em segurança da computação, porém com uma ética confusa... Ou seja, trabalham sem contrato; recebem pelo que fazem sem se importar muito com a ética do que estão fazendo. Muitos, inclusive, continuam entrando nos sistemas do cliente mesmo após encerrado o contrato... o que é ilegal e nada ético!

Não são raros exemplos de hackers realizando tarefas não solicitadas, inclusive testes de invasão, resultando na descoberta de vulnerabilidades de segurança da informação até mesmo em sistemas públicos, gerando escândalos que frequentemente acompanhamos na imprensa e que levam a reflexões sobre os riscos e benefícios que os hackers de chapéu cinza oferecem, questionamentos do tipo: " Quantos tons de cinza existem?"... Muitos desses hackers por vezes são processados, como muitos também são convidados para se envolverem em processos de mitigação, principalmente quando são casos de escândalos públicos, daqueles típicos do site WikiLeaks, quando vazam informações confidenciais do governo. Nesses casos que envolvem a WikiLeaks, os hackers oscilam entre uma atuação chapéu cinza e uma atuação de hacktivismo.

SCRIPT KIDDIES

Os scriptkiddies são vândalos usando ferramentas e scripts escritos por terceiros, como se fossem livros de receitas que seguem sem nem entender o que estão fazendo.

São crackers inexperientes, com pouca ou nenhuma habilidade, que não têm conhecimento de programação para escrever exploits(mecanismos elaborados pelos hackers para explorar defeitos e vulnerabilidades).

Os scriptkiddies procuram alvos fáceis e tem como objetivo em seus ataques ganhar fama, dinheiro, ganhos pessoais.

HACKTIVISTAS

Os Hacktivistas são hackers com finalidade política, social, religiosa ou qualquer outra causa ideológica (pedindo atenção para sua causa).

A denominação é uma junção das palavras e dos sentidos de: hacker + ativista, porque de fato trata-se de um hacker ativista, os quais escrevem códigos fontes para promoção ideológica.

Como exemplo de formas populares de hacktivismo, podemos citar:

- Sites como o WikiLeaks ou extensões criadas para fins políticos, tipo os softwares disponibilizados pela ONG RECAP;

- Espelhamento de sites confidenciais, tipo copiar sites governamentais censurados para divulgação em domínios sem censura;

- Geo-bombardeio, geo-tagging de conteúdo do YouTube para o Google Maps e / ou Google Earth, por exemplo:

quando as pessoas sobrevoam um determinado local, tipo os escritórios de um governo opressor, e conseguem acessar mensagens de vídeo que promovam liberdade civil;

- ▢ Blogs anônimos, que também são uma forma de hacktivismo, entre outras possibilidades.

FERRAMENTAS USADAS PARA CRIMES CIBERNÉTICOS

Saber como os atacantes agem é a melhor forma para saber como fazer uma defesa adequada contra os ataques. A maioria das organizações usam as mesmas ferramentas para ajudar a identificar os pontos fracos que precisam ser resolvidos. Afinal, é bem melhor encontrar os pontos fracos no próprio ambiente antes que algum invasor encontre.

Entre as mais populares ferramentas usadas pelos criminosos cibernéticos para realizar ataques, podemos citar:

- ▢ *NMAP*, software livre que faz scanner de portas;
- ▢ *NESSUS*, que é um identificador de vulnerabilidade, com verificação precisa de alta velocidade e com quantidade mínima de falsos-positivos;
- ▢ *Metasploit*, que facilita os testes de invasões do Windows, com a divulgação de informações de segurança relacionadas a vulnerabilidade (exploit);
- ▢ *John theRipper*, que é um software quebrador de senhas;
- ▢ *Ophcrack*, outro quebrador de senhas, mas só senhas de logon do Windows;
- ▢ *Aircrack*, quebrador de wirelesse, Wi-Fi;
- ▢ *Kali Linux*, "canivete suíço", que atua em cima da auditoria e segurança do computador;

Entre outras ferramentas.

São ferramentas e técnicas que incluem:

- ▢ *Scanners* de vulnerabilidade;
- ▢ *Scanners* de porta;

- Sniffers;
- Wardialer;
- Keyloggers.

SCANNERS DE VULNERABILIDADE

A função de um *scanner* de vulnerabilidade é coletar informações sobre as fraquezas do alvo (computador ou rede).

Na prática, a varredura envia mensagens específicas para os computadores determinados. Ao responder, o computador indica a existência do defeito sondado. Daí, os invasores usam o retorno dessas verificações para então planejar o ataque mais adequado.

SCANNERS DE PORTA

O *scanner* de porta também é usado para sondagem dos pontos fracos. Funciona sendo conectado a um computador para determinar quais portas estão abertas ou disponíveis para acesso. Normalmente, a porta é identificada por um número; é o chamado "número da porta".
Scanear portas permite checar quais portas estão ativas em um computador, e até dá para descobrir quais aplicativos estão em execução! Com essas informações, fica fácil para os invasores projetar o ataque! Por exemplo: A porta 80 geralmente é usada para tráfego HTTP. Se um scanner de porta checar que a porta 80 de um computador está aberta,e monitorar essa porta, o invasor tem como sondar o que provavelmente está sendo executado no computador, e então pode atacar de forma mais assertiva.
É por isso que se deve desativar todas as portas não utilizadas para dificultar esses tipos de varreduras de portas.

SNIFFERS

Sniffer é um programa de software de captura de tráfego de rede. Senhas e dados privados são as informações que mais interessam para os invasores que usam sniffers. Os *sniffers* operam em modo aberto, por isso são invisíveis para o usuário.Existem*sniffers* em versões de: hardware, software e mista(hardware+software).

WARDIALER

O *wardialer* é um programa que disca números à procura de um computador para ser alvo de ataque.
Essa discagem é feita de forma automática, em intervalo definido de números de telefone. O *wardialer* registra e insere em um banco de dados os números de conexão com o modem. Alguns também conseguem identificar o sistema operacional em execução de um computador, e ainda realizam pentests automatizados. Nesses casos, o *wardialer* executa uma lista predefinida de nomes de usuários e senhas comuns na tentativa de obter acesso ao sistema.

Um administrador de sistema de rede pode usar um wardialer comercial para identificar modems não autorizados na rede corporativa. Esses modems não autorizados podem fornecer aos invasores acesso fácil a uma
rede interna da organização, por isso deve ser controlado ou mesmo eliminado!

Embora o *wardialing* seja um método de ataque antigo, muitas redes ainda usam modems para conexão, o que o torna ainda útil para localizar pontos de acesso.

KEYLOGGERS

Keyloggers são softwares ou hardwares de vigilância que podem registrar cada pressionamento de tecla de um usuário com um teclado para arquivo de log. Em seguida, enviam o arquivo de log para um receptor específico recuperá-lo mecanicamente.

Nos ataques de invasão, os cibercriminosos exploram vulnerabilidades fazendo uso de:

- Reconhecimento;
- Scanning (Mapeamento);
- Lista de serviços;
- Avaliação de vulnerabilidade;
- Exploração de vulnerabilidade;
- Invasão e acesso;
- Escalada de privilégios;
- Apagando trilhas;
- Manter e expandir o acesso.

Nos ataques não direcionados, usam: worm, spam, phishing e botnet, por exemplo.

Já nos ataques direcionados, temos como exemplo: fraude, espionagem, geralmente industrial, roubo de identidade e hacktivismo.

ENTENDENDO AS ETAPAS DE UM ATAQUE DE INVASÃO

RECONHECIMENTO

Vamos entender melhor cada etapa de um ataque de invasão, a começar pelo reconhecimento, que é a etapa de definição e sondagem do alvo. É quando se faz a coleta das informações da vítima, usando mecanismos de busca profunda, como: por meio do Google, Bing,Duckduckgo, entre outros. A ferramenta WHOIS também pode ser utilizada para levantar informações sobre o domínio. E também pode ser utilizada a engenharia social para obter dados do tipo: nome, e-mails e até senhas.

Tais informações colhidas nessa etapa de reconhecimento do alvo são usadas para conseguir o acesso à rede da vítima.

MAPEAMENTO (Scanning)

Com os dados já obtidos, o hacker passa para etapa de mapear a rede da vítima. Computadores, servidores, dispositivos, enfim. Então é o momento do scanning, da identificação da topologia de rede, dos números de IPs serem obtidos. Com esse mapeamento faz-se o planejamento do local de início da invasão e até onde se pode chegar.

LISTA DE SERVIÇOS

Informações obtidas, rede mapeada. Agora é enumerar os serviços usados pela vítima, dados de portas abertas, sistemas operacionais, o que é liberado para internet e o que é liberado apenas para rede interna, intranet. Tais dados são usados na etapa seguinte de checagem das vulnerabilidades do alvo.

ANÁLISE/EXPLORAÇÃO DE VULNERABILIDADE
- ⬚ Analisar as vulnerabilidades para explorá-las:
- ⬚ Checar softwares, sistemas operacionais desatualizados.
- ⬚ Definir exploit a ser usado para ataque.
- ⬚

INVASÃO E ACESSO

Com o *exploit* definido, após a exploração das vulnerabilidades, o hacker invade a rede e faz o acesso.

ESCALADA DE PRIVILÉGIOS
- ⬚ Ao entrar na máquina já pode ser considerado um *root system*.
- ⬚ A escalada pode ser feita por vulnerabilidades no kernel, falhas de app, vacilo na rede.
- ⬚ objetivo é conseguir escalar e acessar a maior quantidade possível de computadores, servidores, softwares.

APAGANDO TRILHAS

Cobrir os rastros é uma boa tática para evitar que o ataque seja descoberto. Eliminar mensagens de erros, arquivos de log, e dados alterados durante o processo é necessário para minimizar as evidências e dificultar a descoberta. Desabilitar a auditoria e esconder dados também ajuda a ocultar as evidências. Enfim, é limpar e esconder qualquer rastro que possa sinalizar o ataque.

MANTER E EXPANDIR O ACESSO

Além de invadir o alvo, os crackers também deixam uma porta aberta para um posterior acesso, usando backdoors.

E também expandem o ataque, identificando os dados que ficaram expostos através da vulnerabilidade explorada.

Pratique o que Aprendeu

Que tal colocar em prática o que você aprendeu até aqui? Para isso, aproveite esses exercícios de fixação:

1. Os três tipos principais de ameaças que atingem os princípios da tríade A-I-C são:
A) Ameaças de negação ou destruição, ameaças de alteração, e ameaças de divulgação.
B) Ameaças de produção, ameaças de alteração, e ameaças de divulgação.

C) Ameaças de produção, ameaças de transformação, e ameaças de finalização.

D) Ameaças de negação, ameaças de certificação, e ameaças de divulgação.

2. Dizemos que o ataque é _____quando há alguma intervenção na tentativa de acesso aos dados, ou seja, há uma intrusão. Já em um ataque _____, o invasor não faz alterações, apenas espia, escuta, monitora o tráfego.

A) Ativo, passivo.
B) Interventivo, invasivo.
C) Produtivo, improdutivo.
D) Bem-sucedido, malsucedido.

3. Invasão total, é um tipo de ataque que:
A) Ocasiona uma sobrecarga no servidor ou no computador, deixando os recursos indisponíveis para o usuário.
B) Executa invasão total do sistema, ou do computador, ou do servidor alvo .
C) Atua com base na psicologia.
D) Rouba números de cartão de crédito.

4. São hackers com habilidades médias, em desenvolvimento:
A) Hackers de chapéu branco.
B) Hackers de chapéu preto.
C) Hackers de chapéu cinza.
D) Hacktivistas.

5. Sniffer é um programa de software de captura de:
A) Malwares.
B) Tráfego de rede.
C) Hackers.
D) Protocolos.

6. É um programa independente, porém não autônomo, que se diferencia de um vírus por não precisar de um hospedeiro para sair infectando. Se autorreplica e sai enviando cópias de si mesmo para outros computadores. Estamos falando do:
A) *Rootkits.*

B) *Worms.*
C) Spyware.
D) Adware.

7. O princípio violado por ameaças de alteração é o da:
A) Não repúdio.
B) Disponibilidade.
C) Integridade.
D) Confidencialidade.

8. São características de um pentestwhite box:
I. O testador pode olhar "dentro" do software;
II. A equipe de teste tem mais conhecimento do ambiente do cliente;
III. Pode ser aplicado nos níveis de: unidade, integração e sistema.
A) Todas as alternativas são verdadeiras.
B) Só a alternativa II é verdadeira.
C) Todas as alternativas são falsas.

D) Somente as alternativas I e II são verdadeiras.
9. É uma ferramenta usada por criminosos cibernéticos na execução de ataques. Facilita os testes de invasões do Windows, com a divulgação de informações de segurança relacionadas a vulnerabilidade. Estamos falando do:
A) NMAP.
B) NESSUS.
C) Metasploit.
D) Kali Linux.

10. Na prática, o que acontece é que, ao encher o disco, o sistema bloqueia a conta, o computador trava, a CPU fica mais lenta, e resulta na negação de serviço. Geralmente são originados de um único computador, por isso, quando é detectado é fácil de pará-lo. A que tipo de ataque estamos nos referindo?
A) Smurf.
B) DoS.

C) Man-in-the-Middle.
D)Pharming.

Gabarito de respostas

1. Os três tipos principais de ameaças que atingem os princípios da tríade A-I-C são:
A) Ameaças de negação ou destruição, ameaças de alteração, e ameaças de divulgação.
B) Ameaças de produção, ameaças de alteração, e ameaças de divulgação.
C) Ameaças de produção, ameaças de transformação, e ameaças de finalização.
D) Ameaças de negação, ameaças de certificação, e ameaças de divulgação.

A) Correto. Ameaças de negação ou destruição, ameaças de alteração, e ameaças de divulgação.
B) Incorreto. Ameaças de (~~produção~~), ameaças de alteração, e ameaças de divulgação.
C)Incorreto. Ameaças de (~~produção~~), ameaças de (~~transformação~~), e ameaças de (~~finalização~~).
D) Incorreto. Ameaças de negação, ameaças de (~~certificação~~), e ameaças de divulgação.

2. Dizemos que o ataque é _____quando há alguma intervenção na tentativa de acesso aos dados, ou seja, há uma intrusão. Já em um ataque _____, o invasor não faz alterações, apenas espia, escuta, monitora o tráfego.
A) Ativo, passivo.
B) Interventivo, invasivo.
C) Produtivo, improdutivo.
D) Bem-sucedido, malsucedido.

A) Correto. Ativo, passivo.
B) Incorreto. (~~Interventivo, invasivo~~).

C) Incorreto. (~~Produtivo, improdutivo~~).
D) Incorreto. (~~Bem-sucedido, malsucedido~~).

3. Invasão total, é um tipo de ataque que:

A) Ocasiona uma sobrecarga no servidor ou no computador, deixando os recursos indisponíveis para o usuário.
B) Executa invasão total do sistema, ou do computador, ou do servidor alvo .
C) Atua com base na psicologia.
D) Rouba números de cartão de crédito.

A) Incorreto. (~~Ocasiona uma sobrecarga no servidor ou no computador, deixando os recursos indisponíveis para o usuário~~) (Essa característica é de um ataque DoS).
B) Correto. Executa invasão total do sistema, ou do computador, ou do servidor alvo .
C) Incorreto. (~~Atua com base na psicologia~~) (Essa característica é de um ataque de engenharia social).
D) Incorreto. (~~Rouba números de cartão de crédito~~) (Essa característica é de um ataque de *phishing*).

4. São hackers com habilidades médias, em desenvolvimento:
A) Hackers de chapéu branco.
B) Hackers de chapéu preto.
C) Hackers de chapéu cinza.
D) Hacktivistas.

A) Incorreto. Hackers de chapéu (~~branco~~) (É uma característica de hackers de chapéu cinza).
B) Incorreto. Hackers de chapéu (~~preto~~) (É uma característica de hackers de chapéu cinza).

C) Correto. É uma característica de hackers de chapéu cinza.
D) Incorreto. (~~Hacktivistas~~) (É uma característica de hackers de chapéu cinza).

5. Sniffer é um programa de software de captura de:
A) Malwares.
B) Tráfego de rede.
C) Hackers.
D) Protocolos.

A) Incorreto. (~~Malwares~~) (Sniffer é um programa de software de captura de tráfego de rede).

B) Correto. Sniffer é um programa de software de captura de tráfego de rede.

C) Incorreto. (~~Hackers~~) (Sniffer é um programa de software de captura de tráfego de rede).

D) Incorreto. (~~Protocolos~~) (Sniffer é um programa de software de captura de tráfego de rede).

6. É um programa independente, porém não autônomo, que se diferencia de um vírus por não precisar de um hospedeiro para sair infectando. Se autorreplica e sai enviando cópias de si mesmo para outros computadores. Estamos falando do:

A) *Rootkits*.
B) *Worms*.
C) Spyware.
D) Adware.

A) Incorreto. Não são características dos *Rootkits*.

B) Correto. São características dos *Worms*.

C) Incorreto. Não são características do Spyware.

D) Incorreto. Não são características do Adware.

7. O princípio violado por ameaças de alteração é o da:

A) Não repúdio.
B) Disponibilidade.
C) Integridade.
D) Confidencialidade.

A) Incorreto. (~~Não repúdio~~) (Viola o Princípio da Integridade).

B) Incorreto. (~~Disponibilidade~~) (Viola o Princípio da Integridade).

C) Correto. Viola o Princípio da Integridade.

D) Incorreto. (~~Confidencialidade~~) (Viola o Princípio da Integridade).

8. São características de um pentestwhite box:

I. O testador pode olhar "dentro" do software;

II. A equipe de teste tem mais conhecimento do ambiente do cliente;

III. Pode ser aplicado nos níveis de: unidade, integração e sistema.
A) Todas as alternativas são verdadeiras.
B) Só a alternativa II é verdadeira.
C) Todas as alternativas são falsas.
D) Somente as alternativas I e II são verdadeiras.

A) Correto. Todas as alternativas são verdadeiras.
B) Incorreto. (Só a ~~alternativa~~ ~~II~~ ~~é~~ ~~verdadeira~~)(Todas as alternativas são verdadeiras).
C) Incorreto. Todas as alternativas são (~~falsas~~) (verdadeiras).
D) Incorreto. (~~Somente~~ ~~as~~ ~~alternativas~~ ~~I~~ ~~e~~ ~~II~~ ~~são~~ ~~verdadeiras~~) (Todas as alternativas são verdadeiras).

9. É uma ferramenta usada por criminosos cibernéticos na execução de ataques. Facilita os testes de invasões do Windows, com a divulgação de informações de segurança relacionadas a vulnerabilidade. Estamos falando do:
A) NMAP.
B) NESSUS.
C) Metasploit.
D) Kali Linux.

A) Incorreto. Não são características do NMAP.
B) Incorreto. Não são características do NESSUS.
C) Correto. São características do Metasploit.
D) Incorreto. Não são características do Kali Linux.

10. Na prática, o que acontece é que, ao encher o disco, o sistema bloqueia a conta, o computador trava, a CPU fica mais lenta, e resulta na negação de serviço. Geralmente são originados de um único computador, por isso, quando é detectado é fácil de pará-lo. A que tipo de ataque estamos nos referindo?
A) Smurf.
B) DoS.
C) Man-in-the-Middle.
D)Pharming.

A) Incorreto. Não é como acontece um ataque Smurf.

B) Correto. É como acontece um ataque de negação (DoS).
C) Incorreto. Não é como acontece um ataque Man-in-the-Middle.
D) Incorreto. Não é como acontece um ataque Pharming.

CONCLUSÃO

Diante de tanto mecanismo de ataque, o que resta aos profissionais da segurança da informação é cuidar da proteção dos ativos.

E, não existem medidas simples de proteção contra ataques cibernéticos. Como também é mais eficaz se concentrar nas contramedidas que detectam vulnerabilidades e evitam ataques do que corrigir efeitos de ataques bem-sucedidos.

O custo para lidar com ataques a redes e sistemas é bem alto. Mas, embora os invasores estejam cada vez mais inteligentes e continuem a inventar novos métodos de ataque, também existem recursos de computador e de rede que podem ajudar a derrotar essas investidas. A melhor estratégia, portanto, é identificar e reduzir as próprias vulnerabilidades antes que os invasores as identifique e explore-as.

Evitar ataques deve ser a principal prioridade!

Mas, mesmo assim, e infelizmente, alguns ataques serão bem-sucedidos. E a resposta a esses eventos precisa ser tão agressiva, tão proativa e tão reativa quanto o ataque!

O desenvolvimento de planos de restauração, o fechamento de brechas nas defesas, e a obtenção de provas para acusação de infratores são fundamentais nessa estratégia. Claro, que, como de tudo se deve tirar um lado bom, as lições aprendidas com um ataque servem de exemplo para proteger a rede e os sistemas contra outros ataques semelhantes.

Planejamento, política, e trabalho "de detetive" é a receita para proteção contra ataques. Para isso, existem agências especializadas em análise forense digital, também conhecida como computação forense, que é a aplicação de técnicas de investigação científica a crimes e ataques digitais. Os técnicos forenses, assim como os consultores de segurança independentes atuam ajudando nesse processo de defesa a crimes cibernéticos, inclusive juridicamente, para processar o agressor.

Algumas organizações preferem ter equipes especiais para lidar com esses incidentes de segurança quando ocorrem. São as conhecidas equipes de resposta a incidentes (IRTs), que trabalham para reconhecer e tratar os incidentes, minimizando danos, e preservando as evidências para ações posteriores.

E, para concluir o conteúdo deste livro, como bem sabemos que os malwares causam danos que podem ser irreparáveis, vale conferir essa lista de oito etapas gerais preventivas:
1. Desenvolver programas educacionais para evitar que os usuários instalem malwares nos sistemas;
2. Publicar boletins regulares com relatórios de malwares;
3. Garantir que nunca sejam transferidos arquivos de fontes desconhecidas ou não confiáveis, a menos que o computador tenha um anti-malware instalado;
4. Testar novos programas ou abrir arquivos suspeitos em computadores de quarentena antes de apresentá-los ao ambiente de produção;
5. Instalar software anti-malware e mantê-lo atualizado;
6. Agendar varreduras regulares de malwares;
7. Aplicar política de login seguro e processo de autenticação;
8. Acompanhar informações sobre desenvolvimento de malwares em jornais e sites de organizações relacionadas.

A PMG Academy está à sua disposição para aprofundar ainda mais os seus conhecimentos. Conheça nossos cursos e livros de capacitação. Siga nossas redes sociais e faça parte da nossa comunidade.

https://www.pmgacademy.com/

@pmgacademy

PMG Academy Brasil

Por aqui, aproveite bem todo este conteúdo e sucesso em sua jornada!

Glossário

Aqui estão alguns termos relacionados ao conteúdo do CISEF (Cyber & IT Security Foundation) da PMG Academy. São conceitos básicos com os quais você precisa estar bem familiarizado.

- ⬚ Dica de ouro: Estude bem estes termos, pois muitos deles poderão ser abordados no exame de certificação Cyber & IT Security Foundation da EXIN. Além do mais, como profissional da área de segurança cibernética, é fundamental conhecer

bem esses conceitos, pois pertencem ao universo de todo esse processo de construção, manutenção e proteção de infraestruturas de TI.

Então, bom aprendizado e faça bom uso desse material de apoio!

GLOSSÁRIO - CYBER & IT SECURITY FOUNDATION		
EM PORTUGUÊS	TERMO	BREVE DESCRIÇÃO/CONTEXTO
@@ version	@@ version	Fórmula que retorna informações de compilação e sistema para a instalação atual do SQL Server. Os resultados de @@VERSION são apresentados como uma cadeia de caracteres nvarchar. É possível usar a função SERVERPROPERTY (Transact-SQL) para recuperar os valores de propriedades individuais.

*x eXecute	*x eXecute	Fórmula de comando de execução.
.Net	.Net	Plataforma de desenvolvimento criada pela Microsoft, composta por uma biblioteca padrão, um compilador e uma máquina virtual, para criação de códigos em algumas linguagens, como C#, VB.NET e F#.
2 camadas	2 tier	Modelo de aplicação em duas camadas: Cliente/servidor. O programa é instalado no cliente, geralmente em ambiente de desenvolvimento: Visual Basic, Delphi ou Power Builder. As regras de acesso são instaladas no banco de dados, que é a segunda camada.
3 camadas	3 tier	Modelo em três camadas, derivado do modelo 'n' camadas, recebe esta denominação quando um sistema cliente-servidor é desenvolvido retirando-se a camada de negócio do lado do cliente. O desenvolvimento é mais demorado no início comparando-se com o modelo em duas camadas, pois é necessário dar suporte a uma maior quantidade de plataformas e ambientes diferentes. " (Wikipédia)
3DES (Triple DES) Padrão de Encriptação de Dados	3DES (Triple DES)	"Padrão de criptografia baseado em outro algoritmo de criptografia simétrica, o DES, desenvolvido pela IBM em 1974 e adotado como padrão em 1977." (Wikipédia).

Acessibilidade	Accessibility	Refere-se a ter acesso a um sistema, aplicação, rede, enfim, a uma infraestrutura de TI.
Acesso à red	Network access	Diz respeito à entrada em uma rede; conexão com uma rede.
Acesso lógico	Logical access	O controle de acesso lógico é executado através de um gerenciador de sistema que define quem pode usar ou acessar os sistema e redes da empresa e quais tarefas podem executar.
Acesso Privilegiado	Privileged access	O uso do Princípio Least Privilege, em português: Menor Privilégio, como o próprio nome indica, refere-se a fornecer apenas o básico, evitando o repasse de informações sensíveis que possam se transformar em vulnerabilidades.
Acesso remoto	Remote access	O Domínio de Acesso Remoto é o que conecta os usuários remotos à infraestrutura de TI de uma organização, portanto, tem um escopo limitado ao acesso remoto via Internet e comunicações IP.
Acordo de Nível de Serviço (SLA)	Service Level Agreement (SLA)	Compromissos firmados em contrato, com ofertas de serviços mensais, do tipo: Disponibilidade, perda de pacotes e tempo de resposta para corrigir problemas.
Active X	Active X	Framework para rodar aplicações na Internet ou no sistema operacional Microsoft Windows.
Agência de Projetos de Pesquisa Avançada de Defesa (DARPA)	Defense Advanced Research Projects Agency (DARPA)	O nome original era apenas ARPA (Advanced Research Projects Agency, Agência de Projetos de Pesquisa Avançada), mas foi alterado para DARPA (de Defesa) em março de 1972.

Agendamento de backup	Backup schedule	O agendamento de backup é um recurso muito importante, porque elimina a necessidade de backups manuais, incluindo toda a filtragem, compactação, transferência e outras ações.
Agregação	Aggregation	"É possível definir um agregado no banco de dados manualmente quando uma tabela agregada usa chaves de nível ou junta-se a uma dimensão separada que contém os níveis requeridos para agregação." (IBM).
Aircrack-ng	Aircrack-ng	É um detector de redes, sniffer de pacote, aplicativo de quebra de WEP e ferramenta de análise para redes locais sem fios 802.11. Injeção de pacotes (Somente em Linux).
Aireplay-ng	Aireplay-ng	Coloca tráfego do ar em um arquivo .cap e mostra informação das redes.
Airodump-ng	Airodump-ng	"A criptografia usa esse processo matemático que é o algoritmo para executar a sua função. Uma cifra é um algoritmo para criptografar ou descriptografar informações. Um algoritmo é um processo repetível, que produz o mesmo resultado quando recebe a mesma entrada. O algoritmo usado para criptografar as informações pode ou não ser o mesmo para descriptografá-las."
Algoritmo	Algorithm	Padrão de hash que é um conjunto de funções hashes criptográficas.O SHA-0 é baseado em MD4, enquanto o SHA-1 é baseado em MD5.

Algoritmo Internacional de Encriptação de Dados (IDEA)	International Data Encryption Algorithm (IDEA)	"""É um algoritmo de cifra de bloco que faz uso de chaves de 128 bits e que tem uma estrutura semelhante ao DES. Sua implementação em software é mais fácil do que a implementação deste último. Como uma cifra de bloco, também é simétrica. O algoritmo foi concebido como um substituto para o Data Encryption Standard (DES). IDEA é uma pequena revisão de uma cifra anterior, PES (Proposta Encryption Standard); ideia era originalmente chamado IPES (Improved PES).""" (Wikipédia)."
Ameaça externa	External threat	Causadas por acessos externos.
Ameaça interna	Internal threat	Refere-se às ameaças dentro de uma organização, cujos personagens fazem parte do ambiente de TI corporativo.
Ameaça persistente avançada (APT)	Advanced Persistent Threat (APT)	"Usa técnicas de invasão contínuas, clandestinas e sofisticadas para obter acesso a um sistema e permanecer dentro dele por um período prolongado, com consequências potencialmente destrutivas." (Kaspersky).
American National Standards Institute (ANSI)	American National Standards Institute (ANSI)	É o Instituto Nacional Americano de Padrões nos Estados Unidos, como se fosse a ABNT aqui no Brasil.
Android	Android	Sistema operacional muito popular pelo uso em smartphones, porém também é usado em outros diversos tipos de dispositivos, desde TVs a geladeiras!
Anexos de e-mail	Email attachments	Arquivos que são anexados a e-mails para transmissão a um destinatário.

Anônimo	Anonymous	Forma de ocultar identidade na web para navegar secretamente apenas ou para ações de hacking.
Apache	Apache	Servidor Web para estabelecer conexão entre o servidor e os navegadores de sites (Firefox, Google Chrome etc.), enquanto puxa e entrega arquivos entre eles (estrutura cliente-servidor).
Aplicações	Applications	Programas computacionais para desempenho de tarefas práticas, geralmente ligadas a processamento de dados.
Aplicações web	Web applications	"Designa, de forma geral, sistemas de informática projetados para utilização através de um navegador, através da internet ou aplicativos desenvolvidos utilizando tecnologias web HTML, JavaScript e CSS." (Wikipedia).
Appaserver	Appaserver	Interface de usuário do MySQL. Constrói telas no banco de dados; insere tabelas, colunas, relações. Não usa chaves substitutas, só usa a chave primária natural de cada tabela, por isso oferece maior possibilidade de integridade dos dados.
Armadilha	Mantrap	Técnica usada para algumas ferramentas de pentest a fim de simular de propósito falhas de segurança de um sistema para colher informações sobre invasores.
Armazém de dados	Data warehouse	Funciona como uma coleção de dados, orientados por assunto, integrando os dados corporativos de uma empresa em um único repositório.

Armazenamento de dados	Data storage	Refere-se à retenção de dados em mídias de gravação usando computadores ou outros dispositivos.
Armazenamento primário	Primary storage	Sistemas (hardwares + softwares) que atuam capturando, retendo e compartilhando dados críticos, que ficam disponíveis para acessos por usuários, servidores e aplicativos.
Armazenamento secundário	Restore	Armazenam dados que são menos acessados ou mesmo não mais acessados.
Arpspoof	Arpspoof	Tipo de ataque em que os pacotes de enlace deturpam as tabelas de cache arp de um Sistema Operacional.
Arquitetura	Architecture	É a base de estrutura de um computador, com todos os seus componentes; como softwares, hardwares, entre outros. E quando falamos de arquitetura de rede, falamos também da sua composição, com todas suas camadas e protocolos, e que deve conter as informações necessárias para que o desenvolvimento de programas ou a construção de softwares das camadas correspondam adequadamente aos seus respectivos protocolos.
Arquivos de chamariz	Decoy files	Gerados automaticamente e armazenados em sistema de arquivos para atrair usuários maliciosos.
Assinatura digital	Digital signature	Comprova a integridade e autenticidade de uma informação, permitindo saber ao certo se de fato foi feita por quem diz ter feito e se não foi alterada.

Ataque (Distribuído) de negação de domínio ((D)DoS)	(Distributed) Denial of Sevice Ataque de bypass / Bypass attack ((D)DoS) attack	É uma variação do DoS, acrescentando o "D" de "Distribuído", ou seja: "Ataque Distribuído de Negação de Seruiço", que é uma evolução do DoS e acontece com o envio de várias fontes, com um alto volume de dados ao mesmo tempo, sendo mais potente e conseguindo deixar o alvo inacessível por mais tempo.
Ataque de bypass	Bypass attack	Tipo de ataque de O Ataque de by-pass é um tipo de ataque real de invasão a um seruidor web que usa escalada de privilégios, que pode resultar em acesso não autorizado no domínio do acesso. O hacker pode obter privilégios de administrador ou root.
Ataque de consulta	Query attack	Trata-se de SQL Injection, ataque em que o hacker insere ou manipula consultas criadas pela aplicação para serem enviadas diretamente ao banco de dados relacional.
Ataque de dicionário	Dictionary attack	É considerado um ataque simples, de força bruta, que depende de escolhas erradas que os usuários fazem ao escolherem senhas comuns. É executado fazendo várias tentivas para burlar uma cifra ou um mecanismo de autenticação no intuito de conseguir descobrir uma senha usando palavras de um dicionário. A melhor defesa para esse tipo de ataque é adotar uma política de senhas complexas em que os usuários precisem combinar letras, números, e nenhuma informação pessoal.

Ataque de injeção	Injection attack	"As falhas (Ataques) de injeção, como SQL, SO e injeção LDAP, ocorrem quando dados não confiáveis são enviados para um intérprete como parte de um comando ou consulta. Os dados hostis do invasor podem levar o intérprete a executar comandos não intencionais ou acessar dados não autorizados." (OWASP).
Ataque do canal lateral	Side channel attack	" Baseado em informações obtidas com a implementação de um sistema de computador, ao invés de fraquezas no próprio algoritmo implementado (por exemplo, criptoanálise e bugs de software). Informações de tempo, consumo de energia, vazamentos eletromagnéticos ou mesmo som podem fornecer uma fonte extra de informação, que pode ser explorada." (Wiki).
Ataque Unicode	Unicode attack	Tipo de ataque spoofing que faz um endereço falso de site parecer legítimo, usando caracteres ou conjunto de caracteres especiais do tipo Unicode para substituir, intencionalmente e maliciosamente, os caracteres verdadeiros.
Ataques	Attacks	Tentativas de hackers de invadir, sequestrar, danificar, roubar ou destruir sistemas/aplicações/redes/dados.
Ataques de entrada	Input attacks	Ataques que exploram portas de entrada para acesso aos dados, sistema, aplicações. Exemplo: Dados de entrada mal analisados geram riscos de ataques de entrada malformados.

Ator	Actor	Como todo crime tem seus personagens, nos crimes cibernéticos não é diferente... E o ator principal é o hacker, que atua de formas diferentes de acordo com o roteiro da ocorrência.
Auditoria	Auditing	Inspeção, processo de checagem com o objetivo de certificar o que está de acordo com as políticas adotadas ou identificar falhas que necessitem de correções.
Autenticação	Authentication	É o processo de verificação da identidade; uma prova de identidade, principalmente quando o processo é em tempo real. Existem três tipos de autenticação: - Por conhecimento - De algo que você conhece, tipo: senha, frase secreta ou PIN; - Por propriedade - De algo que você possui, tipo: cartão inteligente, chave, crachá ou token; E também por características - De algo que é exclusivo para o usuário, tipo: impressões digitais, retina ou assinatura.
Autenticação Baseada em HTTP	HTTP-based authentication	Pode ser usada tanto por um servidor, para definir uma solicitação do cliente como por um cliente, para fornecer informações de autenticação.
Autenticação biométrica	Biometric authentication	Autenticação feita usando as técnicas da biometria; tecnologia usada para verificar as métricas biológicas pessoais de um indivíduo, podendo ser usada em dispositivos de credencial, para acessar áreas de alta segurança, e cada vez mais usada para autenticação em dispositivos móveis!

Autenticação forte	Strong authentication	Alguns controles de acesso são mais fortes que outros, variando de acordo as políticas de permissões, por exemplo: Com o MAC (Controle de Acesso Obrigatório), a permissão para entrar no sistema é mantida pelo proprietário e não pode ser dado a outra pessoa. Isso torna o MAC mais forte do que o DAC (Controle de acesso discricionário).
Autenticidade	Authenticity	É a veracidade de uma identidade. O processo de autenticação é o processo de verificação da identidade; é uma prova de identidade, principalmente quando o processo é em tempo real.Existem três tipos de autenticação:- Por conhecimento - De algo que você conhece, tipo: senha, frase secreta ou PIN;- Por propriedade - De algo que você possui, tipo: cartão inteligente, chave, crachá ou token; - Por características - De algo que é exclusivo para o usuário, tipo: Impressões digitais,retina ou assinatura.
Autoridade de Certificação (AC)	Certificate Authority (CA)	Terceiro confiável responsável por emitir os certificados digitais em um processo criptográfico.
Autoridade de Registro (AR)	Registration Authority (RA)	Responsável por solicitor para a AC a emissão do Certificado Digital. É quem deve conferir e validar as informações e os documentos de quem precisa fazer a emissão ou renovação do seu Certificado Digital. Entidade que verifica a validade do certificado digital, de acordo com o padrão X.509 e RFC 5280. As AVs garantem que certificados inválidos ou revogados não sejam utilizados.

Autoridade de validação (AV)	Validation Authority (VA)	Entidade que verifica a validade do certificado digital, de acordo com o padrão X.509 e RFC 5280. As AVs garantem que certificados inválidos ou revogados não sejam utilizados.
Autorização	Authorization	Checa o que é permitido essa identidade fazer; terceira etapa no processo de gerenciamento de identidade e acesso (IDENTIFICAÇÃO -> AUTENTICAÇÃO -> AUTORIZAÇÃO).
Avaliação de ameaça	Threat assessment	Contramedida que consiste em avaliar as ameaças existentes para composição de uma análise que serve de base para Política de Avaliação e Monitoramento de Ameaças.
Avaliação de vulnerabilidade	Vulnerability assessment	É o processo de analisar e avaliar os achados de fragilidades, usando critérios que permitem qualificar e quantificar o respectivo impacto.
BackTrack	BackTrack	É um sistema operacional Linux baseado no Debian. É focado em testes de seguranças e testes de penetração (pen tests), muito apreciada por hackers e analistas de segurança, podendo ser iniciado diretamente pelo CD (sem necessidade de instalar em disco), mídia removível (pendrive), máquinas virtuais ou direto no disco rígido.
Balanceamento de carga	Load balancing	É basicamente pegar a "carga" de requisições e redistribuir de forma sequenciada para os servidores. Isso é feito através de um dispositivo na rede conhecido por "balanceador".
Banco de dados	Databases	Coleção organizada de dados, que fornece uma área de armazenamento comum para aplicativos.

Baseado em anomalias	Anomaly based	Se refere à análise de detecção de intrusões, como ataques cibernéticos ou achados de vulnerabilidades.
Baseado em assinatura	Signature based	Os sistemas baseados em assinatura conseguem detectar possíveis ataques pela análise de assinatura de ataques já conhecidos.
Bastion host	Bastion host	Computador específico para uma rede projetada com configuração especial para suportar ataques.
Big data	Big data	Analisa volumes maiores de dados não estruturados, ex: posts no Facebook, tweets, fotos, vídeos, e-mails etc.
Biometria	Biometrics	Tecnologia usada para verificar as métricas biológicas pessoais de um indivíduo, podendo ser usada em dispositivos de credencial, para acessar áreas de alta segurança, e cada vez mais usada para autenticação em dispositivos móveis!
Black hat hacker	Black hat hacker	O objetivo dos hackers de chapéu preto é violar a segurança de redes e sistemas para destruir, modificar, desativar ou roubar dados.
Blackbox pentest	Blackbox pentest	Também conhecido como: Caixa escura, caixa fechada, teste de caixa opaca. Características: - O testador não tem conhecimento do sistema que está sendo atacado;- O objetivo é simular hacking externo ou um ataque de guerra cibernética.
Bloqueio	Blocking	É o ato de bloquear tráfego de rede, de acordo com medidas de segurança.
Bloqueio de conta	Account lockout	Contramedida usada para mitigar os riscos fornecidos por eventos de várias tentativas de logon e ataques de controle de acesso.

Bloqueio de fornecedor	Vendor lock-in	É comum promessas de flexibilidade por parte dos provedores de serviços em nuvem em relação ao uso e integração dos serviços. Porém, a mudança de serviços em nuvem é algo que ainda não evoluiu completamente. Portanto, as organizações podem achar difícil migrar seus serviços de um fornecedor para outro. Hospedar e integrar aplicativos de nuvem atuais em outra plataforma pode gerar problemas de interoperabilidade e suporte. Por exemplo, os aplicativos desenvolvidos no Microsoft Development Framework (.Net) podem não funcionar corretamente na plataforma Linux.
Bloqueio do cliente	Customer lock-in	Da mesma forma que ocorre o bloqueio do fornecedor pode acontecer o bloqueio do cliente, quando ocorre alguma mudança no andamento do que foi acordado em contrato.
Bloqueio remoto	Remote lock	Bloqueio de acesso à área de trabalho remoto (dispositivos, sistemas, aplicações).
BSSID	BSSID	É um endereço MAC de um adaptador sem fio ou de um ponto de acesso.
BSSID & ESSID	BSSID & ESSID	São tipos de SSID. O ESSID é um identificador que agrupa pontos de acesso; também é referido como um ID da Net. Este identificador é uma combinação de quaisquer letras ou números que são apropriados para o ambiente da rede. O ESSID é especificamente para pontos de acesso. Quando você fala sobre redes ponto-a-ponto, não pode usar o termo ESSID. Outro tipo de SSID é BSSID (Basic Service Set Identifier). O BSSID é o endereço MAC de um ponto de acesso ou de adaptador sem fio.

Canais fora da banda	Out of band channels	Uma banda Wi-Fi é como uma rua onde trafegam os dados. Quanto maior a quantidade de bandas, melhor o funcionamento do tráfego na rede. Cada banda de um roteador é dividida em canais de comunicação, os quais são independentes, assim como faixas de trânsito em uma rua. Um canal fora da banda é como se fosse uma faixa de outra rua.
Canal secreto	Couert channel	Espécie de túnel de comunicação privado entre dois pontos de conexão nas redes virtuais privadas (VPNs).
Capacidade de armazenamento	Storage capacity	Refere-se à capacidade de armazenamento de um dispositivo; característica que determina a quantidade máxima de informação que pode conter.
Carga de Injeção VNC	VNC Injection payload	São os pacotes injetados via VNC (Virtual Network Computing), que é um protocolo de internet que permite a visualização de interfaces gráficas remotas através de uma conexão segura.
Carga do meterpreter	Meterpreter payload	É um tipo de carga do Metasploit; os scripts do Meterpreter são rotinas que podem ser executados a partir do intérprete e permite que você execute ações específicas sobre o alvo e são utilizadas para automatizar tarefas e agilizar atividades.
Cartão de memória	Memory card	Dispositivo de armazenamento de dados.

Certificado digital	Digital certificate	O certificado digital liga uma chave pública ao seu proprietário, que pode ser uma pessoa individual comum, um gerenciador de filas ou outra entidade qualquer. Sendo assim, os certificados digitais são utilizados como proteção contra falsas identidades. E quando usamos chaves assimétricas, os certificados digitais fornecem a garantia sobre a propriedade da chave pública, por causa dessa função também são conhecidos como "certificados de chave pública".
César	Caesar	Uma das cifras de substituição mais básicas (CAESAR) de criptografia. O método muda cada letra do alfabeto inglês por um número fixo de posições, do Z voltando para o A.
Chave	Key	CHAVE é uma corda de caracteres, chamados de algoritmos, criada para ser conhecida só para a pessoa remetente e/ou destinatária.
Chave de sessão	Session key	"Informação encriptada e segura, gerada pelo Authentication Server, que permite identificar se quem está apresentando o ticket é o mesmo cliente para quem o ticket foi concedido, e não uma outra pessoa que possa ter interceptado ticket pelo caminho." (Kerberos).
Chave estrangeira	Foreign key	Em tabelas de modelos relacional de banco de dados, cada coluna apresenta um atributo. A combinação de atributos ou um atributo específico é tido como uma chave primária que, ao ser consultada em outras tabelas, é chamada de chave estrangeira.

Chave primária	Primary key	É a combinação de atributos ou um atributo específico de uma tabela de modelo relacional de banco de dados.
Chave privada	Private key	É a chave do remetente (proprietário), que pode ser uma palavra, uma frase ou sequência aleatória de caracteres; é usada para assinar a mensagem no processo da criptografia.
Chave pública	Public key	É a chave do destinatário, usada para . A chave pública é disponibilizada e tornada acessível a qualquer indivíduo que deseje se comunicar com o proprietário da chave privada correspondente, permitindo garantir tanto a confidencialidade quanto a autenticidade das informações por eles protegidas.
Chave secreta	Secret key	"Uma chave secreta é associada a cada cliente, com a finalidade de autenticar o usuário ao Kerberos. É obtida a partir da senha fornecida pelo cliente no momento de seu cadastramento, e sua chave secreta fica armazenada na Base de Dados do Kerberos." (Kerberos).
Chave simétrica	Symmetric key	O remetente precisa compartilhar a chave com o destinatário; geralmente isso é feito por e-mail, o que representa uma limitação básica, já que essa comunicação à parte contendo a informação da chave pode ser interceptada, gerando riscos de segurança.
Chave WEP	WEP key	Chave da rede de segurança.
Chaveiro	Key rings	Coleção das chaves de uma criptografia assimétrica; Segredos, chaves privada e pública, chaves públicas de todos que se comunicam.

Cifra de substituição	Substitution cipher	No processo de criptografia, as cifras de substituição substituem bits, caracteres ou blocos de informações com outros bits, caracteres ou blocos. Uma das cifras de substituição mais básicas é a chamada cifra de César (CAESAR).
Cifra de transposição	Transposition cipher	Uma cifra de transposição básica grava os caracteres em linhas em uma matriz, lendo as colunas como uma saída. Uma característica das cifras de transposição é o fato de manter todos os elementos da mensagem original; as informações são apenas embaralhadas para que possam ser remontadas depois.
Circuito virtual	Virtual Circuit	Ou conexão virtual, é um mecanismo de transporte de dados em uma rede com troca de pacotes entre os pontos de conexão.
Cliente/Servidor (C/S)	Client/Server (C/S)	Modelo de aplicação Cliente/Servidor, que distribui as tarefas e cargas de trabalho entre os fornecedores de um recurso ou serviço (servidores) e os requerentes dos serviços(clientes).
Código de Autenticação de Mensagem (MAC)	Message Authentication Code (MAC)	"Técnica de autenticação alternativa que envolve o uso de uma chave secreta para gerar um pequeno bloco de dados de tamanho fixo, que é anexado à mensagem original." (Stallings).
Código malicioso	Malicious code	Código de computador (ou script da Web) desenvolvido para criar vulnerabilidades, gerar backdoors, violar a segurança, para roubar dados, informações, e causar danos em sistemas e computadores.

Código móvel	Mobile code	Usado em sistemas remotos, mas executado em sistemas locais; geralmente não confiáveis.
Código PIN	PIN code	Tipo de autenticação por conhecimento, quando solicita algo que o usuário conhece, nesse caso, um código PIN.
Compartimenta-lização	Compartmenta-lization	Ato de dividir em compartimentos menores. Exemplo: Compartimentalizar blocos de dados, grupos de informações para acessos com base em privilégios, compartimentalização de redes em camadas etc.
Comprimento da chave	Key length	O tamanho da chave e o seu sigilo são os elementos mais importantes! Quanto maior o comprimento da chave mais forte ela é.
Computação em nuvem	Cloud computing	"A computação em nuvem é o fornecimento de serviços de computação, incluindo servidores, armazenamento, bancos de dados, rede, software, análise e inteligência, pela Internet ("a nuvem") para oferecer inovações mais rápidas, recursos flexíveis e economias de escala. Você normalmente paga apenas pelos serviços de nuvem que usa, ajudando a reduzir os custos operacionais, a executar sua infraestrutura com mais eficiência e a escalonar conforme as necessidades da empresa mudam." (Azure Microsoft).
CONCAT	CONCAT	É uma função que pode ser utilizada em várias partes da sua consulta, tanto para unir valores de campos da tabela temporariamente quanto para unir strings que você quiser digitar manualmente (ou por variáveis) na consulta.

Concorrência	Concurrency	Ocorre quando vários usuários tentam alterar dados de uma aplicação ao mesmo tempo; esse evento é conhecido por concorrência de dados.
Conexão	Connection	A ligação entre um nó de origem até um nó de destino.
Confidencialidade	Confidentiality	O princípio da confidencialidade trata a informação de modo que não seja repassada para processos, pessoas ou entidades não autorizadas. É a exclusividade que limita quem pode ter acesso a um determinado dado ou informação, incluindo: dados privados de pessoas físicas, propriedades intelectuais de empresas, segurança nacional entre países e governos.
Confidencialidade, Integridade, Disponibilidade (CID)	Confidentiality, Integrity, Availability (CIA)	Já conhecemos a tríade A-I-C e sabemos que para proteger dados e informações é preciso atender esses três princípios básicos de segurança: Disponibilidade, integridade e confidencialidade. E os três tipos principais de ameaças atingem justamente esses princípios: - Ameaças de negação ou destruição; - Ameaças de alteração; - Ameaças de divulgação.
Contaminação de dados	Data contamination	Um dos problemas mais comuns que ocorrem nos bancos de dados e que precisa de adoção de contramedida de controle de contaminação de dados de entrada e de saída. Os dados são contaminados quando o princípio de integridade da segurança é violado, geralmente essa contaminação ocorre por vírus ou outros tipos de malwares.

Contenção	Containment	Quando um incidente é detectado, precisa ser classificado para que sejam tomadas ações imediatas que possam conter interceptações, disseminações e vazamentos. É fundamental que, além das implementações tecnológicas, também existam processos determinando as ações de contenção que precisam ser tomadas.
Conteúdo MIME	MIME content	Recurso que define o tipo de documento da página, se html, PDF, zip, mp4 etc., e como deve ser processado.
Contramedidas	Countermeasures	Também conhecidas como "salvaguardas", são medidas de segurança que se coloca em prática para mitigar um risco potencial.
Controle de acesso	Access control	Processo que envolve: Autorização, identificação, autenticação e responsabilidade do usuário, com base na definição e aplicação da política adotada.
Controle de Acesso Baseado em Atributos (ABAC)	Attribute-Based Access Control (ABAC)	O acesso às informações é baseado em atributos, por exemplo: hora, local.
Controle de acesso baseado em função(RBAC)	Role-Based Access Control (RBAC)	O acesso às informações é baseado em funções, por exemplo: médico, administrador etc. O administrador de segurança é quem atribui a cada usuário uma ou mais funções no sistema. Alguns sistemas operacionais usam grupos em vez de funções. O proprietário do recurso é quem decide quais funções têm acesso a quais recursos. O processo de definição de funções, aprovações, hierarquias de funções e restrições é chamado de engenharia de função.

		O RBAC difere dos outros tipos de controle de acesso por causa da capacidade de representar a estrutura da organização e forçar a conformidade com as políticas de controle.
Controle de acesso físico	Physical access control	"Como o próprio nome indica, o controle de acesso físico diz respeito ao acesso às instalações físicas de uma organização. Geralmente, o responsável por esse controle é o gerente de instalações. É a pessoa que fornece para os funcionários e visitantes o cartão de segurança, que também é conhecido como cartão inteligente, programado com número de ID de funcionário, usado em leitores de cartão para abrir portões de estacionamento, liberar elevador, entrar em ambientes protegidos, enfim. A política de autorização da organização é que define essa escalonagem de autorização para acesso em determinados locais da empresa."
Cookies	Cookies	"Arquivos criados pelos websites que você visita. Eles tornam sua experiência on-line mais fácil, economizando informações de navegação. Com os cookies, os sites podem manter você conectado, lembrar suas preferências do site e fornecer conteúdo relevante localmente!" (Suporte Google).
Cópia de segurança	Backup	Cópia de segurança de dados (física ou em nuvem) de um dispositivo de armazenamento ou sistema.

Cracker	Cracker	Crackers são hackers especializados em invasão não autorizada de sistemas de informação. Eles possuem habilidades sofisticadas e violam a segurança e redes com objetivo de: maldade, benefícios próprios, como dinheiro ou status, para destruir, modificar, fraudar, roubar dados, bloquear ou desativar sistemas e redes.
Craqueamento	Cracking	A palavra "craqueamento" vem do inglês 'to crack', que significa "quebrar"; o processo de craqueamento é mais conhecido como "cracking", que pode se referir a quebra de senhas, a quebra de códigos de uma chave WEP e WPA(2) a partir de uma rede sem fio, a quebra de criptograma.
Credenciais	Credentials	São contas de acesso, permissões concedidas por autoridades responsáveis pelo processo de credenciamento, habilitando pessoas específicas, sistemas e organizações para o devido acesso. Exemplo de credenciais: Crachá, cartão, e, na versão lógica: identificação de usuário e senha.
Criptoanálise	Cryptanalysis	Ato de tentar decifrar um criptograma quando não temos conhecimento da chave secreta que o originou.
Criptografia	Cryptography	Ato de codificar dados para que só possam ser decodificados por indivíduos específicos.
Criptografia de curva elíptica (ECC)	Elliptic curve cryptography (ECC)	A criptografia de curva elíptica (ECC) usa as propriedades matemáticas das curvas elípticas para produzir sistemas criptográficos de chave pública.
Criptograma	Cryptogram	Quando a mensagem está cifrada, secreta, criptografada.

Cross-site scripting (XSS)	Cross-site scripting (XSS)	É um tipo de vulnerabilidade do sistema de segurança de um computador, encontrado normalmente em aplicações web que ativam ataques maliciosos ao injetarem client-side script dentro das páginas web vistas por outros usuários.
Dados em repouso	Data at rest	São dados armazenados em algum lugar, como em um dispositivo móvel, laptop, servidor ou drive externo.
Dados no local	Data in situ	São dados coletados em seu local de trânsito.
Dados sensíveis	Sensitive data	De acordo com o artigo 5º da LGPD, dados sensíveis são dados pessoais que podem revelar características físicas, opiniões políticas, religião e qualquer outro dado que possa gerar discriminação.
Data Control Language (DCL)	Data Control Language (DCL)	Em português: Linguagem de Controle de Dados. Que são os comandos que controlam a parte de segurança do banco de dados, ou seja: GRANT, REVOKE E DENY.
Data Definition Language (DDL)	Data Definition Language (DDL)	Em português: Linguagem de Definição de Dados. São os comandos que interagem com os objetos do banco. São eles: CREATE, ALTER e DROP.
Deadlock	Deadlock	Quando um banco de dados detecta dois ou mais processos esperando um pelo outro para que possam continuar suas atividades. E se o banco de dados não consegue detectar o deadlock para eliminar um dos processos em espera, a situação permanece.

Defesa em camadas	Layered defense	Estratégia que dificulta invasões, protegendo a rede de forma escalonada. Quando protegemos os dados mais valiosos com múltiplas camadas, fazemos uma defesa em profundidade, pois fica mais difícil para o invasor e também mais demorado ir ultrapassando camada a camada.
Defesa em Profundidade	Defense in Depth	Quando protegemos os dados mais valiosos com múltiplas camadas. A Defesa em Profundidade descreve uma série de estratégias que constroem coletivamente um plano de proteção de segurança para reduzir ataques maliciosos em seu ambiente, evitando corromper seus sistemas e informações. Não é apenas uma série de softwares e dispositivos de segurança, mas um processo estratégico unido à prática concentrada na proteção, detecção e reação de situações de risco. Proteger em níveis significa proteger a camada do host, a camada do aplicativo, a camada do sistema operacional, a camada de dados, a camada física e todas as subcamadas intermediárias. Cada uma dessas camadas requer um método exclusivo de segurança.
Depuração	Debugging	Processo de encontrar os defeitos do programa por meio de testes feito com depuradores, que também são programas específicos de computador.
Desafio e resposta	Challenge-Response	É um protocolo de autenticação que lança uma pergunta para receber da outra parte uma resposta válida; usado para validar logins, por exemplo.

Descoberta e Protocolo de Configuração Básica (DCP)	Discovery and Basic Configuration Protocol (DCP)	É uma definição de protocolo dentro do contexto PROFINET. É um protocolo de ligação baseado em configurar os nomes das estações e endereços IP. Ele está restrito a uma sub-rede e, principalmente, usado em pequenas e médias aplicações sem um servidor DHCP instalado.
Descriptografia	Decryption	Ato de decifrar o texto cifrado, transformando-o em texto simples.
Desenvolvimento de aplicações	Application development	Processo que envolve as fases de planejamento, criação, testes e implantação de uma aplicação.
Desenvolvimento de software	Software development	Conjunto de processos e metodologias usado para criação e manutenção de softwares.
Desfiguração	Defacing	Incidente de segurança do tipo abuso de sítios web. Refere-se à identificação de achados de vulnerabilidades, ameaças, riscos e eventos de hacking.
Detecção	Detection	Refere-se à identificação de achados de vulnerabilidades, ameaças, riscos e eventos de hacking.
Detecção de intrusão	Intrusion detection	Ato de monitorar redes e sistemas com o objetivo de identificar fluxos de dados IP suspeitos de ataques comuns e padrões de intenção maliciosa.
Detecção de vírus	Virus detection	Checar e identificar vírus para analisar padrões e características a fim de paralisar eventos e prevenir, desenvolvendo medidas preventivas e de recuperação com base nos relatórios dessas análises.

Detectores de pacotes	Packet sniffers	São ferramentas que detectam os pacotes de dados que trafegam pela rede.
Dicionário de dados	Data dictionary	Grupos de tabelas que funcionam para leitura, consulta, e que, na prática, são bases de dados cuja função é manter a definição dos elementos dos metadados.
Diffie-Hellman	Diffie-Hellman	"Troca de chaves Diffie-Hellman é um método de criptografia específico para troca de chaves desenvolvido por Whitfield Diffie e Martin Hellman e publicado em 1976. Foi um dos primeiros exemplos práticos de métodos de troca de chaves implementado dentro do campo da criptografia. O método da troca de chaves de Diffie-Hellman permite que duas partes que não possuem conhecimento a priori de cada uma, compartilhem uma chave secreta sob um canal de comunicação inseguro. Tal chave pode ser usada para encriptar mensagens posteriores usando um esquema de cifra de chave simétrica." (Wikipédia).
Digitalização da palma da mão	Handpalm scanning	Usada como ferramentas no processo de autenticação biométrica para controle de acesso.
Digitalização de impressões digitais	Fingerprint scanning	Usada como ferramentas no processo de autenticação biométrica para controle de acesso.
Digitalização facial	Facial scanning	Usada como ferramenta no processo de autenticação biométrica para controle de acesso.

Dinâmica de digitação	Keystroke dynamics	Usada como ferramentas no processo de autenticação biométrica para controle de acesso; identifica uma pessoa com seu ritmo habitual de digitar em um teclado convencional.
Discos não supervisionados	Transaction persistence	Refere-se ao supervisionamento de discos rígidos por sistemas de detecção e suportes de TI.
Discricionário	Discretionary	Controle de acesso discricionário (DAC): O acesso à informação é controlado pelo proprietário, que decide quem entra e altera as permissões conforme necessário. Mas, o proprietário pode repassar esse trabalho para outras pessoas.
Dispositivo de armazenamento	Storage device	Hardware que atua em uma infraestrutura de TI armazenando dados. Pode ser interno (dentro de tablets, smartphone, desktops, laptops etc.) ou externo (HDs externos, pendrives, cartões de memória etc.).
Dispositivo malicioso	Rogue device	Softwares infiltrados de forma silenciosa para roubar dados, alterar sistemas e danificar a máquina.
Dispositivos de token	Token devices	"Token é um dispositivo eletrônico gerador de senhas, geralmente sem conexão física com o computador, podendo também, em algumas versões, ser conectado a uma porta USB. Existe também a variante para smart cards e smartphones, que é capaz de realizar as mesmas tarefas do token." (Wikipédia).
Dispositivos móveis	Mobile devices	Oferecem tecnologia digital com mobilidade e acesso à internet.

Data Manipulation Language (DML)	Data Manipulation Language (DML)	DML - Data Manipulation Language – Em português: Linguagem de Manipulação de Dados. Que são os comandos que interagem com os dados dentro das tabelas, ou seja, o: INSERT, DELETE e UPDATE.
Documentos Google	Google docs	Plataforma em nuvem do grupo Google aberto ao público para armazenar arquivos doc, com ferramentas de edição que permitem criar, editar e salvar os documentos sem precisar sair da nuvem.
Dois fatores	Two-factor	Autenticação com duas camadas de segurança, com duas etapas de confirmação de identidade; geralmente, a primeira etapa com a senha de logon, e a segunda pode ser qualquer coisa, tipo: um código enviado para o usuário via e-mail ou SMS.
Domínio de broadcast	Broadcast domain	É um segmento lógico com capacidade de conectar rede e computadores ou dispositivos sem necessidade de roteadores.
Domínios de segurança	Security domains	Determinam o escopo dos dados de segurança; onde IDs de segurança ou permissões se aplicam. Cada domínio tem suas próprias especificações, e todo usuário é tratado de forma diferente em cada domínio. Exemplo: Um usuário definido como "X" em um domínio será tratado de forma diferente do "X" em outro domínio, ainda que estes dois IDs de "X" representem o mesmo usuário.
Dropbox	Dropbox	Organização gerenciadora e fornecedora de nuvem pública.
E-banking	E-banking	Ambiente bancário na internet para realização de transações bancárias sem depender de agência.

E/S	I/O	Acrônimo I/O (Input/Output) ou E/S (Entrada/Saída): referente à comunicação do processador e memória do computador com o meio externo.
EIA/TIA	EIA/TIA	Norma de padronização de cabeamento de telecomunicação.
Emanação	Emanation	Tipo de vulnerabilidade em hardwares (emanação eletromagnética causada por equipamentos eletrônicos).
Encriptação	Encryption	"Processo de transformar informação (puro texto) usando um algoritmo (chamado cifra) de modo a impossibilitar a sua leitura a todos exceto aqueles que possuam uma identificação particular, geralmente referida como chave. O resultado deste processo é uma informação encriptada, também chamada de texto cifrado." (Wikipédia).
Encriptação assimétrica	Asymmetric encryption	"Criptografia de chave pública, também conhecida como criptografia assimétrica, é qualquer sistema criptográfico que usa pares de chaves: Chaves públicas, que podem ser amplamente disseminadas, e chaves privadas que são conhecidas apenas pelo proprietário." (Wikipédia).
Encriptação fraca	Weak encryption	Uma encriptação é considerada fraca quando a cifra é fácil de quebrar.
Encriptação híbrida	Hybrid encryption	Une a segurança da criptografia assimétrica com a rapidez de processamento da simétrica. Ou seja, é usar as chaves públicas e privadas para compartilhamento seguro apenas das chaves secretas, para depois então usar as chaves secretas para cifrar os dados.

Encriptação quântica	Public Key Infrastructure (PKI)	"Utiliza os princípios da Mecânica Quântica para garantir uma comunicação segura. Com ela, emissor e receptor podem criar e partilhar uma chave secreta para criptografar e decifrar suas mensagens." (Wikipédia).
Encriptação simétrica	Symmetric encryption	É usada a mesma chave para criptografar e descriptografar os dados do criptossistema.
Endereço de hardware	Hardware address	A numeração que identifica um hardware.
Endereço físico	Physical address	É o nosso famoso endereço MAC, que é o ID da máquina ou de um equipamento. É composto por 12 caracteres e é feito com uma combinação de números e letras.
Endereço lógico	Logical address	É um endereço IP, virtual, atribuído a cada host para possibilitar a comunicação com outros hosts dentro de uma rede.
Endereço MAC	MAC address	É um endereço único, atribuído a um hardware como se fosse um CPF do equipamento.
Endereço privado	Private address	Identifica um dispositivo dentro da rede interna, mas não é válido na internet. Por isso precisa do NAT para traduzir o endereço privado em um endereço público na conexão entre redes internas e externas.
Endereço público	Public address	É a identificação IP na rede externa, na internet. Inclusive, um endereço IP privado, de uma rede interna, para acessar a internet, precisa ser traduzido para um endereço público.

Endurecimento do SO (sistema operacional)	OS hardening	Definimos um processo de endurecer um sistema quando é possível garantir que os controles estejam disponíveis para tratar qualquer ameaça. Esse endurecimento requer que todos os computadores passem por revisões de software, tenham sistema de configurações e patches de segurança.
Engenharia social	Social engineering	A chamada Engenharia Social é uma técnica de ataque com base na psicologia, pois a ferramenta explorada são os erros humanos. Ocorre com frequência no Google, em formulários que pedem senhas e informações pessoais. Um exemplo desse tipo de ataque é o pishing, que é quando o hacker se disfarça de um perfil confiável para roubar os dados do alvo.
Enlace – Link de Dados	Data link	A Link de Dados é a sexta camada do Modelo OSI, também conhecida como camada de Enlace.
Entradas de Log	Log entries	As entradas de log ajudam a "organizar e rastrear", saber o que se faz com o telefone ou Outlook (nome, endereço de e-mail, telefone, empregador), por exemplo.
Escalonamento de privilégios verticais (ou elevação de privilégios)	Vertical privilege escalation (or Privilege elevation)	É o ato de explorar uma falha, onde um usuário de privilégio inferior acessa funções ou conteúdo reservado para usuários de privilégios elevados.
Escalonamento horizontal de privilégios	Horizontal privilege escalation	É um dos níveis de escalonamento de privilégios, os quais envolvem situações onde as pessoas têm controles de acesso sob a conta de um usuário diferente.

Escudo de privacidade UE-EUA	EU-US Privacy Shield	"As Estruturas do Escudo de Proteção da Privacidade UE-EUA e Suíça-EUA foram projetadas pelo Departamento de Comércio dos EUA e pela Comissão Europeia e Administração da Suíça, respectivamente, para oferecer às empresas dos dois lados do Atlântico um mecanismo para atender aos requisitos de proteção de dados ao transferir dados pessoais da União Europeia e da Suíça para os Estados Unidos." (Programa do Escudo de Proteção da Privacidade).
escuta / grampo	Wire tapping	Dispositivo que conectamos a uma linha de telefone para interceptar e espionar tudo que se passa por ela, sabe que medidas de proteção não é uma necessidade atual, apenas do mundo cibernético.
Espaço de chaves	Keyspace	É a quantidade de chaves possíveis para uma cifra. Mesmo sem conhecimento da chave, um invasor com acesso a uma mensagem criptografada e a cifra de descriptografia, tem como tentar todas as chaves possíveis para decodificar a mensagem. É o que chamamos de ataque de força bruta. Quanto mais o keyspace é ampliado, mais o custo de um ataque de força bruta encarece. Portanto, se a cifra não tiver fraquezas matemáticas, um keyspace maior geralmente significa mais segurança.
Estouro de buffer	Buffer overflow	"Anomalia onde um programa, ao escrever dados em um buffer, ultrapassa os limites do buffer e sobrescreve a memória adjacente." (Wikipédia).

Estouro de buffer remoto	Remote buffer overflow	Transbordamento de dados no domínio de acesso remoto: quando um aplicativo remoto excede o uso de memória reservada pelo sistema operacional.
estratégia de saída	Exit strategy	A estratégia de saída é algo que o cliente deve incluir em seu planejamento de implantação de nuvem antes de se comprometer com qualquer fornecedor, provedor ou serviço. Refere-se a possibilidade de ser necessário migrar para outro fornecedor.
Ethernet	Ethernet	Ethernet é o protocolo de rede que gerencia o método de comunicação entre computadores e dispositivos. O IEEE o define como Protocolo 802.3. É usado na camada de enlace e de link de dados. A ethernet faz a conexão em redes locais, LANs, usando placas de rede sem fio ou com o cabo ligado diretamente no computador.
Evasão de honeypot	Honeypot Evasion	Técnica que utiliza uma ferramenta que tem a função de propositalmente simular falhas de segurança de um sistema e colher informações sobre o invasor.
Evasão de IDS	IDS Evasion	Técnica de defesa que utiliza Sistemas de detecção de intrusão.
Evento	Event	Ocorrência de algo que impacta o funcionamento do sistema/aplicação/rede etc.
Evidência	Evidence	Registro de algum evento/incidente.
Exchange	Exchange	Plataforma de colaboração que possibilita personalizar domínios e outras funcionalidades avançadas para clientes corporativos.

Exploit	Exploit	Sequência de comandos usada para ataques cibernéticos.
Exploração de escalonamento de privilégios / exploração de kernel	Privilege Escalation Exploit / Kernel exploit	É a prática de explorar vulnerabilidades de escalonamento de privilégios identificadas no kernel do Linux, amplamente utilizada e que pode permitir a um atacante tomar o controle do sistema.
Exploração de vulnerabilidade	Vulnerability exploitation	Explorar uma vulnerabilidade é tirar proveito de algum ponto de falha em um sistema, software ou aplicação, com intenções maliciosas.
Explorando Vulnerabilidades	Exploiting Vulnerabilities	Usando falhas de softwares e sistemas como pontos de ataque.
Exposições	Exposures	Quando vulnerabilidades, falhas ficam expostas; equipamentos expostos a ameaças físicas (naturais ou humanas).
Falhas de implementação	Implementation flaws	Falhas no momento de implementar o sistema podem, além de gerar custos com correções (quando identificadas nos testes) e atrasos na entrega, deixar gargalos de segurança.
Falhas de protocolo	Protocol flaws	São vulnerabilidades que se tornam alvos de ataques, sequestros, roubos de senhas, enfim, vários tipos de crimes cibernéticos.
Falsificação de IP	IP spoofing	Quando um hacker usa de técnicas de ataques que falsificam o endereço (IP) de computadores para fingir ser outro. Exemplo: Disfarce/masquerading.

Falso negativo / falso positivo	False negative / False positive	Detectam e alertam através do Sistema de Detecção de Intrusão (IDS). Os falsos positivos alertam um potencial problema, é uma falha que um software de detecção e proteção gera quando uma atividade legítima é classificada como um ataque. E os falsos negativos se referem a quando um evento malicioso ocorreu mas não foi detectado pela arquitetura de segurança.
Falso verdadeiro	False match	Refere-se ao controle de acesso biométrico, quando o material analisado é falso e o classificador o entende como verdadeiro. Exemplo: Alterar o tamanho da pupila para fingir que o olho é verdadeiro (igual ao cadastrado no banco de gerenciamento de identidade e acesso).
Fat server	Fat server	"Servidor gordo" - Tipo de servidor que fornece a maior parte da funcionalidade para a máquina de um cliente dentro da arquitetura de computação cliente / servidor. Funciona como um servidor núcleo padrão que hospeda e fornece os principais aplicativos baseados em rede, armazenamento, processamento, acesso à Internet e outros serviços. (Fonte: Techopedia).
Fator de trabalho	Work factor	A estimativa que se faz do tempo que um atacante levará para quebrar uma criptografia.
Ferramenta de Administração Remota (RAT)	Remote Administration Tool (RAT)	Programa usado por hackers ou usuários em conexão remota a computadores através de Internet ou rede local; baseada no servidor e tecnologia do lado do cliente.

Ferramentas	Tools	Refere-se às ferramentas que os hackers usam para o hacking. Exemplo: NMAP, NESSUS, Metasploit etc.
Filtro	Filter	Dispositivo de segurança que pode ser configurado para filtrar tráfegos, exemplo: Filtro de conteúdo da web, filtro de conteúdo de e-mail, firewalls etc.
Firewall (regras)	Firewall (rules)	Os firewalls são filtros que possuem regras para definir que tipo de tráfego pode reunir e permitir passagem na rede, ou seja, são essas regras que definem que tipo de tráfego é permitido ou não na rede. As regras são predefinidas e não podem ser alteradas por quem não tem permissão, tanto para porta de entrada (da internet para o computador) quanto para porta de saída (do computador para internet). Então, cada vez que um firewall recebe uma mensagem, faz a checagem com essas regras para detectar se está de acordo ou não, e se deve ser liberada ou bloqueada (caso não esteja de acordo com as regras).
Firewall com estado / sem estado /	Stateful / Stateless firewall	São os tipos de filtragem que construíram a base de desenvolvimento e de evolução das soluções atuais de firewall. O filtro stateless não enxerga as conexões, por isso não sabe de onde saíram os pacotes e onde irão entrar, precisando, portanto, checar todos os pacotes que passam pelo firewall. Já o filtro stateful é uma evolução do stateless, e enxerga as conexões com suas saídas e entradas, diminuindo assim os riscos de spoofes, quando invasores conseguem forjar informações referentes à conexão.

Firewall de próxima geração	Next-generation firewall	Um dispositivo que atua na segurança da rede, fornecendo recursos mais avançados que um tradicional firewall. Com o NGFW é possível: bloquear ameaças modernas, malwares avançados, ataques na camada de aplicação.
Firmware	Firmware	Firmwares são softwares de computador que podem atuar junto com hardwares para armazenar informações e fazer com que os equipamentos funcionem de forma correta.
Flash	Flash	Conjunto usado em todos os HDs, SSDs e chips de memória flash. O NTFS é um sistema considerado dos mais seguros, com criptografia e recursos de recuperação de erros no disco.
Fonte de energia redundante	Redundant power supply	Uma das formas mais comuns de redundância em TI, quando existem dois recursos de fontes de energia diferentes integrados e capazes de se substituírem.
Força bruta	Brute force	No ataque de força bruta, o invasor vai tentando várias senhas em um sistema até encontrar a certa. Geralmente, é usado um programa de software que tenta todas as combinações possíveis para senha, ID de usuário ou código de segurança. É uma ação rápida e em sequência. Com a grande escala que a tecnologia cada vez mais vai disponibilizando, é possível tentar milhões de combinações de senhas em um curto período. Então, com tempo e computadores suficientes, acabam conseguindo quebrar a maioria dos algoritmos.
Força da encriptação	Encryption strength	Complexidade dos códigos utilizados para encriptação: quanto mais complexos, mais forte o criptograma.

Força-Tarefa de Engenharia da Internet (IETF)	Internet Engineering Task Force (IETF)	A Internet Engineering Task Force (IETF) é uma grande comunidade internacional aberta de designers, operadoras, fornecedores e pesquisadores de redes preocupados com a evolução da arquitetura da Internet e o bom funcionamento da Internet. (www.ietf.org)
Forense	Forensics	Refere-se à aplicação de técnicas de investigação científica a crimes e ataques digitais.
Forjamento	Spoofing	Ato de forjar pacotes de dados.
Formato aberto de mensagem	Open message format	Dizemos que um formato de arquivo está aberto quando as especificações são documentadas e acessíveis a todos, sem autorias que impeçam o livre uso.
Formato de mensagem fechado	Closed message format	Mensagem encriptada, formatada com códigos fechados.
Fortalecimento de banco de dados	Database hardening	Os pontos de impulso para o fortalecimento dos bancos de dados em sua evolução tecnológica se deram com os dois recursos oferecidos pelo modelo relacional: A estruturação de organização em tabelas e a linguagem de consulta SQL.
Fragilidade de configuração	Configuration weakness	Refere-se às vulnerabilidades na configuração de um software. São problemas causados pelo fato de não se configurar equipamentos interligados para impedir problemas de segurança conhecidos ou prováveis.
Freenet	Freenet	Plataforma de comunicação ponta a ponta anticensura.

Função matemática	Mathematical function	A criptografia usa funções matemáticas algorítmicas (de repetição) para codificar e decodificar informações.
Gateway	Gateway	Equipamento ou sistema que funciona como uma passagem entre dois ambientes, possibilitando a comunicação entre redes, sendo usado para checagem de rotas, roteando o tráfego de redes locais para dispositivos em redes remotas.
Gateway Padrão	Default Gateway	O portão de saída para uma outra sub-rede, ou para internet, um endereço que te indicará o caminho ao seu computador para fora de sua rede.
Gerenciador de segurança Java	Java security manager	Gerencia o limite externo da área restrita da Máquina Virtual do Java (JVM). Na prática, controla como a execução do código (com JVM) pode interagir com os recursos (fora do JVM). Ao ativar o Gerenciador de Segurança, o Java API checa com ele a aprovação de operações potencialmente perigosas antes que sejam executadas.Vale ressaltar que o Gerenciador de Segurança usa política de segurança para definir quais ações geradas serão permitidas ou negadas.
Gerenciamento de chaves	Key management	"O gerenciamento de chaves diz respeito ao gerenciamento de chaves criptográficas em um criptosistema. Isso inclui lidar com a geração, troca, armazenamento, uso e substituição de chaves. Inclui projeto de protocolo criptográfico, servidores principais, procedimentos do usuário e outros protocolos relevantes." (Wikipédia).

Gerenciamento de Identidade e Acesso	Identity & Access Management	O Identity & Access Management (IAM); em português: Gerenciamento de Identidade e Acesso; trata do gerenciamento de informações pessoais, de identidade e do gerenciamento de acesso aos recursos. Na prática, esse gerenciamento de identidade e controle de acesso são MÉTODOS usados para garantir uma autenticação segura de usuários, restringir e permitir o acesso a uma infraestrutura de TI e todos os ativos por ela tratados e guardados.
Gerenciamento de incidentes	Incident management	Gerenciar incidentes é compor um conjunto de processos de análise e controle de incidentes de segurança da informação para prevenção, reparo e correção dos mesmos.
Gerenciamento de patches	Patch management	O gerenciamento de patches é fundamental para correção e atualização necessária de sistemas e softwares. É através do processo de gerenciamento que se pode ter conhecimento de um novo patch, definir sua importância, adquirir os arquivos originais e analisá-los para devida atualização/correção segura e monitorar os resultados.
Grid	Grid	Rede elétrica, exemplo: smart grids, que são redes inteligentes que utilizam tecnologias digitais para controlar, monitorar e automatizar todo o processo de geração, transmissão e distribuição de energia elétrica.

Guardião de dados	Data custodian	A necessidade da segurança dos dados tem crescido tanto que foi preciso instituir a Lei Geral de Proteção de dados (LGPD), baseada no Regulamento Geral sobre a Proteção de Dados (GDPR) da União Europeia, a qual todas as organizações precisam se alinhar para garantir a integridade dos dados de seus usuários. Para esse controle e supervisão organizacional em relação a LGPD surgiu a função do considerado "guardião dos dados", um Data Protection
Hackear (verbo)	To hack (verb)	Officer (DPO), profissional responsável por garantir que a organização esteja devidamente alinhada às normas da LGPD. Obter acesso não autorizado a um sistema de computador, por exemplo, um site ou rede, por meio da manipulação de Código.
Hacker (substantivo)	Hacker	É um indivíduo que se dedica, com intensidade incomum, a conhecer e modificar os aspectos mais internos de dispositivos, programas e redes de computadores.
Hacker ético	Ethical hacker	Pessoa que invade uma rede de computadores para testar ou avaliar a segurança com propósitos preventivos, e não mal-intencionados ou criminosos. Os hackers éticos estão se tornando cada vez mais uma base no esforço de tornar as redes corporativas mais seguras.
Handshake de três vias TCP	TCP three-way handshake	É o processo é responsável pelo estabelecimento de conexões no TCP.

Hardening	Hardening	"Processo de mapeamento das ameaças, mitigação dos riscos e execução das atividades corretivas, com foco na infraestrutura e objetivo principal de torná-la preparada para enfrentar tentativas de ataque, refere-se ao fornecimento de vários meios de proteção em um sistema, eliminando o máximo possível de riscos de segurança. Isso geralmente é feito removendo todos os programas de software e utilitários não essenciais do computador. Embora esses programas possam oferecer recursos úteis ao utilizador, eles podem fornecer acesso "back doors" ao sistema e, portanto, devem ser removidos para melhorar a segurança do sistema. A proteção estendida do sistema deve ser fornecida em vários níveis e costuma ser chamada de defesa em profundidade." (Wikipédia).
Hardware	Hardware	Parte física do computador: conjunto de aparatos eletrônicos, peças e equipamentos que fazem o computador funcionar.
Hashdump	Hashdump	É o comando para base de dados. Este comando vai fazer o dump de todos os hashes de senhas da vítima para que depois você consiga descobrir quais as senhas utilizando rainbow tables ou John The Ripper.
Hashing	Hashing	A função hash é um algoritmo matemático que pega qualquer bloco de dados e transforma em um bloco de saída fixo, sempre com quarenta caracteres, e quase impossíveis de inverter. Esse processo é chamado de hashing.

Honeypot	Honeypot	Técnica que utiliza uma ferramenta que tem a função de propositalmente simular falhas de segurança de um sistema e colher informações sobre o invasor.
Hotsite externo	External hot site	Site temporário para ação ou campanha de marketing externo.
HTML	HyperText Markup Language (HTML)	Linguagem de Marcação de Hipertexto, usada na construção de páginas na Web.
HTTP	HTTP	Pode ser usada tanto por um servidor, para definir uma solicitação do cliente como por um cliente, para fornecer informações de autenticação.
HTTP / HTTP	HTTP / HTTP	É sigla de HyperText Transfer Protocol que em português significa "Protocolo de Transferência de Hipertexto". É um protocolo de comunicação entre sistemas de informação que permite a transferência de dados entre redes de computadores, principalmente na World Wide Web (Internet).
Hub	Hub	Os hubs são dispositivos simples de rede. É um equipamento do tipo concentrador, com várias portas para conectar cabos de computadores e possibilitar a comunicação em rede entre eles. Um hub representa o componente central, com o qual uma rede baseada em topologia em estrela pode ser construída. O principal motivo do hub ser cada vez menos usado é porque não é capaz de reconhecer nenhuma informação de endereço.

iCloud	iCloud	Sistema de armazenamento em nuvem que oferece para o usuário a possibilidade de armazenar dados do tipo: Fotos, documentos, músicas, vídeos, entre outras mídias que podem através dos servidores remotos para download em dispositivos IOS, Windows, e macOS.
ID do usuário	User ID	Identificação do usuário de acesso aos recursos (sistemas, dispositivos, redes, aplicações).
Identidade como um Serviço (IDaaS)	Identity as a Service (IDaaS)	O IDaaS oferece identificação de identidade e gerenciamento de acesso a organizações que precisam identificar seus clientes, colaboradores e fornecedores de forma adequada e segura. E também controla a autorização dos usuários ao acesso de arquivos, informações sensíveis e aplicações da empresa.
Identidade e Acess	Identity & Access	O Identity & Access Management (IAM); em português: Gerenciamento de Identidade e Acesso; trata do gerenciamento de informações pessoais, de identidade e do gerenciamento de acesso aos recursos. Na prática, esse gerenciamento de identidade e controle de acesso são MÉTODOS usados para garantir uma autenticação segura de usuários, restringir e permitir o acesso a uma infraestrutura de TI e todos os ativos por ela tratados e guardados.
Identificação	Identification	Afirmação de uma identidade única para uma pessoa, processo ou sistema, e é o ponto de partida de todo controle de acesso.

Identificação por radiofrequência (RFID)	Radio-frequency dentification (RFID)	Dispositivo de radiofrequência: a antena emite sinal, o transceptor faz tanto a leitura quanto a transferência desse sinal, e um transponder, que é o objeto, responde ao sinal. Ex: Leitores de etiquetas de produtos em comércios.
Implantações	Deployments	Refere-se às implantações de nuvens. Temos quatro modelos de implantação de nuvem, que variam de acordo com graus de benefícios e valor. São eles: Nuvem privada, nuvem da comunidade, nuvem pública e nuvem híbrida.
Impressões digitais	Fingerprinting	É uma ferramenta técnica utilizada para a descoberta de rede.
Incidente	Incident	"Evento de segurança ou um conjunto deles, confirmado ou sob suspeita de impactar a disponibilidade, integridade, confidencialidade ou a autenticidade de um ativo de informação, assim como qualquer violação da Política de Segurança da Informação e Comunicações (POSIC)." (UFPEL).
Inclusão de Arquivos Locais (LFI)	Local File Inclusion (LFI)	Um método para servidores / scripts para incluir arquivos locais no tempo de execução, a fim de tornar complexos sistemas de chamadas de procedimento.

Inclusão de Arquivos Remotos (RFI)	Remote File Inclusion (RFI)	Ocorre quando um arquivo remoto, geralmente um escudo (uma interface gráfica para navegar arquivos remotos e executar o seu próprio código em um servidor), está incluído em um site que permite ao hacker executar comandos do lado do servidor como a corrente logon do usuário, e ter acesso a arquivos no servidor. Com este poder o hacker pode continuar para uso local exploits para escalar os seus privilégios e assumir todo o sistema.
Inferência	Inference	A vulnerabilidade de inferência acontece porque bancos de dados dedutivos usam linguagens declarativas, com isso, o mecanismo de inferência possibilita que se possa inferir e deduzir novas regras a partir das regras especificadas. Lembrando que o modelo usado para implementar bancos de dados dedutivos geralmente é o modelo relacional. O controle de inferência garante que os usuários tenham permissão apenas para recuperar informações estatísticas coletivas e não para recuperar dados individuais, como, por exemplo, a renda de uma pessoa específica.
Infraestrutura como Serviço (IaaS)	Infrastructure as a Service (IaaS)	A IaaS, infraestrutura como serviço, oferece a possibilidade de alugar uma instalação física, com hardwares, conectividades, para implantação do próprio software, do próprio sistema operacional, e de outras aplicações que se queira.

Infraestrutura de chave pública (PKI)	Public Key Infrastructure (PKI)	A infraestrutura de chave pública (PKI) é um conjunto de hardware, software, pessoas, políticas e procedimentos necessários para criar, gerenciar, distribuir, usar, armazenar e revogar certificados digitais.
Injeção SQL (SQLi)	SQL injection (SQLi)	É um tipo de ameaça de segurança que se aproveita de falhas em sistemas que interagem com bases de dados via SQL. A injeção de SQL ocorre quando o atacante consegue inserir uma série de instruções SQL dentro de uma consulta (query) através da manipulação das entradas de dados de uma aplicação.
Inspeção profunda de pacotes	Deep packet inspection	Executada por firewalls de proxy de aplicativo, que abrem conexões separadas com cada um dos sistemas de comunicação e, em seguida, atua intermediando (como um proxy) entre os dois; consegue analisar até as informações do aplicativo e, com base nessas informações, decide se permite ou não o tráfego.
Instituto de Engenheiros Elétricos e Eletrônicos (IEEE)	Institute of Electrical and Electronics Engineers (IEEE)	Organização profissional sem fins lucrativos, fundada nos Estados Unidos. É a maior organização profissional do mundo dedicada ao avanço da tecnologia em benefício da humanidade. (Wikipédia)
Integridade da mensagem	Message integrity	Quando a descriptografia decifra algo sem sentido, deve-se desconfiar que a mensagem pode ter sido alterada em trânsito. Se bem que um falsificador munido de equipamento de criptografia, pode conseguir fazer uma mensagem falsa parecer legítima. Portanto, é preciso ter bastante atenção e cuidado. Até porque a quebra da integridade muitas vezes pode até ser acidental.

Integridade de dados	Data integrity	O princípio da integridade trata da validade e precisão dos dados; visa proteger com exatidão os dados e informações em sua forma íntegra, para que não ocorram modificações não autorizadas; nem por pessoas ou processos não autorizados e nem por pessoas ou processos autorizados! O dado precisa ser mantido em exata consistência. Qualquer modificação de dados não autorizada, por mais que tenha sido de forma acidental e não proposital, é considerada uma violação da integridade dos dados! E dados que não são precisos ou não são válidos, são considerados dados inúteis.
Intercâmbio Eletrônico de Dados (EDI)	Electronic Data Interchange (EDI)	Sistema eletrônico de troca de informações online entre empresas.
Interface	Interface	Sistema eletrônico de troca de informações online entre empresas.
Interface de linha de comandos (CLI)	Command line Interface (CLI)	Trata-se de um conceito muito importante para utilizar de maneira mais adequada o sistema operacional LINUX.
Interface de programação de aplicativos (API)	Application Programming Interface (API)	Tem a função de entregar um conjunto de rotinas para o usuário, conectando sistemas, softwares, criando protocolos, ferramentas para novas aplicações ou apps.
Interface de usuário	User interface	Parte do sistema que fica disponível (e visível) para o usuário; onde o usuário acessa e interage para executar suas tarefas.
Interface Gráfica do Usuário (GUI)	Graphical User Interface (GUI)	É um tipo de interface do utilizador que permite a interação com dispositivos digitais através de elementos gráficos como ícones e outros indicadores visuais, em contraste a interface de linha de comando.

Internet das coisas (IoT)	Internet of things (IoT)	Evolução tecnológica que permite controlar itens de diversas naturezas através de dispositivos conectados à internet. A Internet das Coisas descreve a rede de objetos físicos - "coisas" ou objetos - que são incorporados com eletrônica, sensores, software, atuadores e conexão com a finalidade de conectar e trocar dados com outros dispositivos e sistemas pela Internet.
Invasão	Penetration	É um mecanismo de prevenção da segurança cibernética. Os testes são feitos para checar as vulnerabilidades, os riscos de uma invasão ao sistema, à rede, ao host, enfim. São os famosos "hackers brancos (White hat)" que geralmente são contratados para realizar esses testes, que estão sendo cada vez mais requisitados por empresas de todos os portes.
ipconfig /all	ipconfig /all	O comando IPCONFIG serve para identificar o endereço de IP do gateway padrão utilizado para acessar a página de configuração do seu modem. Escolha a opção "executar", digite o comando "cmd" e tecle "Enter". No "prompt de comando" digite (em letras minúsculas) o comando "ipconfig" e tecle "Enter".
IPSec	IPSec	Protocolo de segurança projetado para possibilitar a conexão de sites com a devida proteção. Ou seja, ele aumenta a privacidade e confiabilidade dos dados que um usuário fornece em áreas da internet.
Iwconfig	Iwconfig	O iwconfig é similar ao comando ifconfig, mas é usado para redes wifi. Com este comando pode-se verificar diversas características das redes wireless.

Java	Java	"Linguagem de programação e plataforma computacional lançada pela primeira vez pela Sun Microsystems em 1995." (Java.com).
Javascript	Javascript	"Linguagem de programação que permite implementar funcionalidades mais complexas em páginas web." (Wikipédia).
John The Ripper (JTR)	John The Ripper (JTR)	É um software para quebra de senhas. Inicialmente desenvolvido para sistemas unix-like, corre agora em vários sistemas operativos (como DOS, Windows, Linux, BSD). Disponível em versão livre e paga, o John the Ripper é capaz fazer força bruta em senhas cifradas em DES, MD4 e MD5 entre outras.
Jurisdição	Jurisdiction	"Poder legal, no qual são investidos certos órgãos e pessoas, de aplicar o direito nos casos concretos." (Oxford Language). Refere-se às leis aplicadas à proteção dos dados, segurança cibernética e relação comercial e funcional cliente-servidor.
Kali Linux	Kali Linux	É uma distribuição GNU/Linux baseada no Debian, considerado o sucessor do BackTrack. O projeto apresenta várias melhorias, além de mais aplicativos, que o BackTrack. É voltado principalmente para auditoria e segurança de computadores em geral. É desenvolvido e mantido pela Offensive Security Ltd.
Kerberos	Kerberos	Protocolo de autenticação de rede, que permite a comunicação através de uma rede não segura de forma segura, porque executa uma prova de identidade dos envolvidos na sessão.

Keyloggers	Keyloggers	São aplicativos ou dispositivos que ficam em execução em um determinado computador para monitorar todas as entradas do teclado.
Kismet	Kismet	É um analisador de rede (sniffer), e um sistema de detecção de intrusão (IDS - Intrusion detection system) para redes 802.11 wireless. Kismet pode trabalhar com as placas wireless no modo monitor, capturando pacotes em rede dos tipos: 802.11a, 802.11b e 802.11g.
Kolab	Kolab	Pacote de código aberto/groupware gratuito. Ex: KDE PIM - Suite Kontact, front-end da Web do Roundcube, Mozilla Thunderbird e Mozilla Lightning com extensão SyncKolab e Microsoft Outlook com plugins de conectores Kolab proprietários.
LDAP	(Lightweight Directory Access Protocol)- OpenLDAP	"É um protocolo de aplicação aberto, livre de fornecedor e padrão de indústria para acessar e manter serviços de informação de diretório distribuido sobre uma rede de Protocolo da Internet (IP)." (Wikipedia).
LIMIT	LIMIT	Extensão máxima até onde pode chegar ou ir.
Limpeza remota	Remote wipe	Opção de efetuar limpeza em dispositivo de forma remota.
Linha de base de segurança	Security baseline	"Grupo de configurações recomendadas pela Microsoft que explica o impacto na segurança. Essas configurações são baseadas nos comentários de equipes de engenharia de segurança, grupos de produtos, parceiros e clientes da Microsoft." (Microsoft).

Link	Link	É um endereço na internet, que pode ser de um documento, arquivo, de uma página, enfim, um endereço na web. E também é a nomenclatura da quarta camada do Modelo TCP/IP.
Link direto	Direct link	Forma de configuração mais cara, porém com alto grau de confiabilidade, pois trata-se de uma topologia de malha completa, com vários caminhos para dados, fornecidos pelos links redundantes em grande quantidade entre os nós.
Lista de Revogação de Certificados (CRL)	Certificate Revocation List (CRL)	Um dos componentes de uma infraestrutura de chave pública. Podemos entender uma CRL como uma estrutura de dados que contém a lista de certificados que não devem ser considerados válidos. As CRLs devem ser assinadas por uma CA.
Lista de verificação da nuvem	Cloud checklist	Um guia das etapas de planejamento, avaliação e início da migração na nuvem; um checklist do que precisa ser feito para migrar para uma nuvem.
LOAD_FILE	LOAD_FILE	É um arquivo usado para recuperar conjuntos ou imagens localizados em bases de dados através de métodos de recuperação específicas implementadas no arquivo de carga de dados específicos. Um arquivo de carga também pode ser usado para importar os dados para outro banco de dados.
Logging	Logging	Se conectar a um sistema, rede, aplicação, e-mail etc. A palavra "login" é uma abreviação de "logging".
Logs de auditoria	Audit logs	Registros dos eventos de auditoria.
Logs de Patch	Patch logs	São os registros de atualizações ou correções nos sistemas e softwares.

Longa distância	Long-haul	Se refere à área geográfica da rede: uma rede de longa distância, uma WAN, que abrange geralmente territórios de dimensões continentais: países, mundo!
Longevidade	Longevity	Refere-se ao tempo do ciclo de vida dos softwares, hardwares e sistemas operacionais.
LSR	Loose Source Routing (LSR)	Um formato de armazenamento ou transmissão de dados binários em que o byte menos significativo(bit) vem primeiro.
Macros	Macros	Refere-se a macros de dados para tabelas que realizam tarefas do tipo adicionar, atualizar ou excluir dados, ou validar a exatidão dos dados. "As macros de dados podem ser programadas para serem executadas antes ou depois de você adicionar, atualizar ou excluir dados em uma tabela." (Suporte Microsoft).
Mainframe	Mainframe	Plataforma integrada de computadores: processa volumes de informações grandes em curtos espaços de tempo.
Malware	Malware	Softwares que se infiltram em um ou mais alvos e seguem as instruções de um invasor. Essas instruções podem causar danos, escalando privilégios de segurança, divulgando dados privados, ou mesmo modificando ou excluindo dados. A função principal do malware é causar danos e interromper sistemas. Os efeitos que um malware pode causar vão de um desaceleramento de um PC para causar falhas até roubos de informações sensíveis.
Man-in-the-Middle	Man-in-the-Middle	É o tipo de ataque em que o hacker intercepta os dados da vítima, acessa, recebe e envia dados sem que seja detectado até a transação ser completada.

Manutenção	Maintainability	Refere-se à sétima fase do processo de ciclo de vida de desenvolvimento de sistemas: A fase de operações e manutenção. Sempre que ocorre algum problema com o sistema, o pessoal da manutenção e do helpdesk provavelmente são os primeiros a ficar sabendo; e eles precisam mesmo rastrear os problemas e estar disponíveis para relatar os resultados para gestão. É fase que alimenta o processo de gerenciamento de mudanças.
Matriz de controle de acesso	Access control matrix	Modelo teórico que mapeia os acessos dentro de uma infraestrutura de TI, criando uma planilha com duas colunas relacionando os acessos que cada usuário possui dentro da infraestrutura e, na outra coluna, o que de fato precisa acessar. Dessa forma fica mais fácil analisar e alinhar o controle de acesso aos princípios de usabilidade.
MD4 , MD5	MD4 , MD5	MD5, sigla de Message-Digest algorithm 5, que é o algoritmo de hash mais amplamente usado. E é uma versão revisada (e melhorada) do MD4, que apresentava alguns problemas de segurança e por isso foi sucedido pelo MD5.
Memória de acesso aleatório não volátil (NVRAM)	Non-volatile random-access memory (NVRAM)	Tipo de memória que não perde seus dados mesmo sem a alimentação de energia. É a memória utilizada para manter as configurações do BIOS, com um tamanho de 256 bytes. (Fonte: Wikipédia)
Memória virtual	Virtual memory	Técnica que usa memória secundária como cache para armazenamento secundário.

Metadados	Metadata	São informações agregadas aos dados para identificá-los com um algo mais específico, como por exemplo: para informar a que se refere o dado, facilitando assim a organização em grupos semelhantes. Geralmente, são informações inteligíveis por um computador.
Metasploit	Metasploit	Piuoting é uma técnica que o O Metasploit framework é um conjunto das melhores plataformas de aprendizagem e investigação para o profissional de segurança ou do hacker ético. Ele possui centenas de exploits, payloads e ferramentas muito avançadas que nos permite testar vulnerabilidades em muitas plataformas, sistemas operacionais e servidores. Ou seja, facilita os testes de invasões do Windows, com a divulgação de informações de segurança relacionadas à vunerabilidade (exploit).
Mineração de dados	Data mining	Processo de extrair e descobrir padrões em grandes conjuntos de dados.Funciona dando a permissão para adicionar inteligência à memória da organização, possibilitando descobertas nos volumes de dados.
Mineração de papel	Role mining	A mineração de funções é o processo de análise de dados de mapeamento de usuário para recurso para determinar ou modificar as permissões do usuário para controle de acesso baseado em função (RBAC) em uma empresa. Em um ambiente de negócios, as funções são definidas de acordo com a competência, autoridade e responsabilidade do cargo.

Misdirection	Misdirection	Tática de intimidação usada por spammers para convencer o destinatário do e-mail a baixar o anexo malicioso, adicionando uma camada extra de desorientação. (misdirection): o remetente é sempre alguém com quem o titular da conta já se comunicou antes, na maioria das vezes, um endereço que consta na sua lista de contatos.
Modelo de rede	Network model	É o formato da estrutura de redes de computadores, que pode ser física ou pode ser lógica, com vários tipos que variam de três modelos base, que são: a rede centralizada, a descentralizada e a distribuída.
Modelo relacional	Relational model	É um dos modelos mais comuns de bancos de dados; classificam os dados de forma estruturada, em tabelas.
Monitoramento	Monitoring	Medida de monitorar tráfegos e dados armazenados com foco em achados de riscos, ameaças e vulnerabilidades, ou mesmo de eventos de segurança.
Monitoramento de segurança	Security monitoring	Colhe e analisa indicadores de ameaças de segurança em potencial para, a partir dessas informações, conduzir triagem das ameaças e tomar as devidas ações.
Monolítico	Monolithic	Modelo de arquitetura de sistema operacional com base no kernel, centralizado em um único núcleo.
Movimento lateral	Lateral movement	Técnica de invasão a redes usada por Hackers; usa o acesso a um sistema para acessar vários outros.
Multi-inquilino	Multi-tenant	Refere-se à grande quantidade de clientes usando espaços vizinhos na rede.

Multifator	Multi-factor	Refere-se à Autenticação Multifator (MFA), que fornece elementos de segurança em camadas, fazendo com que os usuários provem suas identidades através de dois ou mais métodos de verificação antes da autenticação.
Multiprocessa-mento	Multiprocessing	"Multiprocessamento é o uso de duas ou mais unidades centrais de processamento (CPUs) dentro de um único sistema de computador. O termo também se refere à capacidade de um sistema suportar mais de um processador ou a capacidade de alocar tarefas entre eles. Difere da multitarefa, pois esta simula a simultaneidade, utilizando-se de vários recursos, sendo o principal o compartilhamento de tempo de uso do processador entre vários processos." (Wikipédia).
Multithreading	Multithreading	Multithreading é a capacidade do SO executar várias threads ao mesmo tempo, sem interferência de uma na outra, compartilhando recursos do processo, com execução independente.
MySQL	MySQL	Banco de dados relacional, modelo cliente/servidor(c/s). Pertence à norte-americana Oracle. Compatível com: Linux, MacOS, Microsoft Windows e Ubuntu. Usado por: Facebook, Twitter, YouTube, Google e Yahoo.
N-camada (N-tier)	N-tier	Modelo de arquitetura em camadas (multicamadas).
Não repúdio	Non-repudiation	O não repúdio permite que você evite que uma parte negue uma declaração ou ação anterior.

Necessidade de saber (need-to-know)	Need-to-know	Contextualizando a usabilidade do Princípio Need-to-know, em português: Necessidade de Saber, podemos usar como exemplo um ambiente corporativo, onde os colaboradores da empresa devem ter autorização de acesso apenas a dados e softwares relacionados ao seu trabalho e função, evitando assim que queiram explorar o sistema de TI e informações para fins próprios, de forma indevida. É uma maneira de se resguardar de ataques internos.
Nenhuma segurança pela obscuridade	No security by obscurity	O princípio defendido pela esteganografia da confiança no sigilo do design ou da implementação como principal método para fornecer segurança a um sistema ou componente foi quebrado pelo Princípio de Kerckhoffs que diz que um sistema de criptografia deve ser seguro ainda que o adversário conheça todos os detalhes do sistema, com exceção da chave secreta, ou seja, nenhuma segurança pela obscuridade. (Fonte: Wikipédia).
Nessus	Nessus	Identificador de vulnerabilidade, com verificação precisa de alta velocidade e com quantidade mínima de falsos-positivos; geralmente usado para ataques por hackers maliciosos.
Netcat	Netcat	É um método de administração remota; pode vincular um aplicativo a uma porta TCP / UDP e qualquer máquina que se conecta a essa será apresentada a aplicação binded com os mesmos privilégios desse usuário. Através de "Netcat" que redireciona a entrada padrão, saída e erro para o porto em vez do console padrão.

NFS	Network File System (NFS)	É um sistema que permite a montagem de sistemas de arquivos remotos através de uma rede TCP-IP.
NIC	NIC	É um número arbitrário que só pode ser usado uma vez. É semelhante em espírito a uma palavra de uso único, daí o nome.
NIDS	NIDS	Sigla de Network Intrusion Detection Systems. São sistemas que farejam o tráfego de rede; sensores detectando possíveis anomalias e ataques em curso.
Nikto	Nikto	É um scanner de vulnerabilidades de aplicativos da web, desenvolvido em Kali, que é como o Nessus para aplicações web. É um scanner de servidor web Open Source (lincença GPL) que realiza testes abrangentes contra servidores para vários itens, incluindo mais de 6.500 arquivos potencialmente perigosos/CGIs, verificações de versões desatualizadas de mais de 1.250 servidores, e os problemas específicos de versão sobre mais de 270 servidores.
Nivel de aplicação	Anomaly based	Se refere à camada de aplicação, por exemplo: Quando um nivel de aplicação proxy cria um firewall seguro e permeável para acesso de usuários autorizados sem criar brecha na segurança para hackers.
Nmap	Nmap	Software livre que faz scanner de portas, geralmente usado por crackers para ataques cibernéticos.
Nó	Node	Ponto de conexão, que pode ser de redistribuição ou de terminal de comunicação, dependendo da camada de protocolo e da rede.
Nó de destino	Destination node	É o que está no final do caminho de conexão.

Nó de origem	Source node	É o nó que fica no início do caminho de conexão.
NOC	NOC	Sigla de Network Operations Center, que significa centro de operações de rede, uma estrutura física, uma central de operações da rede, de onde se monitora a infraestrutura da área de TI a fim de detectar problemas assim que ocorram para as devidas providências de solução em tempo hábil.
Nonce	Nonce	É um número arbitrário que só pode ser usado uma vez. É semelhante em espírito a uma palavra de uso único, daí o nome.
NoSQL	NoSQL	Modelo não relacional de bancos de dados que organizam os atributos em listas de dados.
Novato	Novice	Refere-se à inexperiência dos script kiddies, tidos como novatos no hacking.
Núcleo	Core	O núcleo, ou kernel, é o elemento central de um sistema operacional; ele gerencia os recursos do sistema - a comunicação entre os hardwares e os softwares.
Números de porta	Port numbers	Ou, em inglês, como é mais conhecido: "port number", que está associado a um endereço IP. São portas reservadas para identificar serviços específicos para que um pacote que chega possa ser facilmente encaminhado para um aplicativo em execução. É um número de 16 bits que identifica a porta e é adicionado a um endereço IP de um computador para compor o endereço de destino na transmissão de dados.

Nuvem	Cloud	"A computação em nuvem é o fornecimento de serviços de computação, incluindo servidores, armazenamento, bancos de dados, rede, software, análise e inteligência, pela Internet ("a nuvem") para oferecer inovações mais rápidas, recursos flexíveis e economias de escala. Você normalmente paga apenas pelos serviços de nuvem que usa, ajudando a reduzir os custos operacionais, a executar sua infraestrutura com mais eficiência e a escalonar conforme as necessidades da empresa mudam." (Azure Microsoft).
Nuvem comunitária	Community cloud	O modelo de nuvem da comunidade é gerenciado por um grupo de organizações que tenham interesses comuns. A nuvem é de uso exclusivo dessa comunidade que a gerencia. Essas organizações podem compartilhar tanto os recursos gerenciados na rede quanto os seus custos.
Nuvem híbrida	Hybrid cloud	O modelo híbrido mescla de duas a mais infraestruturas distintas de nuvem, podendo ser de modelos iguais ou diferentes. Cada vez mais esse modelo híbrido vem sendo o preferido de várias organizações por sua facilidade de adequação ao tipo de negócio e flexibilidade na manutenção de recursos e custos.
Nuvem privada	Private cloud	Como o próprio nome indica, o modelo de nuvem privada é de uso organizacional exclusivo, ou seja, é uma organização que a gerencia para fins próprios. A grande questão são os recursos para manter uma infraestrutura de nuvem privada, o que acaba sendo inviável para algumas organizações. Por isso, é preciso analisar se o modelo está alinhado aos objetivos globais do negócio.

Nuvem pública	Public cloud	A nuvem pública é aberta para uso do público em geral. Pode ser gerenciada tanto por uma organização empresarial, como por uma organização governamental, ou ainda por uma organização acadêmica. Fica localizada nas instalações do fornecedor, o qual tem a nuvem como um negócio, cujo serviço oferecido é o fornecimento dos recursos da nuvem.
OÁSIS	OASIS	"A OASIS, ou Organization for the Advancement of Structured Information Standards, ou ainda, em português, Organização para o Avanço de Padrões em Informação Estruturada, é um consórcio global que conduz o desenvolvimento, convergência e adoção de padrões para e-business e web services. Dentre os membros da organização estão grandes nomes da indústria de tecnologia da informação como IBM, SAP AG e Sun Microsystems." (Wikipédia).
OAuth 2.0	OAuth 2.0	Permite que tokens de acesso sejam emitidos para clientes de terceiros por um servidor de autorização, com a aprovação do proprietário do recurso. "OAuth 2.0 é o protocolo padrão da indústria para autorização. OAuth 2.0 se concentra na simplicidade do desenvolvedor do cliente, enquanto fornece fluxos de autorização específicos para aplicativos da web, aplicativos de desktop, telefones celulares e dispositivos de sala de estar." (oauth.net).
Obrigatório	Mandatory	Refere-se ao Controle de Acesso Obrigatório (MAC). Nele, o acesso à informação é baseado em etiquetas de segurança. Com o MAC, a permissão para entrar no sistema é mantida pelo proprietário e não pode ser dado a outra pessoa.

OneDrive	OneDrive	Solução para armazenamento de arquivos em nuvem da Microsoft.
Onipresente	Ubiquitous	Refere-se à abordagem que descreve a onipresença da informática no cotidiano das pessoas, fornecendo informações, mídia, contexto e poder de processamento para os usuários, onde quer que estejam. (Computação ubíqua - em inglês: Ubiquitous Computing ou ubicomp - ou computação pervasiva).
OpenID Connect	OpenID Connect	Padrão aberto para autenticação, cujo protocolo é descentralizado. É uma forma de provar quem é o usuário. Foi criado para uma autenticação federada, permitindo que seus usuários sejam autenticados por terceiros, usando contas que eles já possuam. O principal recurso do OpenID é o do processo da descoberta, o que possibilita o usuário logar em qualquer provedor de terceiros que queira.
OpenPGP	OpenPGP	"Padrão aberto de criptografia baseado no PGP. Funciona através de chaves assimétricas, cada usuário gera em seu computador um par de chaves correspondentes: Uma pública e uma secreta. Conta com um sistema de cadeias de confiança: cada vez que um usuário obtém a chave pública de outro usuário, ao se encontrar com ele pode verificar a impressão digital da chave obtida, garantindo certeza de que a chave é a verdadeira. Ao ter certeza de que a chave é verdadeira, o usuário pode assinar a chave pública do outro usuário com a sua chave privada, atestando a outros usuários que a chave realmente pertence a quem diz pertencer." (Wikipédia).

OpenStack	OpenStack	Projeto de software de infraestrutura de computação em nuvem; de código aberto; um dos três projetos de código aberto mais ativos do mundo.
Oracle	Oracle	Empresa norte-americana de serviços e produtos de TI.
ORDER BY	ORDER BY	É um comando para colocar em ordem os dados resultados de uma pesquisa que chegam de forma desordenada.
OSI	OSI	Modelo padrão de camadas, adotado e oficializado pela ISO/IEC, que é o modelo vigente e usado até hoje na tecnologia da informação.
Pacote	Packet	Como o nome sugere, é de fato uma porção, um aglomerado, um conjunto de coisas que, no contexto do Cyber Security, nos referimos aos dados, pacote de dados. Agrupam os dados como se fosse dentro de uma caixa para que sejam transportados pelas redes.
Padrão de Encriptação Avançada (AES)	Advanced Encryption Standard (AES)	É uma codificação em bloco simétrica, a princípio usada pelo governo americano para criptografar dados confidenciais. Atualmente, usado também por usuários comuns e organizações para bloquear informações valiosas.
Padrão do fornecedor	Vendor default	Padrão de excelência, normas mais elevadas e implementadas com maior eficiência que servem de referência para a escolha de um fornecedor de nuvem.
Padrão vascular	Vascular pattern	Padrão vascular (DAC): O acesso à informação é controlado pelo proprietário, que decide quem entra e altera as permissões conforme necessário. Mas, o proprietário pode repassar esse trabalho para outras pessoas.

Padronização de SO (sistema operacional)	OS standardization	Ter sistemas padronizados na organização, com mesmos modelos, mesmas versões operacionais facilita o controle e medidas de segurança da informação.
Pagamento eletrônico	Electronic payment	"Instrumentos utilizados para o pagamento de uma compra presencial ou realizada pela internet." (Sebrae).
Paridade	Parity	"A paridade é vagamente utilizada para detectar erros nas transmissões, já que o seu cálculo é extremamente simples. Por exemplo, se for anexado um bit de paridade extra a cada byte transmitido, um erro pode ser detectado se a paridade do byte não coincidir com o bit de paridade." (Wikipédia).
Passphrase	Passphrase	Tipo de autenticação por conhecimento, quando solicita algo que o usuário conhece, nesse caso, uma frase secreta.
Pedido de comentário	Request for Comment	Documento para solicitar, comentar, sugerir, discutir sobre normas, protocolos, padrões, enfim, temas ligados à internet e redes de uma forma geral.
Pegada externa	External footprint	Analisar a pegada externa de uma rede é escanear as informações que formam o seu perfil, como os nomes dos domínios, os intervalos IP, os sistemas operacionais, aplicativos, hosts, enfim, todos os elementos que compõem a rede e que por vezes podem passar despercebidos pelos administradores, deixando aí gargalos de vulnerabilidade.

Pentest	Pentest	Também conhecido como: Caixa escura, caixa fechada, teste de caixa opaca. Características: - O testador não tem conhecimento do sistema que está sendo atacado;- O objetivo é simular hacking externo ou um ataque de guerra cibernética.
Periférico	Peripheral	Dispositivo (equipamento ou acessório) que compõe o conjunto de elementos da arquitetura de uma infraestrutura de TI.
Perímetro	Perimeter	Uma linha divisória que limita a extensão da sua rede e dos seus dispositivos, separando-os de outras redes e da internet. Na ótica de segurança, devemos usá-lo para controlar o que possa tentar ultrapassar esses limites, que acabam servindo como barreiras de segurança.
Persistência de transação	Transaction persistence	"Significa que os resultados de uma transação são permanentes e podem ser desfeitos somente por uma transação subsequente. Por exemplo: Todos os dados e status relativos a uma transação devem ser armazenados num repositório permanente, não sendo passíveis de falha por uma falha de hardware." (Wikipédia).
Phishing	Phishing	Tipo de ataque de engenharia social em que o hacker se disfarça de um perfil confiável para roubar os dados do aluno.
PHP	Hypertext Preprocessor (PHP)	Linguagem de script de uso geral; adequada para desenvolvimento web.
php-shell	php-shell	São exploits desenvolvidos em PHP, que exploram o servidor podendo executar shell-comandos, fazer upload de arquivos. Assim o atacante pode se conectar ao servidor e ganhar acesso ao usuário root do sistema e também fazer um "mass"deface.

Ping	Ping	É um comando que serve para testar a conectividade entre equipamentos de uma rede utilizando o protocolo ICMP. A palavra "ping" é a abreviação do termo em inglês "Packet Internet Network Grouper", que significa algo como "Agrupador de Pacotes da Internet".
Pivô	Pivot	Pivoting é uma técnica que o Metasploit usa para rotear o tráfego de um computador hackeado para outras redes que não são acessíveis por uma máquina hacker.
Plataforma como serviço (PaaS)	Platform as a Service (PaaS)	Se ter um software como serviço já facilita a vida e os negócios, avalie o que é ter uma plataforma completa como serviço? Pois é... O PaaS é para cobrir essa necessidade de ter um sistema operacional. É uma solução para empresas que precisam de uma plataforma completa de sistema, de alta performance e segura, empresas que atuam como SaaS, ou seja, que vendem serviços e funcionalidades em forma de software.
Plataforma de hardware	Hardware platform	Componentes físicos de um sistema de computação necessários para seu funcionamento, desde um cabeamento a um aplicativo que possibilite o acesso às redes. Exemplo: CPU, chips de memória, dispositivos de armazenamento, dispositivos de entrada e saída, circuito lógico, componentes de segurança, barramentos e componentes de rede.
Plataforma de software	Software platform	Componentes de um sistema de computação necessários para seu funcionamento. Exemplo: sistema operacional, aplicativos.

Ponto a Ponto (Peer to Peer)	Peer to Peer	Arquitetura de redes em que cada ponto ou nó atua tanto como cliente como servidor; possibilita compartilhar serviços e dados sem precisar de um servidor central; é um modelo de rede mais adequado para armazenar dados imutáveis, já que a atuação com objetos mutáveis é mais complexa, porém pode ser resolvida com uso de servidores confiáveis gerenciando a sequência de versões, identificando a versão corrente. Ex de uso: Para compartilhar dados, imagens, músicas, videos, ou qualquer outra coisa em formato digital.
Ponto único de falha (SPOF)	Single Point of Failure (SPOF)	Local em um sistema que, caso falhe, deixa-o totalmente indisponível. Exemplo: Em uma topologia estrela, os nós se ligam ao switch, no centro, e todos os dados transitam por ele. Se o switch falhar, a conexão fica indisponível.
POP3	POP3	POP3 é a sigla de Post Office Protocol 3. É um protocolo TCP/IP usado especificamente para fazer o download de e-mails no servidor e ter como visualizá-los offline.
Porta dos fundos	Backdoor	Backdoor é um método de acesso que desenvolvedores de software instalam nos programas para que sirvam como uma "porta dos fundos" oculta na intenção de fornecer ao pessoal de suporte um acesso fácil, que não precise lutar com controles de segurança.
Portas abertas	Open ports	Quando um dispositivo, firewall, computador, aplicações etc., estão se comunicando por meio de portas específicas, ou seja, quando estão abertas.
Porto Seguro	Safe Harbor	Plataforma de armazenamento gratuito de arquivos em nuvem.

Prestação de contas	Accountability	Processo de registro das ações do usuário. Ou seja, tipo uma prestação de contas, um relatório das atividades do usuário, o que é de extrema importância, já que as informações registradas são frequentemente usadas para vincular usuários a eventos do sistema.
Pretty Good Privacy (PGP)	Pretty Good Privacy (PGP)	"Pretty Good Privacy (PGP), em português, privacidade muito boa, é um software de criptografia que fornece autenticação e privacidade criptográfica para comunicação de dados. É frequentemente utilizado para assinar, encriptar e descriptografar textos, e-mails, arquivos, diretórios e partições inteiras de disco e para incrementar a segurança de comunicações via e-mail." (Wikipédia).
Prevenção de intrusões	Intrusion prevention	Ato de monitorar redes e sistemas com o objetivo de identificar e tomar decisões automáticas, como bloquear fluxos de dados de IP identificados como maliciosos.
Princípio de Kerckhoffs	Kerckhoffs' principle	Atualmente, o princípio de Kerckhoffs considerado mais relevante é o que diz que um sistema de criptografia deve ser seguro ainda que o adversário conheça todos os detalhes do sistema, com exceção da chave secreta, contrastando com a segurança por obscurantismo. (Fonte: Wikipédia).
Privilégio mínimo	Least privilege	O uso do Princípio Least Privilege, em português: Menor Privilégio, como o próprio nome indica, refere-se a fornecer apenas o básico, evitando o repasse de informações sensíveis que possam se transformar em vulnerabilidades.

Privilégio mínimo	Least privilege	O uso do Princípio Least Privilege, em português: Menor Privilégio, como o próprio nome indica, refere-se a fornecer apenas o básico, evitando o repasse de informações sensíveis que possam se transformar em vulnerabilidades.
Privilégios de acesso	Access privileges	"Sistemas que se encarregam de registrar todas as transações contidas em uma determinada operação organizacional. Por exemplo: Sistema de transações bancárias que registra todas as operações efetuadas em um banco, caixas de multibanco, reservas de viagens ou hotel on-line, Cartões de Crédito." (Wikipédia).
Processamento de Transações Online (OLTP)	Online Transaction Processing (OLTP)	"Conjunto de atividades inter-relacionadas ou interativas que transforma insumos (entradas) em produtos (saídas)." (ISO 9000:2005).
Processo	Process	Refere-se à propriedade da conta de acesso a um sistema, aplicação, rede, enfim, a uma infraestrutura de TI.
Propriedade da conta	Account ownership	Dono dos dados: quem tem poder de decisão sobre autorizações para tratamento e manutenção dos dados, assim como sobre a definição dos acessos aos dados.
Proprietário dos dados	Data owner	É um conjunto de normas que governam a sincronização da comunicação dos computadores em uma rede. Ou seja, é uma lista de regras e métodos para guiar a comunicação entre computadores.
Protocolo	Protocol	É o nome de um protocolo TCP/IP que oferece serviços de configuração dinâmica em redes.

Protocolo de Configuração de Host Dinâmico (DHCP)	Dynamic Host Configuration Protocol(DHCP)	É o nome de um protocolo TCP/IP que oferece serviços de configuração dinâmica em redes.
Protocolo de integridade de chave temporal (TKIP)	Temporal Key Integrity Protocol (TKIP)	Protocolo com algoritmo de criptografia, baseado em chaves que se alteram a cada novo envio de pacote. Usado pelo WPA para encriptação da mensagem transmitida.
Protocolo de Internet (IP) - IPv4 - IPv6	Internet protocol (IP) - IPv4 - IPv6	O IP versão 4, ou IPv4, tem um espaço de endereço de 32 bits, e tem mais de 4 bilhões de endereços. Por não ter segurança embutida, é preciso que o IPsec, que é o protocolo de segurança, seja adicionado. Já o IP versão 6, ou IPv6, tem um espaço de endereço de 128 bits, e tem mais de 6 vezes 10 elevado a 23 endereços por metro quadrado de superfície terrestre! E o IPsec faz parte da especificação, portanto é uma versão além de mais potente, mais segura.
Protocolo de Resolução de Endereços	Address Resolution Protocol (ARP)	Protocolo usado para converter endereços da camada de rede em endereços para camada de enlace/link.
Protocolo de status de certificado on-line (OCSP)	Online Certificate Status Protocol (OCSP)	"O protocolo de status de certificado online (do inglês Online Certificate Status Protocol - OCSP) é um protocolo de Internet usado para obter o status de revogação de um certificado digital X.509." (Wikipédia).
Protocolo de transferência de arquivos (FTP)	File Transfer Protocol (FTP)	FTP é a sigla de File Transfer Protocol, em português: Protocolo de transferência de arquivos. Como o nome sugere, é a conexão que permite a transferência de arquivos entre computadores nas redes de internet.

Protocolos de segurança	Security protocols	Usam a criptografia como mecanismo para garantir que dados sejam transportados pelas redes de forma segura, com integridade e confidencialidade.
Prova de Conceito (PoC)	Proof of Concept (PoC)	É um termo utilizado para denominar um modelo prático que possa provar o conceito (teórico) estabelecido por uma pesquisa ou artigo técnico. A PoC é considerada habitualmente um passo importante no processo de criação de um protótipo realmente operativo. Tanto na segurança de computadores como na criptografia a prova de conceito é uma demonstração de que um sistema está, em princípio, protegido sem a necessidade da sua construção já seja operacional.
Prova de origem	Proof of origin	A prova de origem da mensagem é feita através da assinatura digital, porém apesar de provar sua autenticidade não garante sua confidencialidade.
Proxy (firewall / servidor)	Proxy (firewall / server)	O proxy nos permite essa solução tão prática, camuflando o endereço de onde estamos acessando a internet, funcionando como se fosse um representante do seu ID. Ou seja, usar um proxy é como se você assinasse uma procuração permitindo que ele te represente. Assim, você pode acessar sites na China fingindo que está no Brasil. A questão é que um servidor proxy pode ocasionar vulnerabilidades nesse trânsito de informação entre o seu computador e a internet. E ai a importância do firewall, uma verdadeira "parede de fogo" para impedir pacotes de redes não confiáveis, permitindo assim que o servidor proxy atue com mais segurança em seu tráfego de dados.

Quadro	Frame	Unidade da camada de link de dados.
RAID	RAID	Sigla de: Redundant Array of Independent Disks, em português: Conjunto Redundante de Discos Independentes, que é um mecanismo de otimização de desempenho e segurança dos discos rígidos de um PC, usando HDs extras.
RC4, RC5, RC6	RC4, RC5, RC6	São algoritmos de criptografia simétrica; A RC4 é uma cifra de fluxo de chave de tamanho variável, com operações orientadas a bytes, usada para fornecer sockets seguros em conexão de camada (SSL). A RC4 foi produzida pela RSA Security. Já o RC5 é um algoritmo parametrizado que implementa blocos de 32/ 64/128 bits, tamanho de chave variável e um número variável de rodadas. E o
Reação	Reaction	RC6 usa o RC5 adicionando uma multiplicação inteira, implementando os quatro registradores de trabalho de 4 bits em vez dos dois registradores de 2 bits do RC5. Refere-se à reação a situações de risco como parte de estratégias de defesa.
Reconhecimento	Reconnaissance	Reconhecimento é o primeiro passo de um compromisso de serviço Teste de Invasão independentemente se você está verificando a informação conhecida ou buscando nova inteligência em um alvo. Reconhecimento começa por definir o ambiente de destino com base no escopo do trabalho. Reconhecimento é a identificação do alvo.
Reconhecimento de voz	Voice recognition	Usada como ferramenta no processo de autenticação biométrica para controle de acesso.

Recuperação	Recovery	Refere-se à recuperação de dados, de arquivos; recuperação de um sistema após eventos que causaram danos.
Recuperação de dados	Data retrieval	Deve ser usada quando se quer que a mídia descartada esteja disponível em armazenamento alternativo para possível acesso ou leitura dos dados através de novos equipamentos. Nesse caso, é preciso tomar muito cuidado para garantir que o backup de todos os dados foi feito de forma adequada.
Rede de longa distância (WAN)	Wide Area Network (WAN)	Rede externa, internet.
Rede local (LAN)	Local Area Network (LAN)	Interliga dois ou mais computadores em um mesmo espaço físico, possibilitando o compartilhamento de dados e programas entre eles, com segurança e eficiência.
Redundância	Redundancy	É ter mais de um fornecedor para diminuir os riscos de inoperância e falhas que podem comprometer a rede, as conexões e toda comunicação e negócios envolvidos. É uma forma de reunir todos os meios possíveis (de forma redundante!) para garantir a disponibilidade em alto nível do sistema, da rede de computadores e de todo ambiente de TI.

Registro Regional da Internet (RIR)	Regional Internet Registry (RIR)	A atribuição e o registro de recursos como endereços IP e numeração de sistemas autônomos precisam ser supervisionados. E é para isso que existe o RIR, Registro Regional da Internet, que é uma organização que atua de forma subdividida em cinco regiões do mundo, ou seja, são cinco RIRs: uma na América do Norte e em algumas partes do Caribe; outra na Europa, Oriente Médio e na Ásia Central; outra na Ásia e no Pacífico; uma aqui na américa Latina, cobrindo também partes do Caribe; e mais outra na África.
Relatórios de log	Log reports	O relatório de log fornece informações detalhadas de auditoria de eventos em um formato que minimiza o impacto do relatório nos recursos do sistema.
Requisição de Mudança (RfC)	Request for Change (RfC)	Documento de solicitação de mudança que faz parte do processo padrão de Gerenciamento de Mudanças que todo negócio de TI deve ter para garantir que as mudanças aconteçam com o devido controle e registro de documentação.
Requisição de Proposta (RfP)	Request for Proposal (RfP)	Documento de requisição, sendo que este é para solicitar aquisição de algum serviço, produto, ou ativo valioso. É feito por empresas, através de processo de licitação, para fornecedores em geral que possam estar capacitados e tenham interesse de enviar suas propostas.
Resposta ao incidente	Incident response	As equipes de resposta a incidentes (IRTs) trabalham para reconhecer e tratar os incidentes, minimizando danos, e preservando as evidências para ações posteriores.

Restaurar	Restore	Refere-se à restauração de sistemas e aplicações.
Retenção de dados	Data retention	A política, os padrões, as diretrizes e os procedimentos de uso e segurança precisam estar alinhados às necessidades de armazenamento e retenção digital. A Lei Geral de Proteção de Dados Pessoais (LPDP) oficializa essa necessidade de uma política efetiva de retenção de dados.
Retransmissão de email	Mail relay	Sob a ótica da segurança cibernética, vale reforçar que programar a retransmissão de e-mails pelo servidor é uma forma de prevenir spoofing, que é uma técnica black hat que forja o cabeçalho do e-mail fingindo o remetente para fins maliciosos.
Reutilização	Reusability	Dados públicos, em formato aberto, após publicados, podem ser acessados, conhecidos, implementados e reutilizados, independente da finalidade, por qualquer pessoa ou instituição, para compor novos conteúdos, reduzindo problemas de incompatibilidade técnica. A sanitização na mídia elimina permanentemente os dados, seja em HDs, pendrives, banco de dados ou em dispositivos que tenham dados de informações, impedindo assim a recuperação desses dados para que não possam ser reutilizados.
Revisão de código	Code review	Refere-se ao controle de segurança em relação a atualização dos códigos internos dos softwares (fonte e objeto), que precisam ser revisados a cada atualização antes de terem as versões viradas no sistema de produção.
Rijndael	Rijndael	Família de cifras com chaves e tamanhos de bloco diferentes.

Rootkit	Rootkit	Malwares que modificam ou substituem um ou mais programas, cumprindo vestígios de ataques. Geralmente modificam partes do sistema operacional para ocultar os próprios rastros. Podem atuar desde a inicialização do computador até as aplicações do DOS.
ROT13	ROT13	Tipo de cifra de César usada mais para e-mails no combate a spams; é aplicável somente aos caracteres alfabéticos ingleses, com passo 13, por isso "ROT13".
Roteador de borda	Boundary router	Equipamento responsável pelo tráfego de dados na internet, mais especificamente o encaminhamento de dados.
Roteamento alternativo	Alternative routing	É a busca por rotas alternativas na rede, quando a rota direta fica indisponível.
Roteamento de origem	Source routing	Onde é iniciado o roteamento do tráfego na camada de rede.
Roteamento diverso	Diverse routing	Uma prática de rotear diversos circuitos para possibilitar que vários serviços digitais da rede possam ser distribuídos fisicamente por caminhos diferentes.
Roubo de identidade	Identity theft	Tipo de ataque em que o cracker rouba a identidade do usuário para fingir ser ele e praticar hacking.
Roubo de informações	Information theft	Tipo de ataque em que o cracker rouba informações de um usuário e/ou de um sistema/servidor para fins maliciosos.

RSA	RSA	" Um dos primeiros sistemas de criptografia de chave pública e é amplamente utilizado para transmissão segura de dados. Neste sistema de criptografia, a chave de encriptação é pública e é diferente da chave de decriptação que é secreta (privada). " (Wikipédia).
S/MIME / Secure/	Multipurpose Internet Mail Extensions (S/MIME)	Protocolo que opera na camada de aplicação, criptografando de forma assimétrica as mensagens dos e-mails, possibilitando também a assinatura digital para atestar a legitimidade do remetente.
SAFER (Rotina de Criptografia Segura e Rápida)	SAFER (Secure And Fast Encryption Routine)	Família de cifragem em blocos de 64 bits, por isso também é conhecido como SAFER SK-64. Considerado um código fraco, por isso houve a necessidade de desenvolvimento de novas versões com diferentes tamanhos de chave, como a SK-40, SK-64 e a SK-128 bits.
Salting	Salting	Usado para diferenciar duas senhas idênticas, adicionando um salt, que é um dado aleatório na entrada adicional, para tornar o cracking offline mais difícil.
SAML	Security Assertion Markup Language (SAML)	SSO de conta corporativa; pode compor uma página corporativa de acesso a funcionários, por exemplo.
SAN	Storage Area Network (SAN)	Sigla de Storage Area Network. Rede que possibilita a conexão de vários dispositivos de armazenamento, por isso permite muitos caminhos disponíveis para os tráfegos de dados de um ponto a outro.
Sandbox	Sandbox	Camada de segurança usada para teste, execução e bloqueio de programas/códigos maliciosos de forma preventiva, antes que consigam afetar a aplicação/sistema/rede.

Sanitização de entrada	Input sanitization	Refere-se ao processo de eliminação permanente de dados de entrada.
Sanitização de mídia	Media sanitization	Processo de eliminação permanente de dados, seja em HDs, pendrives ou do dispositivo que tenha dados de informações, impedindo assim a recuperação dessas informações.
Script kiddie	Script kiddie	Os script kiddies são vândalos usando ferramentas e scripts escritos por terceiros, como se fossem livros de receitas que seguem sem nem entender o que estão fazendo. São crackers inexperientes, com pouca ou nenhuma habilidade, que não têm conhecimento de programação para escrever exploits (que são os mecanismos elaborados pelos hackers para explorar defeitos e vulnerabilidades). Os script kiddies procuram alvos fáceis e tem como objetivo em seus ataques ganhar fama, dinheiro, ganhos pessoais.
Scripts Cruzados entre Sites (XSS)	Cross-Site Scripting (XSS)	É um tipo de vulnerabilidade do sistema de segurança de um computador, encontrado normalmente em aplicações web que ativam ataques maliciosos ao injetarem client-side script dentro das páginas web vistas por outros usuários.
Secure Socket Layer (SSL)	Secure Socket Layer (SSL)	Camada de Soquetes Seguros, que é mais um protocolo de segurança bem conhecido de quem é do ramo de Cyber Security. Opera fornecendo privacidade e integridade aos dados, através da autenticação dos envolvidos no processo de comunicação nas redes de internet. Quando uma URL inicia com 'https', esse 's' no final significa que o SSL está sendo usado e o site é seguro; mas se não tiver o 's', for só o 'http' é melhor ficar atento e checar a confiabilidade.

Security information and event management (SIEM)	Security information and event management (SIEM)	Ferramenta que fornece relatórios e alertas de incidentes e eventos de atividades maliciosas e tentativas de login mal sucedidas.
Segmentação de rede	Network segmentation	Segmentar a rede é uma solução estratégica de segurança cibernética, que permite filtrar e restringir, por exemplo, o acesso a áreas e dados importantes de acordo com o cargo e função dos funcionários de uma empresa. Por isso, segmentar uma rede, dividi-la em porções, é possibilitar essa estratégia de segurança escalonada.
Segredo	Secrecy	O segredo das chaves é um dos componentes que fortalece um sistema criptográfico e, como consequência, a segurança da mensagem.
Segurança ambiental	Environmental security	Refere-se ao controle de segurança do ambiente físico.
Segurança como serviço (SECaaS)	Security as a Service (SECaaS)	"O SECaaS, oferece serviços de segurança para uso corporativo. A empresa cliente contrata uma assinatura de pacote de serviços de desenvolvimento e manutenção da estratégia de segurança cibernética a um provedor de nuvem terceirizado. O provedor integra os serviços à infraestrutura de TI da empresa cliente. As soluções podem ser entregues de forma local ou remota. E as ofertas são fornecidas sob demanda, o que beneficia a relação custo X benefício."
Segurança da Web	Web security	Refere-se ao controle e medidas de proteção das redes Web/Internet.

Segurança de aplicativos	Application security	"A construção de um software deve estar intrinsicamente ligada a uma política de segurança que garanta a conformidade com os regulamentos, incluindo a privacidade, integridade dos dados e processos do sistema. E, independe do modelo de desenvolvimento, é imprescindível se certificar de que o aplicativo executa adequadamente as tarefas de: • Verificar a autenticação do usuário para o aplicativo; • Verificar a autorização do usuário (o nível de privilégio); • Se possui verificações de edição, verificações de intervalo, verificações de validade e outros controles semelhantes para evitar a contaminação de bancos de dados ou dados de produção; • Se possui procedimentos para recuperar a integridade do banco de dados em caso de falha do sistema."
Segurança física	Physical security	Refere-se ao controle de segurança dos elementos físicos de uma infraestrutura de TI.
SELECT	SELECT	É uma declaração SQL que retorna um conjunto de resultados de registros de uma ou mais tabelas. Ela recupera zero ou mais linhas de uma ou mais tabelas-base, tabelas temporárias ou visões em um banco de dados.
Sem correção	Unpatched	Refere-se a falhas detectadas durante o processo de desenvolvimento de um sistema/software que não tem como corrigi-las.
Senhas criptografadas	Encrypted passwords	São senhas codificadas pelo método da criptografia.

Sensibilidade	Sensitivity	Refere-se à sensibilidade de dados que podem fornecer informações pessoais importantes, que revelem opiniões políticas, convicções religiosas, filosóficas etc.
Separação de funções (SoD)	Separation of duties (SoD)	O princípio de Segregação de Deveres, ou Separação de Deveres, em inglês: Segregation of Duties, SoD, propõe que cada função dentro de um processo seja realizada de maneira independente, ou seja, dentro de um projeto, por exemplo, ninguém terá permissão de acesso a todas as fases e áreas, tendo pessoas específicas para cada dever, para cada tarefa, para cada função. Dessa forma é possível evitar monopólio de controle, reduzindo oportunidades de modificação, uso indevido, não autorizado, aumentando a eficácia dos controles de segurança.
Sequestro de Autenticação	Authentication hijacking	Quando um invasor consegue violar uma autenticação e assume o controle de uma conta para atuar fingindo ser o proprietário dessa conta.
Sequestro de sessão	Session Hijacking	É a exploração de uma sessão de computador válida, as vezes também chamada de uma chave de sessão - para obter acesso não autorizado a informações ou serviços em um sistema de computador.
Sequestro de sessão	Session hijacking	Sabendo que sessão é o espaço de tempo que um cliente e servidor ficam conectados, e devidamente autenticados, o sequestro acontece quando um hacker invade essa sessão e consegue se infiltrar para monitorar e atacar, muitas vezes de forma silenciosa. É, portanto, literalmente, um sequestro de sessão.

Serviços de diretório	Directory services	Funcionam dando suporte aos requisitos de mensagens eletrônicas entre operadoras, assim como de pesquisas de nome de rede.
Serviços de Informações da Internet (IIS)	Internet Information Services (IIS)	Serviços de software que a Microsoft oferece como suporte para: criação, configuração, gerenciamento, entre outras funções de website. Exemplo: File Transfer Protocol (FTP), Simple Mail Transfer Protocol (SMTP) e Network News Transfer Protocol (NNTP).
Serviços web	Web services	"Solução utilizada na integração de sistemas e na comunicação entre aplicações diferentes. Com esta tecnologia é possível que novas aplicações possam interagir com aquelas que já existem e que sistemas desenvolvidos em plataformas diferentes sejam compatíveis. Os Web Services são componentes que permitem às aplicações enviar e receber dados. Cada aplicação pode ter a sua própria "linguagem", que é traduzida para uma linguagem universal, um formato intermediário como XML, Json, CSV etc." (Wikipédia).
Servidor de aplicação	Application server	Também conhecidos por middleware. Disponibiliza ambiente para instalação e execução de aplicações, centralizando e dispensando a instalação em computadores clientes.
Servidor de arquivos	File server	Computador que é conectado a uma rede para armazenar arquivos de forma compartilhada.
Servidor de autenticação	Authentication server	Atua enviando tokens que servem para autenticar o usuário.
Servidor de banco de dados	Database server	Equipamentos/aplicações usados para armazenar e gerenciar dados de forma estruturada em um sistema operacional.

Servidor de e-mail	Mail server	Servidor que hospeda e armazena e-mails. São responsáveis pelo direcionamento de um e-mail do remetente até seu destinatário. Para isso, utilizam protocolos de e-mails.
Servidor de impressão	Print server	"Computador de alta potência que oferece suporte para uso de impressora compartilhada dentro de um departamento."
Servidor FTP	FTP server	Um servidor que fornece, através de uma rede de computadores, um serviço de acesso para usuários a um disco rigido ou servidor de arquivos através do protocolo de transferência de arquivos: File Transfer Protocol.
Servidor SQL	SQL server	É um tipo de Sistema Gerenciador de Banco de Dados (SGDB), desenvolvido e mantido pela Microsoft: uma coleção de software que possibilita a definição, armazenamento, modificação, administração e recuperação de informações de um banco de dados.
Servidor SSH	SSH server	Em informática o SSH (Secure Shell) é, ao mesmo tempo, um programa de computador e um protocolo de rede que permitem a conexão com outro computador na rede de forma a permitir execução de comandos de uma unidade remota. O SSH faz parte da suite de protocolos TCP/IP que torna segura a administração remota de servidores do tipo Unix. O SSH possui as mesmas funcionalidades do TELNET, com a vantagem da criptografia na conexão entre o cliente e o servidor.

Shell	Shell	O termo técnico SHELL , em computação, é considerado genericamente a camada externa entre o usuário e o kernel (núcleo) de um sistema operacional. O termo Shell é mais usualmente utilizado para se referir aos programas de sistemas do tipo Unix que podem ser utilizados como meio de interação entre interface de usuário para o acesso a serviços do kernel no sistema operacional.
Shell seguro (SSH)	Secure Shell	Protocolo criptográfico que opera serviços de rede na plataforma cliente-servidor, com segurança, em uma rede insegura. O login remoto é o exemplo mais característico da função do SSH.
Shells connect Bind & Back (Reverse)	Shells connect Bind & Back (Reverse)	É um método de administração remota; pode vincular um aplicativo a uma porta TCP / UDP e qualquer máquina que se conecta a essa será apresentada a aplicação binded com os mesmos privilégios desse usuário. Através de "Netcat" que redireciona a entrada padrão, saída e erro para o porto em vez do console padrão.
Silverlight	Silverlight	"Tecnologia da Microsoft que concorre diretamente com Flash Player, da Adobe, permite que desenvolvedores criem aplicações interativas para web, como vídeos e jogos. " (Microsoft).
Single sign-on (SSO)	Single sign-on (SSO)	Single sign-on (SSO), em português: Login único. É uma espécie de chave mestra para acessar vários sistemas; um logon unificado para um usuário ao acessar mais de um sistema. Em nosso dia-a-dia podemos identificar o SSO naquelas opções de: "entrar com o Facebook" ou "entrar com o Google".

Sistema de computador	Computer systems	Conjunto usado em todos os HDs, SSDs e chips de memória flash. O NTFS é um sistema considerado dos mais seguros, com criptografia e recursos de recuperação de erros no disco.
Sistema de criptografia	Crypto system	"Conjunto de dispositivos eletrônicos (hardware) capazes de processar informações de acordo com um programa (software). Um sistema computacional (ou baseado em computador) é aquele que automatiza ou apoia a realização de atividades humanas através do processamento de informações." (Wikipédia).
Sistema de detecção de intrusão baseado em host (HIDS)	Host-based intrusion detection system (HIDS)	Quando construímos um processo que criptografa e descriptografa algum dado ou um conjunto de dados, temos um SISTEMA CRIPTOGRÁFICO ou CRIPTOSSISTEMA.
Sistema de gerenciamento de banco de dados (DBMS)	Data Base Management System (DBMS)	Sistema instalado em um servidor para alertar e identificar tentativas de acesso não autorizados/ataques.
Sistema de nomes de domínio (DNS)	Domain Name System (DNS)	SISTEMA DE GERENCIAMENTO DE BANCO DE DADOS (SGBD), em inglês: RELATIONAL DATABASE MANAGEMENT SYSTEM (DBMS) - Coleção de software que possibilita a definição, armazenamento, modificação, administração e recuperação de informações de um banco de dados.
Sistema de Nomes de Domínios (DNS)	Domain Name System (DNS)	DNS é a sigla de Domain Name System, ou sistema de nomes de domínios, que são os responsáveis por localizar e traduzir para números IP os endereços dos sites digitados nos navegadores.

Sistema de Prevenção de Intrusões (IPS)	Intrusion Prevention System (IPS)	Um IPS pode fazer a mesma coisa que um IDS, mas, por ser ativo, além de monitorar, pode ser configurado para tomar decisões automáticas, como bloquear fluxos de dados de IP identificados como maliciosos. Os IPSs também podem ser programados para: encerrar a sessão de comunicação real, filtrar pelos endereços IP de origem, e bloquear o acesso ao host de destino.
Sistema em Chip (SOC)	System on Chip (SOC)	São os componentes do computador, do sistema, tudo em um chip, em um circuito integrado.
Sistema para Gerenciamento de Identidade entre Domínios (SCIM)	System for Cross-domain Identity Management (SCIM)	"O sistema para SCIM (gerenciamento de identidade entre domínios) é um protocolo padrão aberto para automatizar a troca de informações de identidade do usuário entre domínios de identidade e sistemas de TI." (Microsoft).
Sistemas de alta disponibilidade	High-availability syste	"Sistema informático resistente a falhas de hardware, software e energia, cujo objetivo é manter os serviços disponibilizados o máximo de tempo possível." (Wikipédia).
Smartcard	Smartcard	Tecnologia que armazena grande número de dados; pode ser usado em diversas funções, desde como cartão de acesso à entrada, tipo uma chave de segurança, até como cartão de pagamento. No processo de autenticação, atua como um cartão inteligente: é o tipo de autenticação por propriedade, de algo que o usuário possui para autenticar o acesso dele a algum ambiente.

SMTP	SMTP	Sigla de Simple Mail Transfer Protocol, em português: Protocolo de transferência de Correio Simples, que é o protocolo para envio de e-mails de um computador para outro via internet.
SNMP	Simple Network Management Protocol	Os sistemas baseados em assinatura conseguem detectar possíveis ataques pela análise de assinatura de ataques já conhecidos.
SO (sistema operacional) em camadas	Layered OS	Refere-se ao modelo de arquitetura N-tier (multicamadas), no qual a apresentação, o processamento do aplicativo e o gerenciamento de dados são processos logicamente separados.
Software antivirus	Antivirus software	"Software que detecta, impede e atua na remoção de programas de software maliciosos, como vírus e worms." (Wikipédia).
Software como serviço (SaaS)	Software as a Service (SaaS)	SaaS, Software como um serviço, possibilita o uso pessoal e o uso organizacional. No uso pessoal, os usuários acessam os aplicativos dispostos na nuvem via navegador web, de qualquer dispositivo que estejam utilizando, desde que conectados à internet, lógico. O exemplo mais comum de usabilidade são os e-mails que estamos acostumados a acessar na rede, como o Gmail, Hotmail, Yahoo, entre outros.

Software geográfico	Geographic software	Os softwares geográficos são sistemas de informação geográfica (SIG), também conhecidos como GIS (Geographic Information System): ferramenta que possibilita o estudo do espaço natural, permitindo análises e representações do ambiente e seus respectivos fenômenos. Você pode acessar a lista de softwares SIGs em: https://pt.wikipedia.org/wiki/Lista _de_softwares_SIG
Sondagem ativa	Active probing	O sistema envia, ativamente, pacotes de sondagem pela rede.
Spoofing	Spoofing	Ato de forjar pacotes de dados.
SQL	Structured Query Language (SQL)	Modelo relacional de banco de dados, que classifica os dados de forma estruturada, em tabelas.
SQL injection	SQL injection	É um tipo de ameaça de segurança que se aproveita de falhas em sistemas que interagem com bases de dados via SQL. A injeção de SQL ocorre quando o atacante consegue inserir uma série de instruções SQL dentro de uma consulta (query) através da manipulação das entradas de dados de uma aplicação.
SQL- MySQL	SQL- MySQL	É um sistema de gerenciamento de banco de dados (SGBD), que utiliza a linguagem SQL (Linguagem de Consulta Estruturada, do inglês Structured Query Language) como interface.
Sqlmap	Sqlmap	É uma ferramenta de teste de invasão de código aberto que automatiza o processo de detecção e exploração de falhas de injeção SQL.
SSD	SSD	"Também conhecido como Solid-State Drive, um SSD é uma tecnologia de armazenamento, sendo a evolução do HD (Disco Rígido)." (Kabum).

SSID	SSID	"Sigla de Service Set Identifier, em português: Identificador do conjunto de serviço, que é uma denominação de uma rede local, uma LAN ou sem fio.
*STRIDE • Falsificação de identidade • Adulteração de dados • Repúdio • Divulgação de informações • Negação de serviço • Elevação de privilégio	*STRIDE • Spoofing identity • Tampering with data • Repudiation • Information disclosure • Denial of Service • Elevation of privilege"	"Abordagem técnica de modelagem de ameaça da Microsoft (Spoofing, Tampering, Repudiation, Information Disclosure, Denial of Service and Elevation of Privilege). O STRIDE é centrado no sistema, diferente de outros tipos de modelagem que são centrados no risco, como o PASTA(Process for Attack Simulation and Threat Analysis), por exemplo.
Striping	Striping	Também chamado de RAID 0 - Tipo de arranjo que, ao ser definido, o sistema entende que a gravação e a leitura dos dados devem usar todos os discos rígidos disponíveis. O gargalo de segurança nesse arranjo é que uma falha em qualquer um dos discos compromete todos os dados armazenados.
Sub-rede	Subnet	Uma subdivisão (lógica) de uma rede IP.
Sub-rede filtrada	Screened subnet	Uma subdivisão (lógica) de uma rede IP que serve como um tipo de filtro ou bloqueio entre uma rede privada, a LAN de uma empresa, por exemplo, e a internet. É uma área menos segura, por isso também chamada de zona desmilitarizada (DMZ).
Suíte Office	Office suits	"Conjunto integrado de aplicativos voltados para as tarefas de escritório, tais como editores de texto, editores de planilhas, editores de apresentação, aplicativos, agenda de compromissos, contatos, entre outros. Visam a dinamizar as tarefas do dia-a-dia de um escritório." (Wikipédia).

Sun	Sun	Sun Microsystems, subsidiária da Oracle. As primeiras versões (baseadas no código do BSD) do Solaris (Sistema Operacional UNIX) foram chamadas SunOS, tendo o seu nome alterado para Solaris 2 quando passou a ser baseado no System V.
Supercomputador	Supercomputer	Computador com maior capacidade de processamento de dados e memória.
Suporte remoto	Remote support	Atendimento de suporte de TI de forma virtual, remota.
Switch	Switch	O equipamento central que conecta os outros computadores em uma rede.
Tablet	Tablet	Hardware que atua em uma infraestrutura de TI armazenando dados. Pode ser interno (dentro de tablets, smartphone, desktops, laptops etc.) ou externo (HDs externos, pendrives, cartões de memória etc.).
Taxa de erro cruzada	Cross-over error rate	Problema que pode acontecer com autenticações biométricas, quando ocorrem erros ao cruzar as informações de características biométricas no processo de autenticação para acesso.
TCP/IP	TCP/IP	"É um conjunto de protocolos que opera tanto na rede quanto no transporte nas camadas do modelo de referência OSI. TCP - É a sigla de: Transmission Control Protocol, em português: Protocolo de Controle de Transmissão; uma camada de transporte, que serve para transportar arquivos recebidos da camada anterior. É onde acontece a organização e a transformação dos arquivos em pacotes menores para serem enviados à rede. IP - É a sigla de: Internet Protocol, em português: Protocolo de Internet.

		É um protocolo de camada de rede, onde os arquivos que chegam empacotados da camada anterior são recebidos e anexados ao IP da máquina, para então serem enviados pela rede através da camada seguinte."
TCPdump	TCPdump	É uma ferramenta utilizada para monitorar os pacotes trafegados numa rede de computadores. Ela mostra os cabeçalhos dos pacotes que passam pela interface de rede.
Telas não supervisionadas	Unattended screens	Refere-se ao supervisionamento de telas de dispositivos em acessos remotos por sistemas de detecção e suportes de TI.
TEMPEST	TEMPEST	"TEMPEST (Telecommunications Electronics Materials Protected from Emanating Spurious Transmissions, em português Materiais Eletrônicos para Telecomunicações Protegidos Contra Emanações de Transmissões Espúrias) é uma especificação da Agência de Segurança Nacional (National Security Agency - NSA) dos EUA e uma certificação da OTAN[2]] que se refere à espionagem de sistemas de informação por meio de vazamentos de emanações, incluindo sinais elétricos ou de rádio, sons e vibrações não intencionais." (Wikipédia).
Terceiro Confiável	Trusted Third Party	Refere-se a uma terceira pessoa ou entidade de confiança e reputação para atuar como uma Autoridade de Certificação (AC).
Testando	Testing	Faz referência à fase de teste no ciclo de vida de desenvolvimento dos softwares e sistemas, em que são checadas e detectadas possíveis falhas e vulnerabilidades para devidas correções.

Teste de Invasão	Penetration test	Teste de Invasão, ou pentest, é uma técnica utilizada para testar softwares desenvolvidos para proteção de dados de servidores e sistemas, antes que estes sejam entregues nas mãos dos clientes solicitantes, aumentando assim a possibilidade de eficiência no objetivo proposto.
Teste de invasão	Penetration test	É um mecanismo de prevenção da segurança cibernética. Os testes são feitos para checar as vulnerabilidades, os riscos de uma invasão ao sistema, à rede, ao host, enfim. São os famosos "hackers brancos (White hat)" que geralmente são contratados para realizar esses testes, que estão sendo cada vez mais requisitados por empresas de todos os portes.
Testes black box	Black box testing	É um teste de software para verificar a saída dos dados usando entradas de vários tipos. Tais entradas não são escolhidas conforme a estrutura do programa.
Testes de aceitação do usuário	User acceptance testing	São os testes finais, antes que a implementação do software seja feita; checa se o software está de fato pronto e se já pode ser utilizado pelos usuários.
Testes white box	White box testing	Garantem que os softwares e os programas sejam estruturalmente sólidos e que funcionem no contexto técnico onde serão instalados
Texto cifrado	Ciphertext	É um texto criptografado; Informação codificada, incompreensível para quem não deve acessá-la.
Texto claro	Cleartext	Também chamado de texto simples (plaintext) - É um texto sem criptografia; quando a mensagem não está codificada, compreensível para todos que consigam acessá-la.

Texto simples	Plaintext	Texto não criptografado; cleartext.
Thin client	Thin client	Funciona como um terminal burro, aproveitando os recursos do computador ao qual está ligado, a fim de diminuir o tempo ocioso do PC e, assim, otimizar seu funcionamento. Na prática, atua como um mini PC, mas sem estrutura interna, HD, processador e memória (não como os convencionais).
TLS	Transport Layer Security (TLS)	Sigla de Transport Layer Security. O TLS é uma evolução do Secure Sockets Layer, portanto, também é um protocolo que opera fornecendo privacidade e integridade aos dados, através da autenticação dos envolvidos no processo de comunicação nas redes de internet.
Tokens de segurança	Security tokens	Sistema gerador de senhas que serve para autenticar usuários, garantindo a segurança e evitando fraudes.
Topologia em estrela	Star topology	Link de conexão de nós em estrela. A escalada é mais fácil. Os nós, por se ligarem ao switch, no centro, e terem todos seus dados transitando por ele, ficam mais suscetíveis. É um ponto único de falha, deixando um gargalo na rede para vulnerabilidades. Porém é uma configuração mais em conta e, por isso, bastante utilizada.
Tor	Tor	Sigla de Storage Area Network. Rede que possibilita a conexão de vários dispositivos de armazenamento, por isso permite muitos caminhos disponíveis para os tráfegos de dados de um ponto a outro.

Tradução do Endereço da Rede (NAT)	Network address translation	Também conhecido por "masquerading"; uma técnica que reescreve os endereços IP, usando uma tabela hash, passando por um roteador ou um firewall, possibilitando o acesso de um computador de rede interna a uma rede externa. O NAT traduz um endereço privado em um endereço público.
Tráfego de saída	Outbound traffic	Direciona os pacotes que foram originados na máquina para seu local de destino.
Transferência Eletrônica de Fundos (TEF)	Electronic Fund Transfer (EFT)	Transação financeira eletrônica para compra com cartão de crédito ou de débito.
Trojan	Trojan	Também chamado de cavalo de troia, é um malware disfarçado de programa útil. Parecem programas que executam tarefas úteis, mas, escondem códigos maliciosos. Uma vez acionados, já em execução, o usuário, sem saber, vai permitindo e autorizando as instruções de ataque programadas e disfarçadas.
Tshark	Tshark	É um protocolo de rede analisando utilitário distribuído com o Wireshark. Tshark, juntamente com todos os outros softwares Wireshark é uma aplicação gratuita e de código aberto que pode ser usado ou modificado por qualquer pessoa.
UDP	User Datagram Protocol (UDP)	"Sigla de User Datagram Protocol. É um protocolo considerado não confiável, que atua na camada de transportes, possibilitando que a aplicação envie datagramas encapsulados, em pacotes IPv4 e IPv6. Mas o grande problema com esse protocolo é que ele não garante que o pacote seja entregue de forma correta."

Última milha	Last mile	Refere-se à infraestrutura de uma rede, o ponto que liga a internet, o provedor, e o usuário. Você já deve ter escutado alguma vez quando o acesso à internet fica comprometido, seja por interligar pontos que são muito distantes um do outro, ou por questões de desenvolvimento da infraestrutura mesmo, enfim, são "problemas de última milha".
Único fator	Single-factor	Refere-se a autenticação de logon único (SAM), com apenas uma camada de segurança.
UNION	UNION	Combina os resultados de duas ou mais consultas em um único conjunto de resultados, que inclui todas as linhas pertencentes a todas as consultas da união. A operação UNION é diferente de usar junções que combinam colunas de duas tabelas.
Unix	Unix	"Sistema operativo portável, multitarefa e multiutilizador originalmente criado por Ken Thompson, Dennis Ritchie, entre outros, que trabalhavam nos Laboratórios Bell da AT&T. A marca UNIX é uma propriedade do The Open Group, uma companhia formada por empresas de informática." (Wikipédia).
Valor de hash	Hash value	O valor retornado por uma função hash é chamado de valor hash, ou código hash, soma hash (hash sum), checksum ou somente hash. Um grande exemplo de valor hash é a composição de uma assinatura digital, que comprova a integridade e autenticidade de uma informação, permitindo saber ao certo se de fato foi feita por quem diz ter feito e se não foi alterada.

Vandalismo	Vandalism	Ações desenvolvidas por crackers inexperientes, chamados de script kiddies; hackers com pouca ou nenhuma habilidade, que não têm conhecimento de programação para escrever exploits e que procuram alvos fáceis e tem como objetivo em seus ataques ganhar fama, dinheiro, ganhos pessoais.
Varredura	Scanning	Fase do pentest em que o invasor busca informações mais detalhadas sobre o alvo, que possam permitir definir seus vetores de ataque e enxergar as possibilidades que podem permitir ganhar acesso ao sistema, através da exploração de alguma falha encontrada.
Varredura	Sniffing	Mecanismo que tenta descobrir computadores ativos e portas em uso em uma rede. Pode ser feita via scanners ou manualmente.
Varredura da íris	Iris scanning	Tipo de técnica biométrica usada no processo de gerenciamento, de checagem e autenticação da identidade.
Varredura de portas	Port scanning	Ou "port scanning" em inglês, como também é conhecida essa técnica, é a checagem do estado de portas em uma rede; faz o mapeamento dos serviços ativos do computador ou da rede, e tanto pode ser usado como medida de segurança, pelo administrador, como pode ser usado por um hacker para encontrar vulnerabilidades.
Varredura de retina	Retina scanning	Tipo de técnica biométrica usada no processo de gerenciamento, de checagem e autenticação da identidade.
Varredura SYN	SYN scan	Técnica de varredura semiaberta, porque não é feita uma conexão TCP completa. Em vez disso, um pacote SYN é enviado a porta-alvo.

Vazamento de informações	Data leakage	Quando os padrões de classificação dos dados são violado, ocasionando incidentes de segurança que expõem publicamente informações sensíveis que podem ser vistas, copiadas, roubadas, transmitidas ou usadas sem acesso autorizado.
VBscript	VBscript	"Visual Basic Script é uma versão interpretada da linguagem Visual Basic usada em Active Server Pages (ASP) para tarefas e construção dinâmica de página HTML, e Windows Scripting Host(WSH) para facilitar a construção de ferramentas por técnicos ou tarefas automatizadas." (Wikipedia).
Verdadeiro negativo / Verdadeiro positivo	True negative / True positive	Ao desenvolver testes automatizados de segurança em softwares, o verdadeiro-negativo, indica que um arquivo ou item foi marcado corretamente como malicioso. E o verdadeiro-positivo indica que um arquivo ou item foi marcado como seguro de maneira correta.
Verificação de vulnerabilidade	Vulnerability scan	É a detecção e identificação de fragilidades em sistemas, softwares e aplicações.
View	View	Permite observar os dados de uma ou mais tabela de uma base de dados. Na prática, pode atuar como uma tabela virtual ou consulta armazenada.
Violação de dado	Data breach	Refere-se à violação dos princípios básicos de segurança dos dados (confidencialidade - integridade - disponibilidade).
Violações de regra de acesso	Access rule violations	Refere-se a quando uma regra de controle de acesso é violada por algum usuário.

Virtualização	Virtualization	Processo de criar representação baseada em software (ou virtual) de aplicativos virtuais, servidores, armazenamento e redes.
Virtualização de aplicativos	Application virtualization	Tecnologia que possibilita acesso dos usuários e uso de aplicativo de um computador diferente do que o aplicativo está instalado. Do lado do usuário, a experiência do aplicativo virtualizado é semelhante a usar o aplicativo instalado em uma máquina física.
Virtualização de Desktop	Desktop Virtualization	Prática de usar máquina física para acessar dispositivos, aplicativos, arquivos e dados em nuvem.
VNC	Virtual Network Connection (VNC)	São os pacotes injetados via VNC (Virtual Network Computing), que é um protocolo de internet que permite a visualização de interfaces gráficas remotas através de uma conexão segura.
VOIP	Voz sobre IP (VOIP)	VOIP é a sigla de Voice Over Internet Protocol, em português: Voz sobre IP. É o roteamento da transmissão de uma conversação em voz na internet ou em redes IP.
VPN	Rede Privada Virtual (VPN)	Rede privada sobre uma rede pública.
Vulnerabilidade	Vulnerability	Vulnerabilidade é um ponto fraco de um ativo, ou de um grupo de ativos, que pode ser explorado por uma ameaça. Ou seja, é quando há uma fraqueza desprotegida. Como um aplicativo não corrigido, ou uma porta de firewall aberta, por exemplo.

Warez	Warez	"Warez é defendido por muitos como não pirataria, seria apenas uma forma de compartilhamento sem nenhum fim lucrativo. A pirataria ficaria associada aos grupos que vendem cópias piratas. Entretanto existem sites intitulados de warez que cobram por copias piratas, geralmente valores muito abaixo dos produtos oficiais e sem requerer dados pessoais ou registro posterior do produto adquirido. Tais sites são comumente usados como patrocinadores de outros sites de warez grátis ou sites de crack. Muitos apenas levam o usuário a entrar em outros sites de votação e confirmar registro via e-mail para supostamente oferecer os aplicativos e jogos. Recentemente grupos de Warez tem incluído em seus sites, e junto aos arquivos de informação anexados aos aplicativos, frases pedindo aos usuário que comprem tais produtos após experimentarem a cópia não autorizada." (Wikipédia).
WiFi Protected Access (WPA)	WiFi Protected Access (WPA)	"Protocolo de comunicação via rádio; uma versão melhorada do WEP. O WPA, além de eficiente, é fácil de configurar; - Na forma básica, basta inserir uma chave secreta compartilhada na configuração de rede de cada computador conectado; - Nas formas mais avançadas, precisa substituir a chave secreta compartilhada, gerando para cada usuário um nome e senha exclusivos. Essas senhas podem ser iguais às credenciais normais do usuário, usando um servidor de autenticação central, como um servidor Remote Authentication Dial In User Service (RADIUS)."

Wired Equivalent Privacy (WEP)	Wired Equivalent Privacy (WEP)	Criptografia muito básica para comunicações via wireless; depende do algoritmo de criptografia RC4; analistas de segurança descobriram falhas significativas no WEP que o tornam inseguro.
Wireshark	Wireshark	É um protocolo de rede analisando utilitário distribuído com o Wireshark. Tshark, juntamente com todos os outros softwares Wireshark é uma aplicação gratuita e de código aberto que pode ser usado ou modificado por qualquer pessoa.
Worm	Worm	Programa independente, porém não autônomo, que se diferencia de um virus por não precisar de um hospedeiro para sair infectando. O worms se autoreplica e sai enviando cópias de si mesmo para outros computadores. Atua reduzindo a disponibilidade usando a largura de banda da rede, e também pode agir com outras funções causadoras de danos.
Worms	Worms	Tipo de malware que programa independente, porém não autônomo, que se diferencia de um virus por não precisar de um hospedeiro para sair infectadando. O worms se autorreplica e sai enviando cópias de si mesmo para outros computadores. Atua reduzindo a disponibilidade usando a largura de banda da rede, e também pode agir com outras funções causadoras de danos.
WPA2	WPA2	O WPA2 é uma certificação de produto disponibilizada pelo 'Wi-Fi Alliance', que certifica os equipamentos sem-fio compatíveis com o padrão 802.11i. Pode-se fazer uma analogia de que o WPA2 é o nome comercial padrão 802.11.i em redes sem-fio.

X.500	X.500	"X.500 é uma série de padrões para redes de computador abordando serviço de diretório. A série X.500 foi desenvolvida pelo ITU-T. Os serviços de diretório foram desenvolvidos para dar suporte aos requisitos do padrão X.400 (troca de mensagens eletrônicas e procura de nomes). A ISO foi parceira no desenvolvimento do padrão, incorporando-os ao pacote de protocolos OSI. ISO/IEC 9594 é a identificação ISO para o padrão." (Wikipédia).
X.509	X.509	Padrão para redes de computador abordando serviço de diretório.
XACML	eXtensible Access Control Markup Language (XACML)	Padrão que define linguagens declarativas de política de controle de acesso com base em atributos; ou seja, trata-se de uma arquitetura e de um modelo de processamento que descreve como avaliar as solicitações de acesso de acordo com as regras definidas nas políticas.
z/OS	z/OS	"Sistema operacional de 64 bits para mainframess IBM z / Architecture, introduzido pela IBM em outubro de 2000. Deriva e é sucessor do OS / 390, que por sua vez seguiu uma série de versões MVS." (IBM).
z/VM	z/VM	"Executado na família de computadores IBM Z da IBM. Pode ser usado para oferecer suporte a um grande número (milhares) de máquinas virtuais Linux." (LinuxSolution).
Zero-day exploit	Zero-day exploit	Ataque que ocorre no mesmo dia em que um ponto fraco do software é descoberto. Então, ele é explorado antes que o fornecedor disponibilize uma correção.

Zimbra	Zimbra	"Plataforma corporativa de e-mail, calendário e colaboração de código aberto, baseada em navegação web e que trabalha no modelo 'cliente e servidor'." (LinuxSolutions).
Zona desmilitarizada (DMZ)	Demilitarized Zone (DMZ)	Sub-rede, segmento de LAN no Domínio LAN-para-WAN, atua como uma zona buffer para tráfego IP de entrada e saída, e precisa de servidores externos, como servidores Web, servidores proxy e servidores de e-mail para um maior isolamento e triagem do tráfego IP.
▫ c99shell	▫ c99shell	Tipo de php-shell.
▫ Hackers black hat (chapéu preto)	▫ Hackers black hat	Hacker que comete atos ilegais.
▫ Hackers grey hat (chapéu cinza)	▫ Hackers grey hat	Um Hacker intermediário. Ele visa ações compatíveis com um "white hat", mas invade sistemas sem que tenha permissão para tal. Por exemplo, a manipulação do ranqueamento de websites usando técnicas de SEO ou a exposição de brechas de segurança em sites governamentais.
▫ Hackers white hat (chapéu branco)	▫ Hackers white hat	Hacker que atua dentro da lei, um Hacker Ético ou um profissional que teste a segurança de sistemas.
▫ Hacktivistas	▫ Hacktivists	Pessoa que utiliza computadores e sistemas de outros para divulgar causas ou bandeiras que defenda. Muitas vezes eles estão no limiar do ciberterrorismo.
▫ r57shell	▫ r57shell	Tipo de php-shell.

Atenção: segue relação de termos que anteriormente não faziam parte da lista de conceitos básicos para a certificação EXIN Cyber & IT Security Foundation (CISEF). Devido a alterações no exame, os seguintes termos também devem ser considerados:

Cabeçalho IP	IP Header	Cabeçalho que opera na Camada de Internet.
Cabeçalho TCP	TCP Header	Cabeçalho que opera na Camada de Transporte.
Tupla	Tuple	Linhas que formam uma tabela de modelo relacional.

Simulado Oficial EXIN

E aqui está o simulado oficial EXIN CISEF, para que você possa testar seu conhecimento de acordo com o padrão do exame.

Caso queira praticar seguindo as regras do regulamento oficial, o tempo permitido é de 60 minutos para realização do teste. São 40 questões de múltipla escolha, com resposta única. Para ser aprovado você deve obter 26 pontos ou mais.

Boa prova!

Prova

1 / 40
Um hub representa o componente central, com o qual uma rede baseada em topologia em estrela pode ser construída.
Qual é o principal motivo pelo qual hubs quase nunca são usados?
A) Um hub só é capaz de reconhecer o endereço de hardware de um nó, não o endereço lógico (endereço IP). Por esse motivo, um hub não é adequado para ser usado em ambientes de rede local.
B) Um hub não é capaz de reconhecer nenhuma informação de endereço. Portanto, um hub envia tráfego de rede, que é destinado

a um host específico, para todos os outros hosts na rede. Por esse motivo, a rede ficará sobrecarregada quando muitos hosts quiserem se comunicar.

C) Um hub é capaz de reconhecer o endereço de hardware de um nó, mas ignora isso e envia tráfego de rede, que é destinado a um host específico, para todos os outros hosts na rede. Por esse motivo, o tráfego de rede pode ser facilmente interceptado.

D) Um hub só é capaz de reconhecer o endereço lógico (endereço IP) de um nó. Por esse motivo, um hub não é adequado para ser usado em ambientes de rede local.

2 / 40

O ARP (Address Resolution Protocol) representa um dos mais importantes protocolos de rede em ambientes de rede baseados em TCP/IP.

O que o ARP faz, basicamente?

A) O ARP traduz o endereço de hardware de um nó para seu endereço IP.

B) O ARP responde com o endereço IP de um nó específico para qualquer nó que o solicite.

C) O ARP traduz o endereço IP de um nó para seu endereço de hardware.

D) O ARP responde com o endereço de hardware de um nó específico para o gateway padrão.

3 / 40

Atualmente, várias tecnologias são conectadas à Internet, por exemplo, smartphones, tablets e IoT. Portanto, o número de endereços IP públicos não será suficiente no futuro.

Com base neste cenário, qual afirmativa é correta?

A) IPv4 tem um espaço de endereçamento de 32 bits, o que é suficiente para o futuro.

B) O IPv4 com funcionalidade NAT (Tradução do Endereço da Rede) tem IP público suficiente para o futuro.

C) Endereços IPv6 serão suficientes somente trabalhando com endereços IPv4.

D) IPv6 tem um espaço de endereçamento de 128 bits, o que é suficiente para o futuro.

Qual protocolo pertence à Camada de Apresentação?
A) FTP

B) HTTP

C) S/MIME

D) SMTP

Um analista de segurança precisa realizar uma análise forense em um computador, pois esse computador foi usado para roubar informações estratégicas do servidor corporativo, que foram vendidas a um concorrente. Qual é o componente-chave que precisa ser analisado?
A) Hardware

B) Software

C) Firmware

D) CPU

Qual família de CPUs foi desenvolvida pela Apple?
A) A5

B) Core i7

C) Power8

D) Sparc T5

Um consultor é contratado por uma empresa que deseja aconselhamento sobre como organizar e implementar o gerenciamento de patches. Ele recomenda que:
1. Os patches devem ser testados primeiro.

2. Os patches devem ser implementados o mais rápido possível após seu lançamento. Que recomendação adicional ele deveria fazer?

A) Sistemas críticos devem ser corrigidos antes dos menos críticos.

B) Sistemas críticos e sistemas menos críticos devem ser corrigidos ao mesmo tempo.

C) Sistemas menos críticos devem ser corrigidos antes dos críticos.

8 / 40

Um Sistema de Detecção de Intrusão (IDS) pode ser usado para monitorar e filtrar o tráfego de rede. Do ponto de vista de detecção, quais tipos principais de IDS podem ser identificados?

A) Baseado em anomalia e baseado em heurística

B) Baseado em anomalia e baseado em comportamento

C) Baseado em assinatura e baseado em conhecimento

D) Baseado em comportamento e baseado em conhecimento

9 / 40

Um sandbox representa um mecanismo bem conhecido que é usado para a execução de applets. Qual é a principal função de um sandbox?

A) Fornece uma área de proteção para execução de código ou applet.

B) Fornece um ambiente de execução para o Gerenciador de segurança Java.

C) Garante que o malware não conseguirá sair do sandbox.

D) Reforça a execução de applets Java.

10 / 40

Um engenheiro de software está desenvolvendo um aplicativo da web, mas o gerente de segurança da informação está preocupado com os requisitos de segurança desse aplicativo. Qual suposição feita pelo engenheiro de software está correta?

A) O lado do servidor de aplicação pode confiar nas informações provenientes do usuário.

B) A autenticação é o único controle necessário para garantir a segurança do usuário.

C) O certificado digital garante a segurança dos dados trocados entre cliente e servidor.

D) A configuração incorreta de segurança será abordada no ambiente de produção.

11 / 40

O Sistema de Gerenciamento de Banco de Dados Relacional é o modelo dominante de gerenciamento de banco de dados.

O que uma chave estrangeira representa ou fornece?

A) Representa uma coluna que identifica exclusivamente uma linha em uma tabela.

B) Fornece um método para integridade referencial.

C) Fornece um link ou referência para uma chave primária na mesma tabela.

D) Representa a relação entre colunas.

12 / 40

Após uma análise, um consultor recomenda ao cliente a implementação de um diretório de serviços para gerenciar centralmente usuários e grupos. Qual é um exemplo de Serviços de diretório que o cliente precisará implementar?

A) Data Definition Language (DDL)

B) Directory Analysis Procedure (DAP)

C) Meta Data Dictionary (MDD)

D) Windows Active Directory (AD)

13 / 40

Bancos de dados são muito desafiadores de uma perspectiva de segurança. Uma das vulnerabilidades mais arriscadas é a inferência.

Como a inferência pode ser explicada?

A) Como a corrupção da integridade de dados por erros de dados de entrada ou processamento errôneo.

B) Como processos executados simultaneamente, introduzindo, assim, o risco de inconsistência.

C) Como o contorno (bypass) dos controles de segurança no front-end, a fim de acessar informações para as quais não se está autorizado.

D) Como a dedução de informações confidenciais a partir das informações disponíveis.

Os bancos de dados são importantes para o negócio, portanto, o acesso e as atividades devem ser monitorados.

Qual é o principal objetivo do monitoramento de Auditoria?

A) Determinar e proteger a quantidade de armazenamento necessária para dados de registro.

B) Monitorar ações executadas por quem, a que horas, em qual objeto.

C) Evitar incidentes de segurança, fornecendo tabelas de registro e auditoria.

D) Verificar a retenção e o arquivamento de dados de registro prescritos legalmente

Uma assinatura digital é um dos métodos mais importantes para garantir a autenticidade das informações digitais.

Como uma assinatura digital é criada a partir da impressão digital (hash) das informações?

A) O hash é encriptado com a chave de sessão do remetente. A verificação é feita pelo receptor das informações, desencriptando a impressão digital com uma chave de sessão correspondente.

B) O hash é encriptado com a chave pública do remetente. A verificação é feita pelo receptor das informações, desencriptando a impressão digital com a chave privada correspondente.

C) O hash é encriptado com a chave privada do remetente. A verificação é feita pelo receptor das informações, desencriptando a impressão digital com a chave pública correspondente.

D) O hash é encriptado com a chave privada do remetente. A verificação é feita pelo receptor das informações, desencriptando a impressão digital com a chave pública correspondente.

16 / 40
Referindo-se às cifras de substituição famosas, como a Cifra de César, qual é o resultado da palavra "SECURITY" criptografada através do esquema a seguir?
ESQUEMA:
A = 1, B = R, C = @, D = /, E = T, I = (, R = !, S = 5, T = -, U = &, Y = X
A) 5T@&!(-X
B) 5T@-!(-@
C) ST@&!@-X
D) 5E@&!(@X

17 / 40
Um administrador de rede enviou uma mensagem assinada com sua chave privada. Qual das opções a seguir é correta?
A) A origem dessa mensagem pode ser garantida porque ela foi assinada com a chave privada do remetente.
B) A origem desta mensagem pode ser garantida se ele usar o algoritmo AES antes de enviar esta mensagem.

C) A origem desta mensagem pode ser garantida se ele usar o algoritmo SHA-2 antes de enviar esta mensagem.
D) A origem dessa mensagem não pode ser garantida, porque ela foi assinada somente com uma chave privada.

18 / 40
Uma organização governamental deseja garantir a integridade das informações comunicadas entre as partes.
O que é necessário para conseguir isso?
A) Encriptação assimétrica
B) Encriptação simétrica
C) Hashing e encriptação simétrica
D) Hashing e encriptação assimétrica

19 / 40

A Infraestrutura de Chave Pública (PKI) consiste em hardware, software, protocolos, procedimentos, políticas e padrões para gerenciar a criação, a administração, a distribuição e a revogação dos certificados digitais e chaves.

Qual é o objetivo de uma Lista de Revogação de Certificados (CRL)?

A) A CRL apresenta certificados apenas com uma data de validade expirada.

B) Revogar, de forma irreversível ou temporária, os certificados que não são mais válidos ou que possuem comprometimento de chave.

C) Revogar, irreversivelmente, os certificados que não são mais válidos.

D) Revogar, temporariamente, os certificados que não são mais válidos.

Certificados digitais representam um componente importante em qualquer Infraestrutura de Chave Pública (PKI).

O que nunca deve ser incluído em um certificado digital?

A) A assinatura digital da Autoridade de Certificação (CA) que emitiu o certificado digital.

B) A chave privada da parte à qual o certificado digital está vinculado.

C) A identidade da parte que possui o certificado digital.

D) A data inicial e final do período no qual o certificado digital é válido.

Um canal seguro foi estabelecido entre dois hosts usando TransportLayer Security (TLS) versão 1.2. Em relação a essa TLS, qual das afirmações a seguir está correta?

A) TLS é baseada em criptografia de chave assimétrica e opera somente na Camada de Transporte OSI.

B) TLS fornece encriptação e autenticação de dados, e é baseada em criptografia de chave assimétrica.

C) TLS fornece encriptação e autenticação de dados, e é baseada em criptografia de chave simétrica.

D) TLS fornece encriptação de dados, é baseada em criptografia de chave simétrica e opera somente na camada de transporte.

22 / 40

A especificação de segurança IPSec fornece vários métodos de implementação. Para que finalidade e como o modo de túnel IPSec é usado?

A) Para proteção de uma ponta a outra. Somente a carga útil (Payload) do IP é protegida.

B) Para proteção de link. Somente a carga útil (Payload) do IP é protegida.

C) Para proteção de uma ponta a outra. Tanto a carga útil (Payload) do IP quanto o cabeçalho do IP são protegidos.

D) Para proteção de link. Tanto a carga útil (Payload) do IP quanto o cabeçalho do IP são protegidos.

23 / 40

O que Security Assertion Markup Language (SAML) oferece?

A) Autenticar usuários em ambientes corporativos

B) Autenticar usuários e aplicativos em ambientes corporativos

C) Usar redes sociais para autenticação ("Use sua conta do Facebook para fazer login")   D) Trocar segura de informações de autenticação em um ambiente federado

24 / 40

A biometria se torna cada vez mais importante como meio de verificar a identidade de usuários.

Qual recurso da biometria representa uma das principais considerações para as organizações que desejam implementá-la?

A) A chamada taxa de cruzamento de erros, que é a taxa na qual os erros de aceitação e de rejeição são equivalentes.

B) A maneira como os usuários deslizam em seu tablet ou smartphone pode ser usada como um mecanismo comportamental para biometria.

C) A chamada taxa de cruzamento de erros, que é a taxa na qual os erros de aceitação e de rejeição estão dentro dos níveis aceitáveis.

D) O reconhecimento facial não pode ser usado como um mecanismo biométrico, porque é muito impreciso.

25 / 40

Muitas organizações buscam o Single sign-on (SSO) para seus usuários.

O que é mais importante considerar ao implementar o SSO?

A) Ao introduzir um conjunto de credenciais para todos os aplicativos, um cibercriminoso pode, ao obter as credenciais, conseguir acesso a todos os aplicativos de uma só vez.

B) O Enterprise wide Single sign-on (ESSO – sign-on único para toda a empresa) não é possível devido à diversidade de aplicativos existentes dentro da maioria das organizações.

C) Sistemas com Enterprise Single Sign-on (ESSO) são muito caros para aplicações web. Como a maioria dos aplicativos é baseada na web, não existe caso de negócio para ESSO.

D) O Single sign-on (SSO) usa um conjunto de credenciais que dão acesso a todos os aplicativos de uma só vez. Consequentemente, essas credenciais devem ser totalmente protegidas.

26 / 40

O que um invasor consegue fazer quando um único valor de salt é usado para todas as senhas em um banco de dados?

A) Adicionar o salt novamente e obter os valores de texto simples.

B) Remover os primeiros caracteres do hash para ignorar os salts.

C) Remover o salt e desencriptar as senhas.

D) Usar o mesmo salte criar um banco de dados de senhas e seus valores de hash.

27 / 40

No contexto de autorização, o princípio da "necessidade de saber" (need-to-know) é um dos mais importantes a considerar.

O que significa o princípio da "necessidade de saber"?

A) As tarefas críticas só podem ser realizadas por pelo menos dois indivíduos, de modo que é necessário um conluio para poder cometer fraudes.

B) Os usuários devem ter um nível mínimo de direitos de acesso atribuído a eles para desempenhar suas tarefas.

C) Os usuários devem ter acesso apenas às informações necessárias para desempenhar suas tarefas.

D) Os usuários devem ter apenas direitos de acesso temporários atribuídos a eles para desempenhar suas tarefas.

28 / 40

Quantas partes (no mínimo) desempenham um papel em um fluxo de dados de autenticação do OpenID Connect?

A) 2
B) 3
C) 4
D) 5

29 / 40

Uma organização não está disposta a compartilhar nenhum recurso.

Que modelo de implantação na Computação em Nuvem representa o mais seguro?

A) Nuvem comunitária
B) Nuvem híbrida
C) Nuvem privada
D) Nuvem pública

30 / 40

Qual afirmação é verdadeira sobre a nuvem pública?

A) Partes são usadas por uma única organização e partes são usadas por um grupo de organizações.

B) É usada por uma única organização.

C) É usada por um pequeno grupo de organizações com interesses compartilhados.

D) É usada por qualquer organização que deseje utilizá-la.

31 / 40

Identidade como um Serviço (IDaaS) é um dos modelos de serviço emergentes na Computação em Nuvem.
O que IDaaS fornece?
A) Governança de identidade e autenticação para usuários internos
B) Governança de identidade e autenticação para clientes, parceiros de negócios e outros usuários externos
C) Governança de identidade e autenticação para usuários internos e externos
D) Single sign-on (SSO) para usuários externos

32 / 40
Uma organização deseja hospedar um serviço de web, mas não deseja lidar com a compra e manutenção de hardware, nem manter o sistema operacional atualizado.
Que tipo de modelo de serviço ela deve solicitar?
A) IaaS
B) PaaS
C) SaaS
D) SECaaS

33 / 40
Há sempre um risco quando um provedor de nuvem que fornece uma solução como SaaS ou PaaS fecha ou vai à falência.
Qual é esse risco para a empresa que usa essa solução de nuvem?
A) Risco de continuidade
B) Risco de jurisdição
C) Risco legal
D) Risco de armazenamento

34 / 40
Por que o CEO de uma empresa desejaria transferir os principais sistemas corporativos para a nuvem?
A) Para reduzir o custo com tecnologia
B) Para reduzir o vazamento de informações confidenciais
C) Para reduzir vulnerabilidades de segurança
D) Para reduzir o acesso não autorizado às informações dos clientes

35 / 40

Engenharia social é um dos métodos de ataque de cibercriminosos mais bem-sucedidos. O que é considerado como uma forma de engenharia social?
A) Criptoware
B) Ataque de Negação de Serviço (DoS)
C) Phishing
D) Spam

36 / 40
Há quatro categorias principais de ataque quando se trata de explorar vulnerabilidades. Qual não é uma das quatro principais categorias de ataque?
A) Invasão completa
B) Roubo ou revelação de informações
C) Uso indevido por insider

37 / 40
Certo tipo de invasor sabe como escrever exploits, usa engenharia social para obter informações sobre seu alvo e coleta dados. Os motivos do invasor não são claros, e o invasor nem sempre é malicioso.
Que tipo de invasor é esse?
A) Black Hat Hacker
B) Gray Hat Hacker
C) Hacktivista
D) White Hat Hacker

38 / 40
Qual ferramenta representa uma ferramenta de varredura?
A) Nessus
B) John the Ripper
C) Metasploit
D) Ophcrack

39 / 40
Hackers e cibercriminosos geralmente realizam suas atividades seguindo um plano bem estruturado. Qual é a melhor ordem em que essas atividades são realizadas dentro de um plano bem estruturado?

A) Enumeração, footprinting, obtenção de acesso, escalonamento de privilégios, apagamento de rastros.
B) Reconhecimento, enumeração, obtenção de acesso, escalonamento de privilégios, apagamento de rastros.
C) Reconhecimento, varredura, obtenção de acesso, escalonamento de privilégios, manutenção de acesso.
D) Varredura, enumeração, obtenção de acesso, escalonamento de privilégios, manutenção de acesso.

40 / 40
Um hacker obteve acesso a um servidor de web usando um plano passo a passo pensado cautelosamente.
Que passo que ele deu imediatamente após "Invasão e acesso"?
A) Impressões digitais.
B) Escalonamento de privilégios.
C) Reconhecimento.
D) Avaliação de vulnerabilidade.

Gabarito de respostas

1 / 40
Um hub representa o componente central, com o qual uma rede baseada em topologia em estrela pode ser construída.
Qual é o principal motivo pelo qual hubs quase nunca são usados?

A) Um hub só é capaz de reconhecer o endereço de hardware de um nó, não o endereço lógico (endereço IP). Por esse motivo, um hub não é adequado para ser usado em ambientes de rede local.
B) Um hub não é capaz de reconhecer nenhuma informação de endereço. Portanto, um hub envia tráfego de rede, que é destinado a um host específico, para todos os outros hosts na rede. Por esse motivo, a rede ficará sobrecarregada quando muitos hosts quiserem se comunicar.
C) Um hub é capaz de reconhecer o endereço de hardware de um nó, mas ignora isso e envia tráfego de rede, que é destinado a um host específico, para todos os outros hosts na rede. Por esse motivo, o tráfego de rede pode ser facilmente interceptado.

D) Um hub só é capaz de reconhecer o endereço lógico (endereço IP) de um nó. Por esse motivo, um hub não é adequado para ser usado em ambientes de rede local.

A) Incorreto. Um hub não é capaz de lidar com nenhuma informação de endereço (lógico/de hardware).
B) Correto. Um hub só é capaz de encaminhar pacotes de dados, sem reconhecer nenhuma informação de endereço nele.
C) Incorreto. Um hub não é capaz de lidar com nenhuma informação de endereço (lógico/de hardware).
D) Incorreto. Um hub não é capaz de lidar com nenhuma informação de endereço (lógico/de hardware).

2 / 40
O ARP (Address Resolution Protocol) representa um dos mais importantes protocolos de rede em ambientes de rede baseados em TCP/IP.
O que o ARP faz, basicamente?

A) O ARP traduz o endereço de hardware de um nó para seu endereço IP.
B) O ARP responde com o endereço IP de um nó específico para qualquer nó que o solicite.
C) O ARP traduz o endereço IP de um nó para seu endereço de hardware.
D) O ARP responde com o endereço de hardware de um nó específico para o gateway padrão.

A) Incorreto. O ARP é usado para transmitir a pergunta "quem tem ?". O host com o endereço IP correto responderá com seu endereço de hardware (MAC).
B) Incorreto. O ARP é usado para transmitir a pergunta "quem tem ?". O host com o endereço IP correto responderá com seu endereço de hardware (MAC).
C) Correto. Um host que deseja saber o endereço de hardware de outro host envia uma transmissão ARP no domínio de broadcast da rede dizendo "quem tem ? Diz ". O host com o

endereço IP correto   responde com seu endereço de hardware.
D) Incorreto. O ARP é usado para transmitir a pergunta "quem tem ?". O host com o endereço IP correto   responderá com seu endereço de hardware (MAC).

3 / 40
Atualmente, várias tecnologias são conectadas à Internet, por exemplo, smartphones, tablets e IoT. Portanto, o número de endereços IP públicos não será suficiente no futuro.
Com base neste cenário, qual afirmativa é correta?

A) IPv4 tem um espaço de endereçamento de 32 bits, o que é suficiente para o futuro.
B) O IPv4 com funcionalidade NAT (Tradução do Endereço da Rede) tem IP público suficiente para o futuro.

C) Endereços IPv6 serão suficientes somente trabalhando com endereços IPv4.
D) IPv6 tem um espaço de endereçamento de 128 bits, o que é suficiente para o futuro.

A) Incorreto. IPv4 tem mais de 4 bilhões de endereços, mas isso não é suficiente para o futuro.
B) Incorreto. IPv4 tem mais de 4 bilhões de endereços, mas isso não é suficiente para o futuro, mesmo com o uso de NAT.
C) Incorreto. IPv6 é suficiente, não é necessário usar endereços IPv4.
D) Correto. IPv6 tem mais de 6 * 1023 endereços, o que será suficiente para as próximas décadas.

4 / 40
Qual protocolo pertence à Camada de Apresentação?
A) FTP
B) HTTP
C) S/MIME
D) SMTP

A) Incorreto. FTP pertence à Camada de Aplicativo.

B) Incorreto. HTTP pertence à Camada de Aplicativo.
C) Correto. S/MIME pertence à Camada de Apresentação.
D) Incorreto. SMTP pertence à Camada de Aplicativo.

5 / 40
Um analista de segurança precisa realizar uma análise forense em um computador, pois esse computador foi usado para roubar informações estratégicas do servidor corporativo, que foram vendidas a um concorrente.
Qual é o componente-chave que precisa ser analisado?
A) Hardware
B) Software
C) Firmware
D) CPU

A) Incorreto. A opção correta é o software, não o hardware.
B) Correto. Ele precisa analisar o sistema operacional, procurando evidências de informações roubadas.
C) Incorreto. A opção correta é o software, não o firmware.
D) Incorreto. A opção correta é o software, não a CPU.

6 / 40
Qual família de CPUs foi desenvolvida pela Apple?
A) A5
B) Core i7
C) Power8
D) Sparc T5

A) Correto. A5 foi desenvolvida pela Apple.
B) Incorreto. Core i7 é uma série específica de processadores Intel.
C) Incorreto. O Power8 foi desenvolvida pela IBM.
D) Incorreto. O Sparc T5 foi desenvolvida pela Oracle (anteriormente SUN Microsystems).

7 / 40
Um consultor é contratado por uma empresa que deseja aconselhamento sobre como organizar e implementar o gerenciamento de patches. Ele recomenda que:
1. Os patches devem ser testados primeiro.

2. Os patches devem ser implementados o mais rápido possível após seu lançamento. Que recomendação adicional ele deveria fazer?

A) Sistemas críticos devem ser corrigidos antes dos menos críticos.

B) Sistemas críticos e sistemas menos críticos devem ser corrigidos ao mesmo tempo.

C) Sistemas menos críticos devem ser corrigidos antes dos críticos.

A) Incorreto. Como patches podem afetar um sistema de maneira negativa, sistemas menos críticos devem ser corrigidos primeiro para ver se o patch causa danos.

B) Incorreto. Como patches podem afetar um sistema de maneira negativa, sistemas menos críticos devem ser corrigidos primeiro para ver se o patch causa danos.

C) Correto. Como patches podem afetar um sistema de maneira negativa, sistemas menos críticos devem ser corrigidos primeiro para ver se o patch causa danos.

Um Sistema de Detecção de Intrusão (IDS) pode ser usado para monitorar e filtrar o tráfego de rede. Do ponto de vista de detecção, quais tipos principais de IDS podem ser identificados?

A) Baseado em anomalia e baseado em heurística

B) Baseado em anomalia e baseado em comportamento

C) Baseado em assinatura e baseado em conhecimento

D) Baseado em comportamento e baseado em conhecimento

A) Incorreto. Baseado em heurística não é uma característica de um IDS.

B) Incorreto. Baseado em anomalia e baseado em comportamento são sinônimos.

C) Incorreto. Baseado em assinatura e baseado em conhecimento são sinônimos.

D) Correto. Um IDS baseado em comportamento (também chamado de baseado em anomalia) é capaz de detectar desvios na quantidade e direção do tráfego e não conformidade a protocolos e convenções. O outro tipo é o IDS baseado em conhecimento (também chamado de baseado em

assinatura), que compara o tráfego de rede com as informações em seu banco de dados com assinaturas de tráfego de rede malicioso.

Um sandbox representa um mecanismo bem conhecido que é usado para a execução de applets. Qual é a principal função de um sandbox?
A) Fornece uma área de proteção para execução de código ou applet.
B) Fornece um ambiente de execução para o Gerenciador de segurança Java.
C) Garante que o malware não conseguirá sair do sandbox.
D) Reforça a execução de applets Java.

A) Correto. Um sandbox é um ambiente virtualizado para a execução de códigos ou applets.
B) Incorreto. O Gerenciador de segurança Java é um exemplo de sandbox.

C) Incorreto. Um sandbox fornece uma área de proteção para a execução de applets.
D) Incorreto. Um sandbox impõe quantidades limitadas de recursos de memória e processador.

Um engenheiro de software está desenvolvendo um aplicativo da web, mas o gerente de segurança da informação está preocupado com os requisitos de segurança desse aplicativo.
Qual suposição feita pelo engenheiro de software está correta?
A) O lado do servidor de aplicação pode confiar nas informações provenientes do usuário.
B) A autenticação é o único controle necessário para garantir a segurança do usuário.
C) O certificado digital garante a segurança dos dados trocados entre cliente e servidor.

D) A configuração incorreta de segurança será abordada no ambiente de produção.

A) Incorreto. Os dados de entrada do usuário não são confiáveis, todos os controles de segurança devem ser feitos no lado do servidor.
B) Incorreto. Autorização e gerenciamento de sessão são outros controles importantes para garantir a segurança do usuário.
C) Correto. O certificado digital (protocolo HTTPS) garante que o tráfego seja seguro.
D) Incorreto. A configuração incorreta de segurança deve ser abordada no ambiente de GQ.

11 / 40
O Sistema de Gerenciamento de Banco de Dados Relacional é o modelo dominante de gerenciamento de banco de dados. O que uma chave estrangeira representa ou fornece?
A) Representa uma coluna que identifica exclusivamente uma linha em uma tabela.
B) Fornece um método para integridade referencial.
C) Fornece um link ou referência para uma chave primária na mesma tabela.
D) Representa a relação entre colunas.

A) Incorreto. Esta é a definição de uma chave primária.
B) Correto. Uma chave estrangeira fornece um link para uma chave primária em outra tabela, fornecendo, assim, integridade referencial.
C) Incorreto. Uma chave estrangeira também pode fazer link com uma chave primária em outras tabelas.
D) Incorreto. Um registro representa uma relação entre colunas.

12 / 40
Após uma análise, um consultor recomenda ao cliente a implementação de um diretório de serviços para gerenciar centralmente usuários e grupos.
Qual é um exemplo de Serviços de diretório que o cliente precisará implementar?
A) Data Definition Language (DDL)

B) Directory Analysis Procedure (DAP)
C) Meta Data Dictionary (MDD)
D) Windows Active Directory (AD)

A) Incorreto. DDL descreve um modelo de dados em um banco de dados.
B) Incorreto. DAP significa Directory Access Protocol (Protocolo de Acesso ao Diretório).

C) Incorreto. Um MDD não existe, apenas um Dicionário de Dados ou Metadados em bancos de dados.
D) Correto. AD é um exemplo de serviços de diretório, baseado em X.500.

13 / 40
Bancos de dados são muito desafiadores de uma perspectiva de segurança. Uma das vulnerabilidades mais arriscadas é a inferência.
Como a inferência pode ser explicada?
A) Como a corrupção da integridade de dados por erros de dados de entrada ou processamento errôneo
B) Como processos executados simultaneamente, introduzindo, assim, o risco de inconsistência
C) Como o contorno (bypass) dos controles de segurança no front-end, a fim de acessar informações para as quais não se está autorizado
D) Como a dedução de informações confidenciais a partir das informações disponíveis

A) Incorreto. Inferência é definida como a dedução de informações confidenciais a partir das informações disponíveis.
B) Incorreto. Inferência é definida como a dedução de informações confidenciais a partir das informações disponíveis.
C) Incorreto. Inferência é definida como a dedução de informações confidenciais a partir das informações disponíveis.
D) Correto. Inferência pode ser explicada como a dedução de informações confidenciais a partir de informações agregadas de fontes públicas.

Os bancos de dados são importantes para o negócio, portanto, o acesso e as atividades devem ser monitorados.

Qual é o principal objetivo do monitoramento de Auditoria?

A) Determinar e proteger a quantidade de armazenamento necessária para dados de registro

B) Monitorar ações executadas por quem, a que horas, em qual objeto

C) Evitar incidentes de segurança, fornecendo tabelas de registro e auditoria

D) Verificar a retenção e o arquivamento de dados de registro prescritos legalmente

A) Incorreto. Determinar a quantidade mínima ou máxima de dados de registro continua sendo um desafio.

B) Correto. O monitoramento de Auditoria pode acompanhar os incidentes de segurança ocorridos.

C) Incorreto. O monitoramento de Auditoria é uma medida reativa, e não pode evitar incidentes de segurança.

D) Incorreto. O monitoramento de Auditoria pode verificar somente a conformação a termos legais.

Uma assinatura digital é um dos métodos mais importantes para garantir a autenticidade das informações digitais.

Como uma assinatura digital é criada a partir da impressão digital (hash) das informações?

A) O hash é encriptado com a chave de sessão do remetente. A verificação é feita pelo receptor das informações, desencriptando a impressão digital com uma chave de sessão correspondente.

B) O hash é encriptado com a chave pública do remetente. A verificação é feita pelo receptor das informações, desencriptando a impressão digital com a chave privada correspondente.

C) O hash é encriptado com a chave privada do remetente. A verificação é feita pelo receptor das informações, desencriptando a impressão digital com a chave pública correspondente.

D) O hash é encriptado com a chave privada do remetente. A verificação é feita pelo receptor das informações, desencriptando a impressão digital com a chave pública correspondente.

A) Incorreto. A encriptação do hash deve ser feita com a chave privada do remetente e verificada com a chave pública do remetente.

B) Incorreto. A encriptação do hash deve ser feita com a chave privada do remetente e verificada com a chave pública do remetente.

C) Incorreto. A encriptação do hash deve ser feita com a chave privada do remetente e verificada com a chave pública do remetente.

D) Correto. A encriptação do hash deve ser feita com a chave privada do remetente e verificada com a chave pública do remetente.

16 / 40

Referindo-se às cifras de substituição famosas, como a Cifra de César, qual é o resultado da palavra "SECURITY" criptografada através do esquema a seguir?

ESQUEMA:

A = 1, B = R, C = @, D = /, E = T, I = (, R = !, S = 5, T = -, U = &, Y = X

A) 5T@&!(-X

B) 5T@-!(-@

C) ST@&!@-X

D) 5E@&!(@X

A) Correto. Envolve o processo simples de substituir um caractere por outro, baseado em uma variável de criptografia.

B) Incorreto. Porque U = & e Y = X.

C) Incorreto. Porque I = (e S = 5.

D) Incorreto. Porque E = T e T = -.

17 / 40

Um administrador de rede enviou uma mensagem assinada com sua chave privada. Qual das opções a seguir é correta?

A) A origem dessa mensagem pode ser garantida porque ela foi assinada com a chave privada do remetente.

B) A origem desta mensagem pode ser garantida se ele usar o algoritmo AES antes de enviar esta mensagem.

C) A origem desta mensagem pode ser garantida se ele usar o algoritmo SHA-2 antes de enviar esta mensagem.
D) A origem dessa mensagem não pode ser garantida, porque ela foi assinada somente com uma chave privada.

A) Correto. Podemos garantir que a mensagem seja confiável, porque ela foi assinada com uma chave privada, o que garante o não repúdio.
B) Incorreto. Não é necessário usar uma encriptação simétrica para garantir o não repúdio.
C) Incorreto. Não é necessário usar outras funções hash, porque a integridade da mensagem é garantida pela chave privada.
D) Incorreto. A mensagem foi assinada com uma chave privada, o que garante o não repúdio.

18 / 40
Uma organização governamental deseja garantir a integridade das informações comunicadas entre as partes.
O que é necessário para conseguir isso?
A) Encriptação assimétrica
B) Encriptação simétrica
C) Hashing e encriptação simétrica
D) Hashing e encriptação assimétrica

A) Incorreto. Além da Encriptação assimétrica, também é necessário hashing para garantir a integridade das informações.
B) Incorreto. Somente encriptação assimétrica pode ser usada para criar uma assinatura digital. A encriptação do hash deve ser feita com a chave privada do remetente e verificada com a chave pública do remetente.
C) Incorreto. Somente encriptação assimétrica pode ser usada para criar uma assinatura digital. A encriptação do hash deve ser feita com a chave privada do remetente e verificada com a chave pública do remetente.
D) Correto. O remetente deve criar um hash das informações, encriptar o hash com sua chave privada e enviar o hash para o destinatário, junto com as informações. O receptor pode verificar a autenticidade das informações, desencriptando o hash com a chave pública do remetente. Posteriormente, a

integridade pode ser verificada, criando-se um segundo hash. Se os dois hashes coincidirem, a integridade das informações foi preservada.

A Infraestrutura de Chave Pública (PKI) consiste em hardware, software, protocolos, procedimentos, políticas e padrões para gerenciar a criação, a administração, a distribuição e a revogação dos certificados digitais e chaves.
Qual é o objetivo de uma Lista de Revogação de Certificados (CRL)?
A) A CRL apresenta certificados apenas com uma data de validade expirada.
B) Revogar, de forma irreversível ou temporária, os certificados que não são mais válidos ou que possuem comprometimento de chave.
C) Revogar, irreversivelmente, os certificados que não são mais válidos.
D) Revogar, temporariamente, os certificados que não são mais válidos.

A) Incorreto. A CRL apresenta todos os certificados que não são mais válidos, com base nos incidentes com o certificado ou em uma data de validade expirada.
B) Correto. A CRL é responsável pela revogação de certificados que não são mais válidos, irreversivelmente se uma chave privada foi comprometida ou a data de validade expirou, e temporariamente se um usuário não tiver certeza se a chave privada foi perdida ou comprometida.
C) Incorreto. A CRL é responsável por revogar, de forma irreversível ou temporária, certificados que não são mais válidos.
D) Incorreto. A CRL é responsável por revogar, de forma irreversível ou temporária, certificados que não são mais válidos.

Certificados digitais representam um componente importante em qualquer Infraestrutura de Chave Pública (PKI).

O que nunca deve ser incluído em um certificado digital?
A) A assinatura digital da Autoridade de Certificação (CA) que emitiu o certificado digital
B) A chave privada da parte à qual o certificado digital está vinculado
C) A identidade da parte que possui o certificado digital
D) A data inicial e final do período no qual o certificado digital é válido

A) Incorreto. A assinatura digital da Autoridade de Certificação (CA) é vital para confiar no certificado.
B) Correto. A chave privada deve ser mantida em segredo em todos os momentos e, portanto, não deve ser publicada em um certificado digital. Em vez disso, a chave pública é publicada com o certificado digital.
C) Incorreto. A identidade da parte que possui o certificado digital é necessária para confiar no certificado.
D) Incorreto. O período no qual o certificado digital é válido é vital para confiar no certificado.

Um canal seguro foi estabelecido entre dois hosts usando TransportLayer Security (TLS) versão 1.2. Em relação a essa TLS, qual das afirmações a seguir está correta?
A) TLS é baseada em criptografia de chave assimétrica e opera somente na Camada de Transporte OSI.
B) TLS fornece encriptação e autenticação de dados, e é baseada em criptografia de chave assimétrica.
C) TLS fornece encriptação e autenticação de dados, e é baseada em criptografia de chave simétrica.
D) TLS fornece encriptação de dados, é baseada em criptografia de chave simétrica e opera somente na camada de transporte.

A) Incorreto. TLS opera na camada de Transporte OSI, Sessão, Apresentação e Aplicativo.
B) Correto. TLS é um protocolo que protege a comunicação, como HTTPS, SMTP e outros, e é baseado em uma chave assimétrica.
C) Incorreto. TLS é baseada em criptografia de chave assimétrica.

D) Incorreto. TLS é baseada em uma chave assimétrica e opera na camada de Transporte OSI, Sessão, Apresentação e Aplicativo.

22 / 40
A especificação de segurança IPSec fornece vários métodos de implementação. Para que finalidade e como o modo de túnel IPSec é usado?
A) Para proteção de uma ponta a outra. Somente a carga útil (Payload) do IP é protegida.
B) Para proteção de link. Somente a carga útil (Payload) do IP é protegida.
C) Para proteção de uma ponta a outra. Tanto a carga útil (Payload) do IP quanto o cabeçalho do IP são protegidos.
D) Para proteção de link. Tanto a carga útil (Payload) do IP quanto o cabeçalho do IP são protegidos.

A) Incorreto. O modo de túnel IPSec é usado para proteger links e fornece encriptação de cabeçalho do IP e de carga do IP (Payload).
B) Incorreto. O modo de túnel IPSec é usado para proteger links e fornece encriptação de cabeçalho do IP e de carga do IP (Payload).
C) Incorreto. O modo de túnel IPSec é usado para proteger links e fornece encriptação de cabeçalho do IP e de carga do IP (Payload).
D) Correto. Com o modo de túnel IPSec, a carga útil do IP (Payload) é protegida (como em todos os modos). Além disso, as informações do cabeçalho do IP original também são protegidas. Um cabeçalho de IP alternativo com as informações do endereço IP do ponto final do túnel é colocado antes do pacote encriptado.

23 / 40
O que Security Assertion Markup Language (SAML) oferece?
A) Autenticar usuários em ambientes corporativos
B) Autenticar usuários e aplicativos em ambientes corporativos
C) Usar redes sociais para autenticação ("Use sua conta do Facebook para fazer login")
D) Trocar segura de informações de autenticação em um ambiente federado

A) Incorreto. SAML é um padrão baseado em XML usado para trocar informações de autenticação e autorização.
B) Incorreto. SAML é um padrão baseado em XML usado para trocar informações de autenticação e autorização.

C) Incorreto. SAML é um padrão baseado em XML usado para trocar informações de autenticação e autorização.
D) Correto. SAML é usado para trocar informações de autenticação (chamadas de afirmações – assertions) em um ambiente federado.

24 / 40
A biometria se torna cada vez mais importante como meio de verificar a identidade de usuários.
Qual recurso da biometria representa uma das principais considerações para as organizações que desejam implementá-la?
A) A chamada taxa de cruzamento de erros, que é a taxa na qual os erros de aceitação e de rejeição são equivalentes.
B) A maneira como os usuários deslizam em seu tablet ou smartphone pode ser usada como um mecanismo comportamental para biometria.
C) A chamada taxa de cruzamento de erros, que é a taxa na qual os erros de aceitação e de rejeição estão dentro dos níveis aceitáveis.
D) O reconhecimento facial não pode ser usado como um mecanismo biométrico, porque é muito impreciso.

A) Correto. Com a biometria deve haver um equilíbrio entre os erros de aceitação e de rejeição.
B) Incorreto. Que um método biométrico como a dinâmica swype possa ser usado não é uma consideração de segurança.
C) Incorreto. A taxa de cruzamento de erros é a taxa na qual os erros de aceitação e de rejeição são equivalentes.
D) Incorreto. O reconhecimento facial não é o método biométrico mais preciso, mas ainda pode ser usado se os falsos erros de aceitação forem menos importantes que os falsos erros de rejeição.

Muitas organizações buscam o Single sign-on (SSO) para seus usuários.

O que é mais importante considerar ao implementar o SSO?

A) Ao introduzir um conjunto de credenciais para todos os aplicativos, um cibercriminoso pode, ao obter as credenciais, conseguir acesso a todos os aplicativos de uma só vez.

B) O Enterprise wide Single sign-on (ESSO – sign-on único para toda a empresa) não é possível devido à diversidade de aplicativos existentes dentro da maioria das organizações.

C) Sistemas com Enterprise Single Sign-on (ESSO) são muito caros para aplicações web. Como a maioria dos aplicativos é baseada na web, não existe caso de negócio para ESSO.

D) O Single sign-on (SSO) usa um conjunto de credenciais que dão acesso a todos os aplicativos de uma só vez. Consequentemente, essas credenciais devem ser totalmente protegidas.

A) Correto. Por sua natureza, o SSO introduz a chamada chave para o reino. Portanto, medidas adicionais de segurança devem sempre ser consideradas com SSO.

B) Incorreto. É possível implementar ESSO para todos os tipos de aplicativos, por exemplo, usando SAML.

C) Incorreto. Não é muito caro implementar ESSO, mesmo para aplicações web, por exemplo, usando SAML.

D) Incorreto. Como as credenciais precisam ser totalmente protegidas o tempo todo, isso não é específico para SSO.

O que um invasor consegue fazer quando um único valor de salt é usado para todas as senhas em um banco de dados?

A) Adicionar o salt novamente e obter os valores de texto simples.

B) Remover os primeiros caracteres do hash para ignorar os salts.

C) Remover o salt e desencriptar as senhas.

D) Usar o mesmo salt e criar um banco de dados de senhas e seus valores de hash.

A) Incorreto. A senha de salt e texto simples é combinada e misturada. Voltar a adicionar o saltfornece dados sem sentido, que não podem ser usados. O problema é que um invasor pode gerar um banco de dados com senhas e seus valores de hash com salt (chamada de tabela arco-íris) e procurar cada valor de hash do banco de dados de senhas na tabela arco-íris. Com os salts aleatórios, o invasor teria que atacar cada valor de hash separadamente.

B) Incorreto. Remover os primeiros caracteres do hash transforma o hash em algo sem sentido. O problema é que um invasor pode gerar um banco de dados com senhas e seus valores de hash com salt (chamada de tabela arco-íris) e procurar cada valor de hash do banco de dados de senhas na tabela arco-íris. Com os salts aleatórios, o invasor teria que atacar cada valor de hash separadamente.

C) Incorreto. Depois de misturado, o salt não pode ser removido. O problema é que um invasor pode gerar um banco de dados com senhas e seus valores de hash com salt (chamada de tabela arco-íris) e procurar cada valor de hash do banco de dados de senhas na tabela arco-íris. Com os salts aleatórios, o invasor teria que atacar cada valor de hash separadamente.

D) Correto. Um invasor pode gerar um banco de dados com senhas e seus valores de hash com salt (chamado de tabela arco-íris) e procurar cada valor de hash do banco de dados de senhas na tabela arco-íris. Com os salts aleatórios, o invasor teria que atacar cada valor de hash separadamente.

27 / 40
No contexto de autorização, o princípio da "necessidade de saber" (need-to-know) é um dos mais importantes a considerar.
O que significa o princípio da "necessidade de saber"?
A) As tarefas críticas só podem ser realizadas por pelo menos dois indivíduos, de modo que é necessário um conluio para poder cometer fraudes.
B) Os usuários devem ter um nível mínimo de direitos de acesso atribuído a eles para desempenhar suas tarefas.
C) Os usuários devem ter acesso apenas às informações necessárias para desempenhar suas tarefas.
D) Os usuários devem ter apenas direitos de acesso temporários atribuídos a eles para desempenhar suas tarefas.

A) Incorreto. O princípio da "necessidade de saber" significa que os usuários devem ter acesso apenas às informações necessárias para desempenhar suas tarefas.

B) Incorreto. O princípio da "necessidade de saber" significa que os usuários devem ter acesso apenas às informações necessárias para desempenhar suas tarefas.

C) Correto. O princípio da "necessidade de saber" significa que os usuários têm acesso apenasàs informações necessárias.

D) Incorreto. O princípio da "necessidade de saber" significa que os usuários devem ter acesso apenas às informações necessárias para desempenhar suas tarefas.

28 / 40
Quantas partes (no mínimo) desempenham um papel em um fluxo de dados de autenticação do OpenID Connect?
A) 2
B) 3
C) 4
D) 5

A) Incorreto. Há pelo menos o usuário (navegador da web), o site no qual se faz logon e o provedor OpenID – 3.

B) Correto. Há pelo menos o usuário (navegador da web), o site no qual se faz logon e o provedor OpenID – 3.

C) Incorreto. Há pelo menos o usuário (navegador da web), o site no qual se faz logon e o provedor OpenID – 3.

D) Incorreto. Há pelo menos o usuário (navegador da web), o site no qual se faz logon e o provedor OpenID – 3.

29 / 40
Uma organização não está disposta a compartilhar nenhum recurso.
Que modelo de implantação na Computação em Nuvem representa o mais seguro?
A) Nuvem comunitária
B) Nuvem híbrida

C) Nuvem privada
D) Nuvem pública

A) Incorreto. Uma nuvem comunitária é implantada por uma comunidade de organizações com interesses compartilhados.
B) Incorreto. Em uma nuvem híbrida, os recursos são compartilhados com outras partes.
C) Correto. Uma nuvem privada é o domínio exclusivo da própria organização.
D) Incorreto. Em uma nuvem pública, os recursos são compartilhados com outras partes.

30 / 40
Qual afirmação é verdadeira sobre a nuvem pública?
A) Partes são usadas por uma única organização e partes são usadas por um grupo de organizações.
B) É usada por uma única organização.
C) É usada por um pequeno grupo de organizações com interesses compartilhados.
D) É usada por qualquer organização que deseje utilizá-la.

A) Incorreto. Esta é uma nuvem híbrida.
B) Incorreto. Esta é uma nuvem privada.
C) Incorreto. Esta é uma nuvem comunitária.
D) Correto. Esta é uma nuvem pública.

31 / 40
Identidade como um Serviço (IDaaS) é um dos modelos de serviço emergentes na Computação em Nuvem.
O que IDaaS fornece?
A) Governança de identidade e autenticação para usuários internos
B) Governança de identidade e autenticação para clientes, parceiros de negócios e outros usuários externos
C) Governança de identidade e autenticação para usuários internos e externos
D) Single sign-on (SSO) para usuários externos

A) Incorreto. IDaaS fornece governança de identidade e autenticação para usuários internos e externos.
B) Incorreto. IDaaS fornece governança de identidade e autenticação para usuários internos e externos.

C) Correto. IDaaS fornece governança de identidade e autenticação para todos os grupos de usuários com os quais a organização tem um relacionamento.

D) Incorreto. IDaaS fornece serviços para usuários internos e externos.

32 / 40

Uma organização deseja hospedar um serviço de web, mas não deseja lidar com a compra e manutenção de hardware, nem manter o sistema operacional atualizado.

Que tipo de modelo de serviço ela deve solicitar?

A) IaaS
B) PaaS
C) SaaS
D) SECaaS

A) Incorreto. Infraestrutura como Serviço exigiria que a organização mantivesse o sistema operacional.

B) Correto. Plataforma como Serviço fornece uma plataforma na qual a organização só precisa gerenciar seu serviço de web.

C) Incorreto. Software como Serviço não permite à organização criar seu próprio serviço de web.

D) Incorreto. Segurança como Serviço não permite que a organização hospede nenhum serviço de web.

33 / 40

Há sempre um risco quando um provedor de nuvem que fornece uma solução como SaaS ou PaaS fecha ou vai à falência.

Qual é esse risco para a empresa que usa essa solução de nuvem?

A) Risco de continuidade
B) Risco de jurisdição
C) Risco legal
D) Risco de armazenamento

A) Correto. Quando a empresa fecha ou vai à falência, todas as informações são perdidas (dados armazenados na nuvem etc.).

B) Incorreto. Onde os dados são armazenados? São armazenados no país (região) onde a empresa está localizada ou não? Estas informações devem ser fornecidas pelo provedor de serviço.

C) Incorreto. Isso pode ser pesquisado no EULA (Contrato de Licença de Usuário Final).

D) Incorreto. Este é um risco para o provedor, e não para a empresa que usa a nuvem.

34 / 40
Por que o CEO de uma empresa desejaria transferir os principais sistemas corporativos para a nuvem?

A) Para reduzir o custo com tecnologia
B) Para reduzir o vazamento de informações confidenciais

C) Para reduzir vulnerabilidades de segurança
D) Para reduzir o acesso não autorizado às informações dos clientes

A) Correto. Transferir para a nuvem reduz o custo com tecnologia.

B) Incorreto. Um vazamento de informações confidenciais é um risco ao se transferir para a nuvem.

C) Incorreto. Vulnerabilidades de segurança não controladas são um risco da transferência para a nuvem.

D) Incorreto. O acesso não autorizado às informações dos clientes é um risco da transferência para a nuvem.

35 / 40
Engenharia social é um dos métodos de ataque de cibercriminosos mais bem-sucedidos. O que é considerado como uma forma de engenharia social?

A) Criptoware
B) Ataque de Negação de Serviço (DoS)
C) Phishing
D) Spam

A) Incorreto. Criptoware opera sem a supervisão do usuário do sistema.

B) Incorreto. Um ataque de DoS é um ataque para restringir o acesso a serviços, independentemente das ações do usuário.

C) Correto. Phishing pode ser considerado um meio de enganar as pessoas para que divulguem informações confidenciais.

D) Incorreto. Spam é uma mensagem comercial enviada a um grande grupo de destinatários.

36 / 40

Há quatro categorias principais de ataque quando se trata de explorar vulnerabilidades. Qual não é uma das quatro principais categorias de ataque?
A) Invasão completa
B) Roubo ou revelação de informações
C) Uso indevido por insider

A) Incorreto. Esta é uma das quatro principais categorias de ataque.

B) Incorreto. Esta é uma das quatro principais categorias de ataque.

C) Correto. Esta é uma fonte de ataque, mas não uma das principais categorias de ataque. A categoria que falta é Negação de Serviço (DoS).

37 / 40

Certo tipo de invasor sabe como escrever exploits, usa engenharia social para obter informações sobre seu alvo e coleta dados. Os motivos do invasor não são claros, e o invasor nem sempre é malicioso.
Que tipo de invasor é esse?
A) Black Hat Hacker
B) Gray Hat Hacker
C) Hacktivista
D) White Hat Hacker

A) Incorreto. O blackhat hacker quer ganhar algo com o hack: dinheiro, status etc.

B) Correto. O grayhat hacker nem sempre é malicioso, e a motivação às vezes é ambígua. Às vezes, o grayhat hacker hackeia apenas por diversão e, às vezes, ele quer mostrar a uma empresa que há vazamentos em seus sistemas. Mesmo assim, o grayhat hacker não é contratado (ou ético) como o whitehat hacker.

C) Incorreto. Ohacktivista ataca sistemas de um ponto de vista político.

D) Incorreto. A motivação do whitehat hacker é sempre clara.

38 / 40
Qual ferramenta representa uma ferramenta de varredura?
A) Nessus
B) John the Ripper
C) Metasploit
D) Ophcrack

A) Correto. Nessus é uma das ferramentas mais conhecidas para fazer varredura à procura de vulnerabilidades.

B) Incorreto. John theRipper é uma ferramenta para forçar senhas brutalmente.

C) Incorreto. Metasploit é uma caixa de ferramentas para hacking.

D) Incorreto. Ophcrack é uma ferramenta para forçar senhas do Windows brutalmente.

39 / 40
Hackers e cibercriminosos geralmente realizam suas atividades seguindo um plano bem estruturado. Qual é a melhor ordem em que essas atividades são realizadas dentro de um plano bem estruturado?
A) Enumeração, footprinting, obtenção de acesso, escalonamento de privilégios, apagamento de rastros
B) Reconhecimento, enumeração, obtenção de acesso, escalonamento de privilégios, apagamento de rastros

C) Reconhecimento, varredura, obtenção de acesso, escalonamento de privilégios, manutenção de acesso
D) Varredura, enumeração, obtenção de acesso, escalonamento de privilégios, manutenção de acesso

A) Incorreto. 'Footprinting' não é um termo ligado a sistemas de hacking, 'impressões digitais' (fingerprinting) .

B) Correto. Reconhecimento e enumeração podem ser definidos como as atividades para coletar informações, que devem ser concluídas primeiro, a fim de conseguir obter acesso.

C) Incorreto. Apagar rastros é essencial para ocultar violações do sistema.

D) Incorreto. Apagar rastros é essencial para ocultar violações do sistema.

40 / 40

Um hacker obteve acesso a um servidor de web usando um plano passo a passo pensado cautelosamente.

Que passo que ele deu imediatamente após "Invasão e acesso"?

A) Impressões digitais
B) Escalonamento de privilégios
C) Reconhecimento
D) Avaliação de vulnerabilidade

A) Incorreto. A identificação do sistema operacional e detecção de versões específicas de aplicativos ou protocolos é feita antes de entrar no sistema de aplicativo.

B) Correto. Depois de entrar no sistema ou aplicativo, ele ganha acesso administrativo.

C) Incorreto. Este é o primeiro passo: coletar informações preliminares.

D) Incorreto. A identificação e exploração de quaisquer vulnerabilidades é feita antes de entrar no sistema de aplicativo.

A tabela a seguir mostra as respostas corretas de forma compactada:

Número	Resposta	Número	Resposta

1	B	21	B
2	C	22	D
3	D	23	D
4	C	24	A
5	B	25	A
6	A	26	D
7	C	27	C
8	D	28	B
9	A	29	C
10	C	30	D
11	B	31	C
12	D	32	B
13	D	33	A
14	B	34	A
15	D	35	C
16	A	36	C
17	A	37	B
18	D	38	A
19	B	39	B

| 20 | B | 40 | B |

Cupom de Desconto

Código Promocional para Certificação EXIN Cyber & IT Security Foundation

Agora que concluiu o simulado oficial, que tal um estímulo para conquistar sua Certificação EXIN Cyber & IT Security Foundation? Então, utilize este código promocional no site da EXIN (https://www.exin.com/) para obter um desconto de 6% no exame oficial e dê mais esse grande passo.

Sucesso!

Código: **F3292D2F9165**

Literatura

⬚   David Kim, Michael; G. Solomon
Fundamentals of Information Systems Security

Jones & Bartlett Learning, LLC (2018, 3
rd edition)

☐   Hans van den Bent, Eline Kleijer
EXIN Ethical Hacking Foundation – Exam Literature
EXIN (versão mais recente)
Download gratuito em http://bit.ly/EHF-literature

www.ingramcontent.com/pod-product-compliance
Lightning Source LLC
Chambersburg PA
CBHW071231050326
40690CB00011B/2065